"十四五"职业教育国家规划教材

现代办公设备使用与维护

（第2版）

朱海霞　林登奎　主　编
盖春光　李　芸　宋秀丽　副主编

電子工業出版社
Publishing House of Electronics Industry
北京·BEIJING

内 容 简 介

本书通过将实际工作中遇到的一个个真实的工作任务作为引领，讲述信息处理设备、网络设备、打印机、复印机、扫描仪、智能投影、音响与影像设备、常用行政办公设备的功能、使用及维护方法，并通过实训环节的设置展示多种办公设备的综合应用。

本书既可作为计算机应用相关专业的教材，也可作为文秘专业、办公自动化等相关专业及各类培训班的教学用书，以及从事文秘工作人员的工具用书。

图书在版编目（CIP）数据

现代办公设备使用与维护 / 朱海霞，林登奎主编. —2 版. —北京：电子工业出版社，2022.6

ISBN 978-7-121-43658-1

Ⅰ. ①现… Ⅱ. ①朱… ②林… Ⅲ. ①办公设备—使用方法—中等专业学校—教材②办公设备—维修—中等专业学校—教材 Ⅳ. ①C931.4

中国版本图书馆 CIP 数据核字（2022）第 095941 号

责任编辑：关雅莉
印　　刷：三河市鑫金马印装有限公司
装　　订：三河市鑫金马印装有限公司
出版发行：电子工业出版社
　　　　　北京市海淀区万寿路 173 信箱　邮编　100036
开　　本：880×1 230　1/16　印张：15.75　字数：362.88 千字
版　　次：2017 年 12 月第 1 版
　　　　　2022 年 6 月第 2 版
印　　次：2024 年 6 月第 4 次印刷
定　　价：42.00 元

凡所购买电子工业出版社图书有缺损问题，请向购买书店调换。若书店售缺，请与本社发行部联系，联系及邮购电话：（010）88254888，88258888。

质量投诉请发邮件至 zlts@phei.com.cn，盗版侵权举报请发邮件至 dbqq@phei.com.cn。

本书咨询联系方式：（010）88254550，zhengxy@phei.com.cn。

前言

党的二十大报告指出："统筹职业教育、高等教育、继续教育协同创新，推进职普融通、产教融合、科教融汇，优化职业教育类型定位。"本书根据新课程指导方案的要求和初学者的实际情况，从实用角度出发，以循序渐进的方式，由浅入深地介绍了当前最新办公设备的基本操作和实际应用。

党的二十大报告指出："加快建设国家战略人才力量，努力培养造就更多大师、战略科学家、一流科技领军人才和创新团队、青年科技人才、卓越工程师、大国工匠、高技能人才。"办公自动化技术已作为处理、传递信息的重要手段，并高效地参与到现代化管理中。办公自动化设备是集微电子技术、计算机技术、电磁技术、电机技术、光电技术、传感技术、数字通信技术和塑料技术、精密机械技术等为一体的综合设备。为了保证办公自动化设备使用的质量，减少故障和延长使用寿命，要求使用者必须熟悉其使用方法和保养事项，以保证正确地操作和有效地进行维护和保养，减少故障的发生，从而充分发挥其效能。同时，在遇到故障时能够采取有效的手段，及时排除故障。真正实现二十大提出的"推进教育数字化，建设全民终身学习的学习型社会、学习型大国"目标。

本书根据新课程指导方案的要求和初学者的实际情况，从实用角度出发，以循序渐进的方式，由浅入深地介绍当今最流行的办公设备的基本操作和实际应用。

办公自动化技术已作为处理、传递信息的重要手段，并高效地参与到现代化管理中。办公自动化设备是集微电子技术、计算机技术、电磁技术、电机技术、光电技术、传感技术、数字通信技术、塑料技术和精密机械技术等为一体的综合设备。为了保证办公自动化设备的使用质量，减少故障和延长使用寿命，要求使用者必须熟悉其使用方法和保养事项，以保证正确地操作和有效地进行维护和保养，从而减少故障的发生，并充分发挥其效能。同时，在遇到故障时能够采取有效的手段，及时排除故障。

全书采用"任务驱动"的形式，将学生工作中可能遇到的任务描述出来，通过"任务引领""任务分析""任务操练""执行任务后思考""任务拓展"等环节，再现一个个工作场景，进而完成工作任务，使学生了解现代办公设备的技术特点、结构组成等，掌握使用和维护各种现代办公设备的方法，提高利用各种现代办公设备进行信息处理的能力和办公的效率，从而体现中等职业学校以就业为导向、能力为本位的教学思想，培养办公自动化方向的专业技能人才。本书真正做到“在做中学，在学中做”的目的，对提高学生的动手操作能力和实践技能无疑最有针对性。

本书教学应以操作训练为主，建议教学时数为 76 课时，其中实训课不少于 60 课时，教学中的学时安排可参考下表。

设　备	学　时	设　备	学　时
信息处理设备	10	扫描仪——材料的电子化采集	8
网络设备——信息的传播	10	智能投影——信息的发布与展示	6
打印机——办公信息的打印	12	音响与影像设备	6
复印机——办公材料的复印	12	常用行政办公设备	12

为了提高学习效率和教学效果，本书配套的网络课程和使用的图片等相关素材均通过“华信教育资源网”展示，供学习者下载使用。

本书由朱海霞、林登奎主编，山东省东营市化工学校盖春光、泰安市文化产业中专李芸、泰安市科技中等专业学校宋秀丽任副主编。宁阳县职业中等专业学校王芳，泰安市文化产业中专杨爱文、高峰，鲁中职业学院王蕾也参加了本书的编写，在此一并表示感谢！

由于编者水平有限，书中不妥之处在所难免，恳请广大读者批评指正，编者邮箱：1056027088@qq.com。

编　者

目 录

设备 1

信息处理设备

实训 1　台式计算机的组装与维护

任务引领

某公司设计部新购进了一台台式计算机，请正确连接各部件，使计算机的主机、显示器、键盘、鼠标、音箱能正常工作。

任务分析

- 了解台式计算机的外部接口形状及对应连接的外设
- 正确连接安装台式计算机及各种外部设备

任务操练

1．认识台式计算机的外部结构

台式计算机的外部结构如图 1-1 所示。

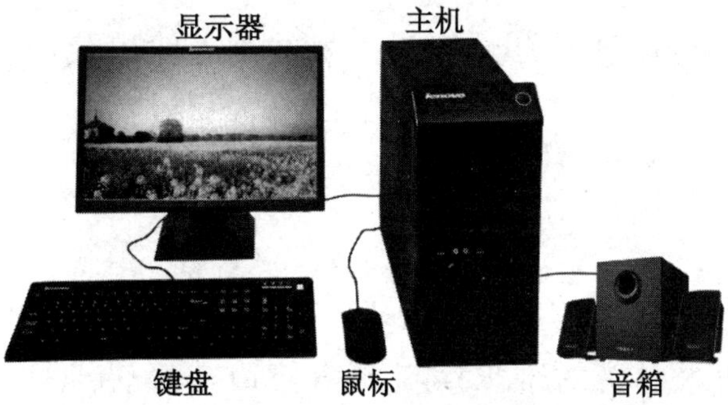

图 1-1　台式计算机的外部结构

2．连接液晶显示器

液晶显示器的背面有两根线：一根是信号线；另一根是电源线。不同的显示器其信号线是不同的，通常有三种类型，即 VGA（D-Sub）、DVI 和 HDMI，如图 1-2 所示。连接液晶显示器时需首先将信号线对准机箱后面相应的显卡接口，轻轻地插入，拧紧信号线接头两侧的螺丝，使信号线和显卡稳固连接。将显示器电源连接线的另外一端连接到电源插座上。

图 1-2　显示器信号线与显卡接口

3．连接键盘、鼠标

目前键盘、鼠标的接口通常为 USB 接口，把该连接口对着主机中相对应的 USB 接口插入即可，如图 1-3 所示。

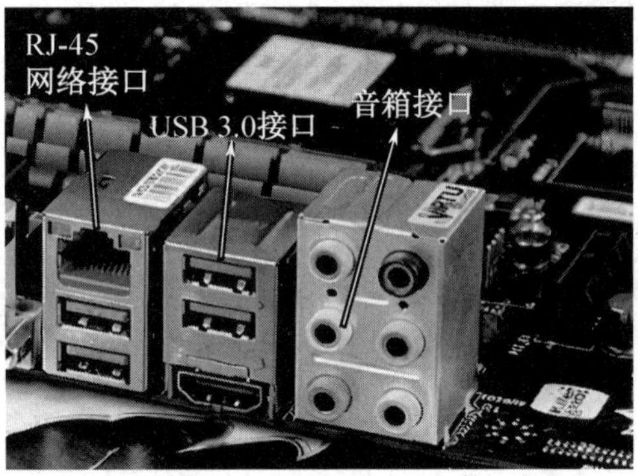

图 1-3　USB 接口、音箱接口及 RJ-45 网络接口

4．连接音箱

用音频线连接音箱的 Input 接口和计算机主机的声卡输出接口。通常，声卡输出接口为绿色，如图 1-3 所示。

5．连接网线

将网线的一端连接到办公室的局域网接口，另一端连接到主机背面的 RJ-45 网络接口，如图 1-3 所示。将网线的水晶头对准 RJ-45 网络接口，轻轻地插入，听到“咔”的一声，即接入成功。

6．连接主机电源线

连接主机电源线如图 1-4 所示。

7．开机测试

首先打开显示器开关，再打开主机电源开关，如果一切正常，则计算机的机箱喇叭就会发出“嘀”的一声，同时可以听到主机电源风扇转动的声音，电源指示灯亮，显示器上出现开机画面信息，最后进入 Windows 操作系统桌面，如图 1-5 所示。

图 1-4　连接主机电源线

图 1-5　Windows 操作系统桌面

执行任务后思考

计算机硬件连接完成后，在通电调试过程中应注意以下问题。

（1）通电测试时应首先打开显示器开关，再打开主机电源开关，此时主机箱电源风扇转动，主机箱面板上的电源指示灯亮，否则应关机检查主机电源线是否连接好，如果电源线连接可靠而风扇仍不转动，则主机电源可能有问题。同时注意观察通电后有无异常现象，如果冒烟或发出烧焦的异味，则应立即拔掉主机电源进行断电检查。

（2）显示器电源指示灯如果不亮则应关机检查显示器电源线是否连接好，如果电源线连接可靠则可尝试更换显示器。

（3）观察显示器屏幕是否有显示，观察时应注意听主机的声音，如果没有任何显示且主机发出报警声，则应关机检查内存条和显卡是否插好。如果主机没有异常的响声但显示器不显示，则应关机检查显示器信号线是否连接好。

（4）如果显示器正常显示，则应检查主机箱面板上的各种指示灯是否正常，如电源指示灯（POWER LED）、硬盘灯（HDD LED）等。如果指示灯不亮则要重新进行连接。

（5）如果一切正常，则计算机的机箱喇叭会发出“嘀”的一声，同时可以听到主机电源风扇转动的声音，电源指示灯一直点亮，显示器出现开机画面信息，并且进行硬件自检。

任务拓展

利用 U 盘安装 Windows 10 系统

1. 准备工作

8GB 以上 U 盘一个。

下载好 Windows 10 微软原版 iSO 镜像。

制作 U 盘启动盘的软件可选用 UltraISO 软碟通。

2. 制作 U 盘启动盘

（1）打开软件 UltraISO 软碟通，选择“以管理员身份运行”。如图 1-6 所示。

（2）运行软件时需根据提示输入注册码，如图 1-7 所示。

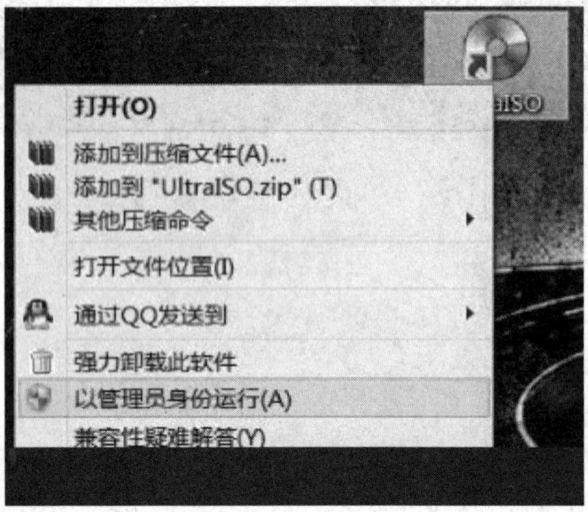

图 1-6　运行 UltraISO 软碟通快捷菜单

图 1-7　注册码输入

也可回到压缩包中运行 KeyGen.exe 注册机，单击“RegCode”生成注册码，如图 1-8 右图所示；将生成好的注册名和注册码复制到注册窗口中，如图 1-8 左图所示，单击“确定”按钮，录入注册码，如图 1-9 所示。

（3）软件运行后，单击打开文件，如图 1-10 所示，选择已经下载好的微软原版 ISO 镜像文件。

（4）在软件菜单栏中，单击“启动”，选择“写入硬盘映像”，如图 1-11 所示。

（5）在弹出的对话框中选择“硬盘驱动器”为 U 盘位置，可以再把 U 盘格式化一遍，然后单击“写入”按钮，如图 1-12 所示（注意，如果软件工具不是以管理员身份运行，则底部的“写入”按钮是灰色的，无法进行该操作）。

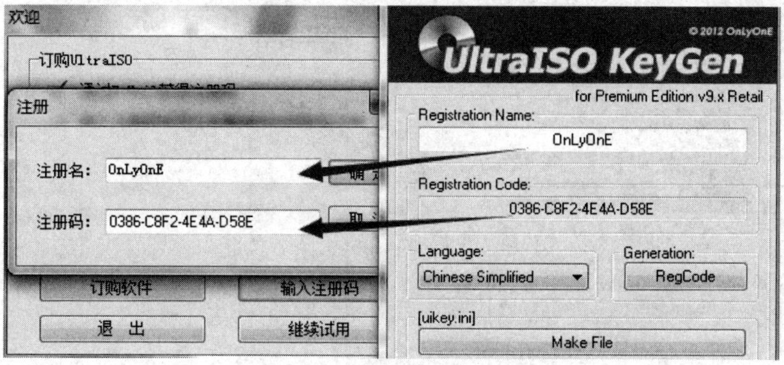

图 1-8　注册码生成过程

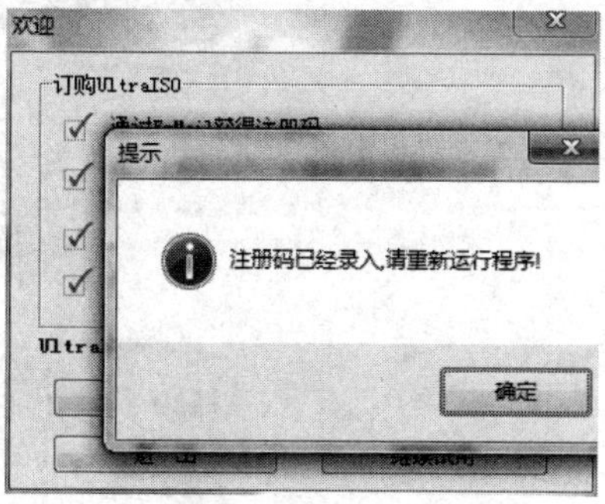

图 1-9　录入注册码

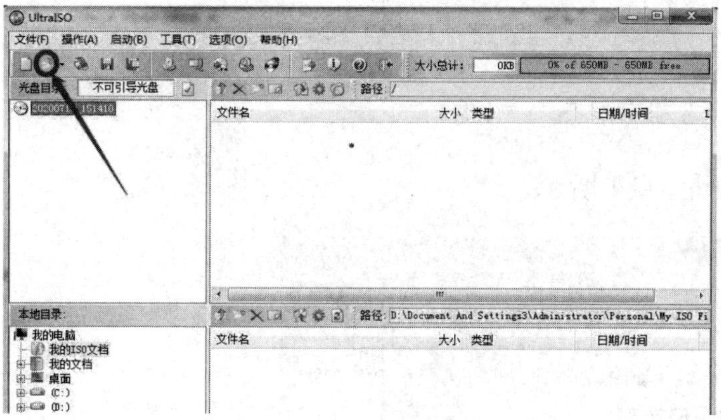

图 1-10　运行镜像文件

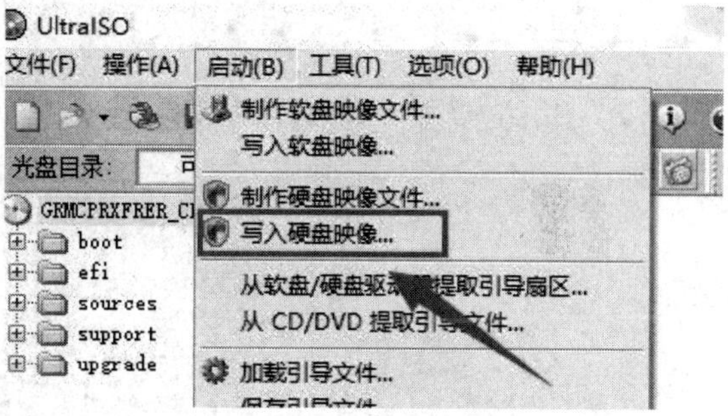

图 1-11　写入硬盘映像

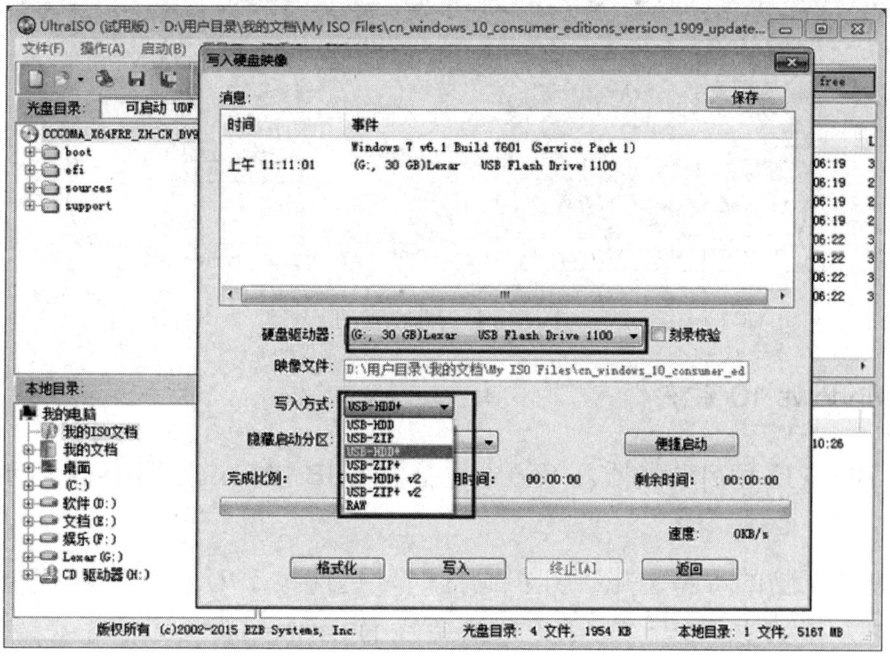

图 1-12　硬盘驱动器选择

（6）系统准备数据，显示“开始写入”，如图 1-13 所示。

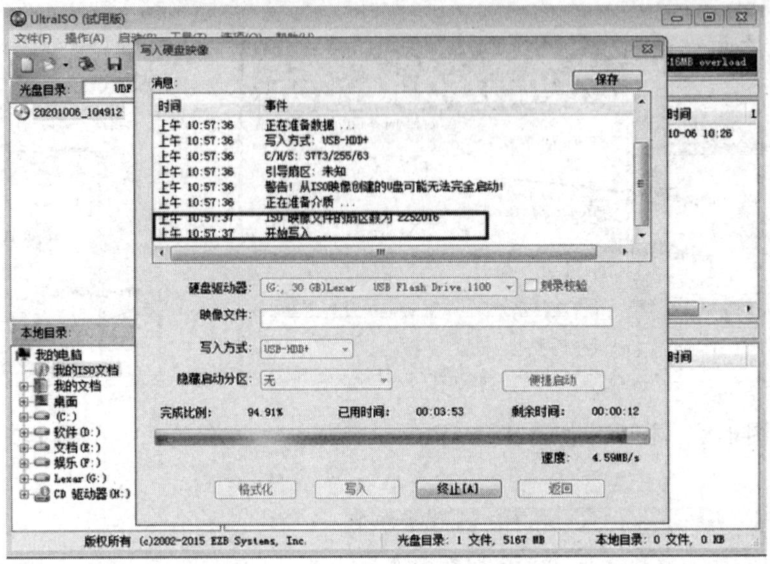

图 1-13 开始写入

（7）写入结束，显示“刻录成功!”，如图 1-14 所示。

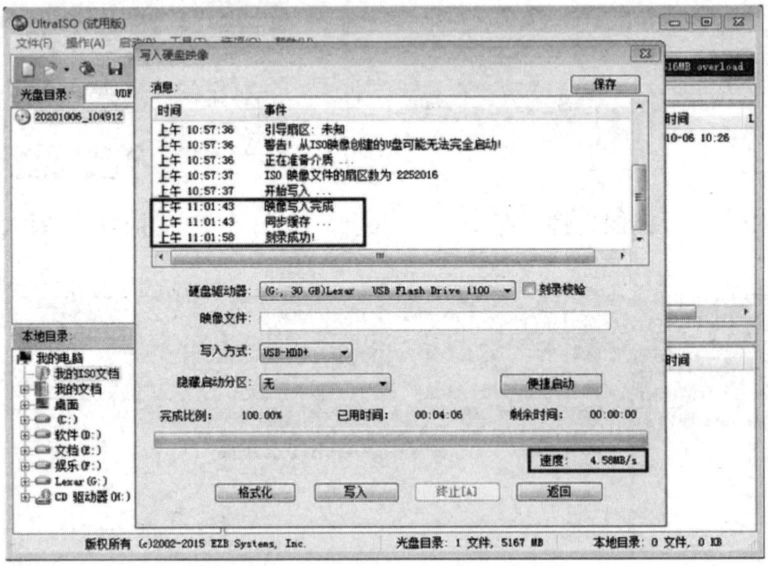

图 1-14 刻录成功

3. 安装 Windows 10 系统

（1）将准备好的 U 盘启动盘插入笔记本电脑的 USB 接口，如图 1-15 所示，重启笔记本电脑。

（2）当笔记本电脑的屏幕上出现开机画面时，迅速按下 U 盘启动快捷键【F12】，即可进入启动菜单，利用键盘的“↑”“↓”按键选择 USB 字样的选项，接着按回车键进入 PE 菜单，如图 1-16 所示。

（3）选择启动项“【1】启动 Win10×64PE（2G 以上内存）”即可进入 PE 系统，如图 1-17 所示。

（4）打开“一键装机”程序，单击“打开”按钮后选择已下载的 Windows 10 镜像文件，勾选安装路径为 C 盘，单击“执行”按钮，如图 1-18 所示。

图 1-15　插入 U 盘

图 1-16　选择 USB 启动

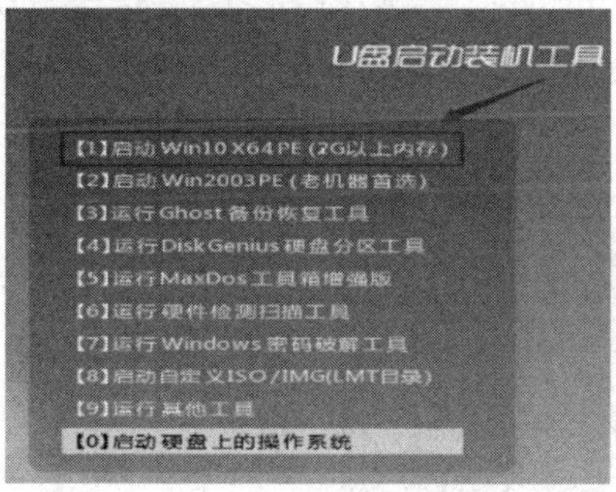

图 1-17　选择启动项【1】

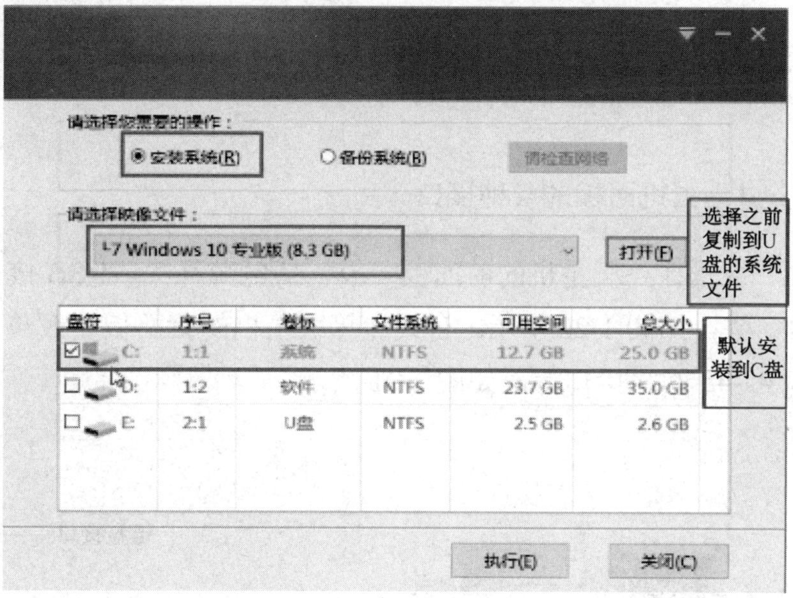

图 1-18　勾选安装路径

（5）在弹出的“一键还原”对话框中，勾选“网卡驱动 For Win10×64”和“USB3 驱动 For Win7”复选框，单击“是”按钮，以保证安装完成后可以使用网络和鼠标，如图 1-19 所示。

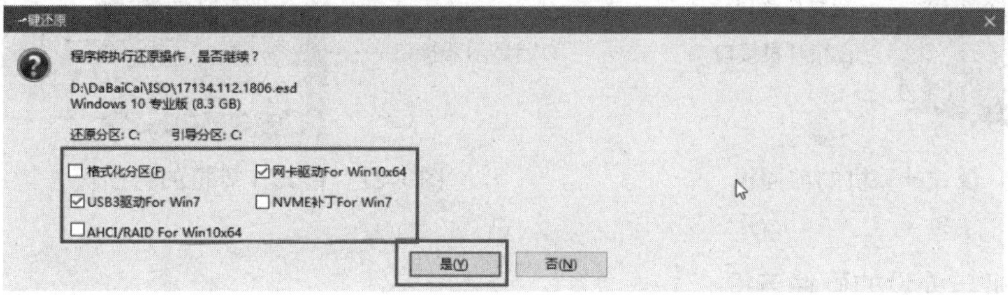

图 1-19　“一键还原”对话框

（6）程序写入并安装完成后重启笔记本电脑，并将 U 盘拔下（否则会一直进入 PE 系统），操作系统安装完成。

知识支撑

1.1 台式计算机

台式计算机是目前办公、家庭使用较广泛的设备，具有综合处理声音、文本、图像信息的功能。从外观上看，台式计算机硬件系统包括主机、显示器、键盘、鼠标等。

1.1.1 台式计算机的结构与连接

1. 主机面板的各种接口

台式计算机主机的前面板一般包括电源开关、USB 接口、光驱、音箱耳机接口及麦克风接口等，如图 1-20 所示。台式计算机主机的背面板一般包括电源接口、键盘接口、鼠标接口和 RJ-45 网络接口等，如图 1-21 所示。

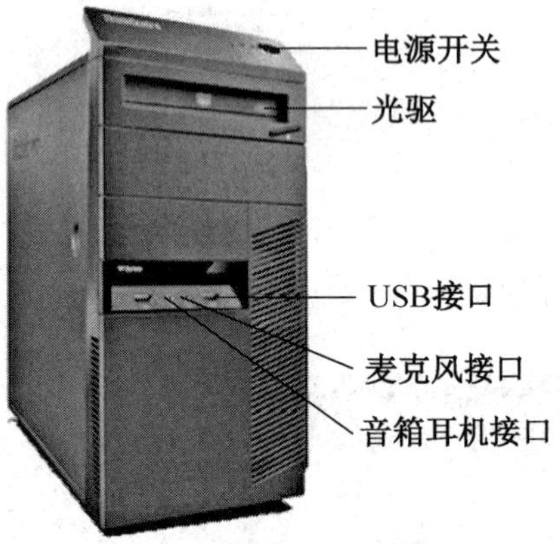

图 1-20　台式计算机的前面板

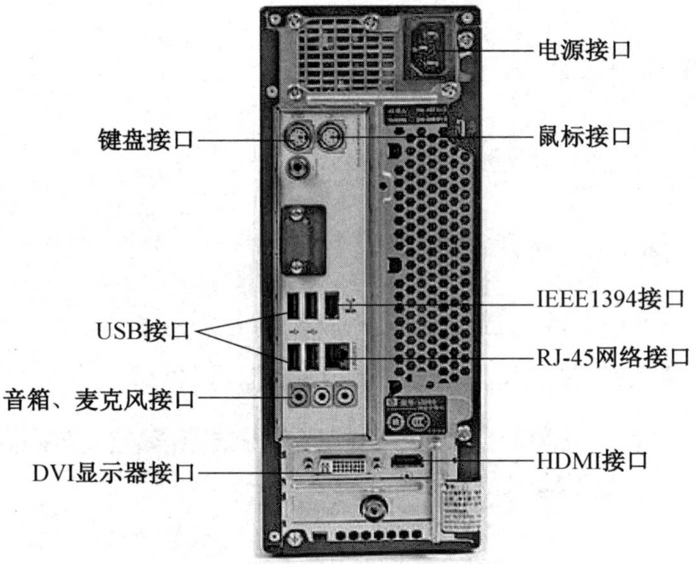

图 1-21　台式计算机的背面板

2. 主机与外设的硬件连接

通常，新的台式计算机的主机与其他外设是分离的，安装时必须首先将主机与外设连接起来。台式计算机主机的正面通常有电源开关、光驱、USB 接口、音箱接口等。而台式计算机的背面则有大部分的外设接口，包括键盘接口、鼠标接口、显示器接口、音箱接口、USB

接口等。各外设硬件接口名称如图 1-22 所示。

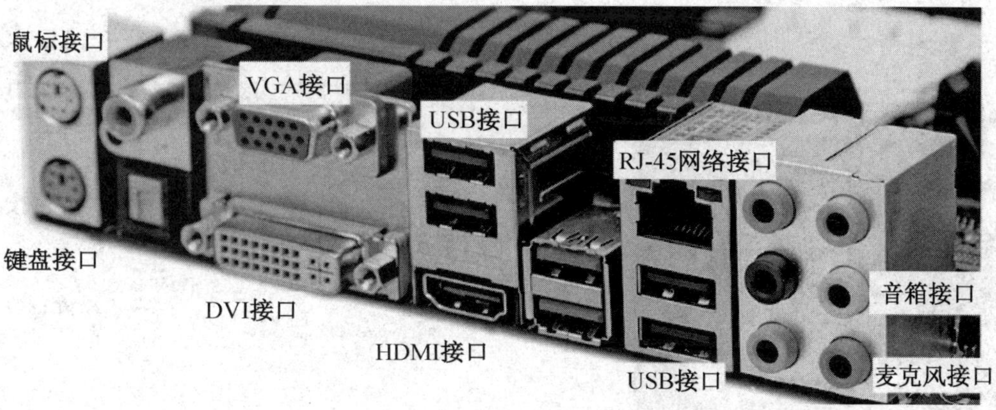

图 1-22　各外设硬件接口

1.1.2　Windows 10 操作系统

1. Windows 10 操作系统的启动和关闭

（1）启动 Windows 10 操作系统。

打开显示器电源，接通主机电源。系统进行自检，显示 Windows 10 的开机画面，当显示器出现如图 1-5 所示的 Windows 10 操作系统桌面时，表明计算机成功启动了 Windows 10 操作系统。

（2）关闭 Windows 10 操作系统。

关闭计算机中所有运行窗口，退出所有的运行程序。依次单击“开始”→“关机”选项即可关闭计算机。

2. 设置 Windows 10 操作系统的桌面

（1）Windows 10 操作系统调回正常桌面设置的方法。

在日常操作 Windows 10 操作系统时，有一些偶然的操作会导致 Windows 10 操作系统不能调回正常桌面，以下为 Windows 10 操作系统传统桌面模式的设置方法。

① 首先单击桌面左下角“开始”菜单，然后在弹出的页面中单击“设置”图标，如图 1-23 所示。

② 在打开的“Windows 设置”页面中单击“系统”选项，如图 1-24 所示。

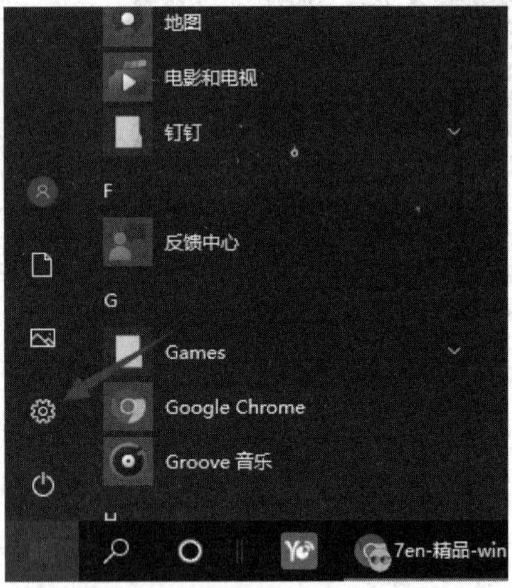

图 1-23　“开始”菜单“设置”图标

图 1-24　Windows 设置

③ 在打开的窗口中单击左侧的“平板模式”选项，在打开的页面中选择“使用平板电脑模式”选项，如图 1-25 所示。

④ 在桌面空白处右击，在弹出的快捷菜单中单击“个性化”选项，如图 1-26 所示。

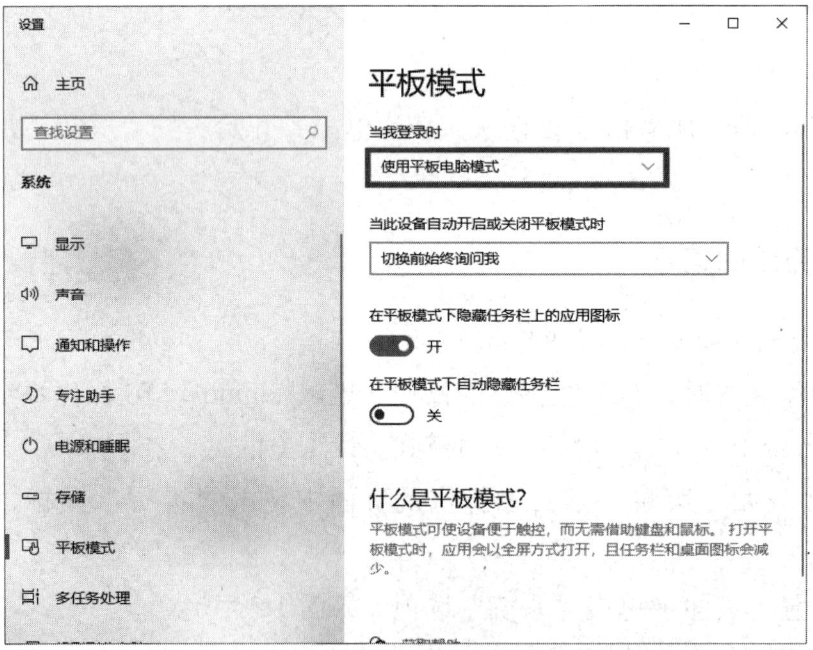

图 1-25　平板模式

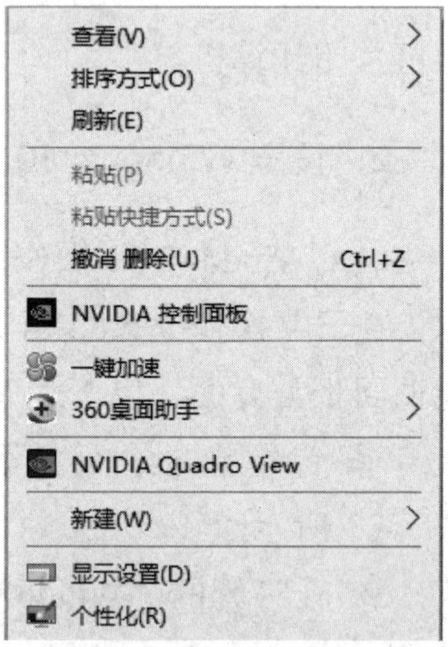

图 1-26 个性化设置

⑤ 单击“设置”窗口左侧的“主题”选项，如图 1-27 所示。

图 1-27　主题

⑥ 如图 1-28 所示，单击右侧的“桌面图标设置”选项；在弹出的对话框中勾选需要在桌面上显示的图标，单击“确定”按钮，如图 1-29 所示。

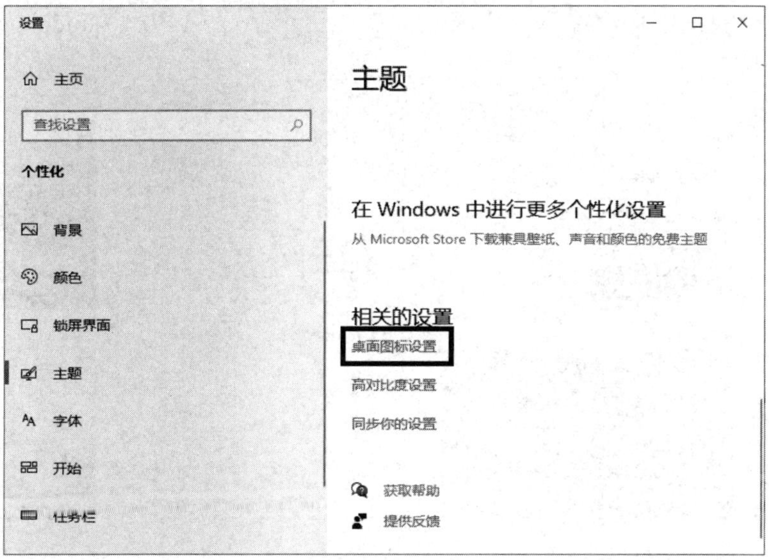

图 1-28　主题相关设置选项

⑦ 回到桌面，可以看见传统的桌面及应用图标，如图 1-30 所示。

（2）桌面背景设置。

通过桌面背景的设置，可以改变桌面外观、背景图片，设置个性化的桌面。

① 在桌面空白处右击，在弹出的快捷菜单中单击“个性化”选项，如图 1-26 所示。打开如图 1-31 所示的“设置”窗口，单击“个性化”中的“背景”选项，在窗口左侧显示出供选择的背景图片，在“选择图片”中选择需要的图片，即可将其设置为桌面背景，如图 1-32 所示。

图 1-29　桌面图标设置

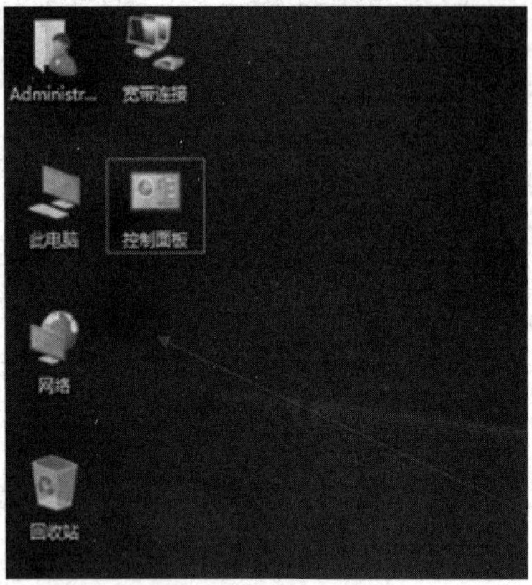

图 1-30　Windows 10 桌面

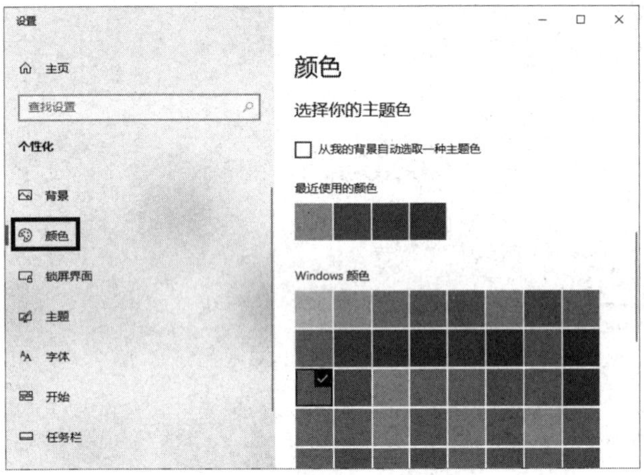

图 1-31　“设置”窗口

图 1-32　设置背景

② 也可以通过单击“浏览”按钮选择已保存的图片，如图 1-33 所示。最后单击对话框右上角的小叉号，退出设置，返回桌面，便完成了桌面背景的修改。

（3）设置屏幕保护程序。

当长时间不使用计算机时，显示器的屏幕会长时间显示不变的画面，这将有可能导致屏幕发光器件疲劳、变色甚至烧毁，最终使屏幕某个区域偏色或变暗，屏幕保护程序很好地解决了这个问题。在桌面空白处右击，在弹出的快捷菜单中单击“个性化”选项，在打开的窗口中单击“锁屏界面”选项，单击右侧的“屏幕保护程序设置”选项，在弹出的窗口中选择一个自己喜欢的屏保，单击“确定”按钮，即可进行屏幕保护程序的设置，如图 1-34 所示。

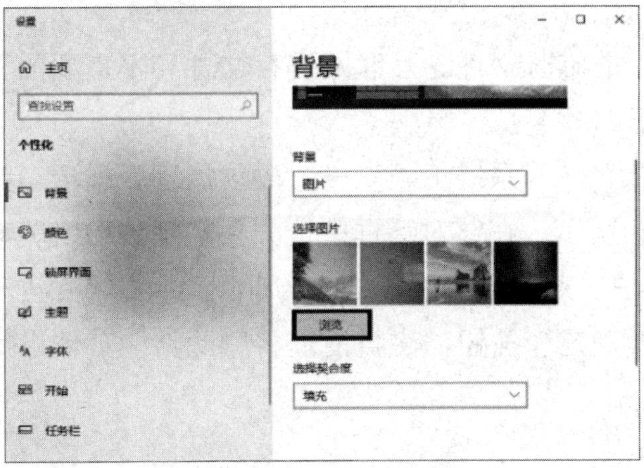

图 1-33　背景图片浏览

图 1-34　屏幕保护设置

3．删除应用程序

可以使用不同方法来删除应用和程序。方法 1：在“开始”菜单中卸载；方法 2：通过“设置”面板卸载；方法 3：从控制面板中卸载。

注意： 单击“更改/删除”按钮，根据提示可以重新安装或修复该软件、添加或删除软件的部分功能、卸载软件等。另外，很多软件安装后，在“开始”菜单中自带卸载程序，卸载时也可以通过运行“开始”菜单中的卸载程序完成软件的卸载。

4．磁盘管理

在日常办公中，将会使用计算机存储许多个人或公司的重要数据，同时也不可避免地会经常安装、卸载程序或软件，以及移动、删除文件或在互联网下载程序等，而这样操作一段时间后会产生磁盘碎片或临时文件等。因此，需要定期对磁盘进行管理，使计算机处于良好的运行状态。

（1）磁盘格式化。

磁盘格式化是在物理驱动器（磁盘）的所有数据区上写零的操作过程，格式化不仅可以对硬盘进行一种纯物理操作，还可对硬盘介质做一致性检测，标出不可读和坏的扇区。由于大部分硬盘在出厂时已做格式化处理，所以只有硬盘介质产生错误时才需要进行格式化操作。执行格式化操作后，磁盘上原有的数据将全部丢失。

在“此电脑”中选择要格式化的磁盘驱动器，右击，在弹出的快捷菜单中单击“格式化”选项，在弹出的“格式化 U 盘（E:）”对话框中进行相应的设置后，单击“开始”按钮，即可进行格式化，如图 1-35 所示。

注意： 不要轻易对硬盘进行格式化操作，除非确实必要，否则会丢失硬盘中的全部数据。

（2）磁盘清理。

磁盘清理是指使用磁盘清理程序删除磁盘上的临时文件、互联网缓存文件和不需要的程序文件，从而释放硬盘空间。具体操作步骤如下。

依次单击“开始”→“所有程序”→“附件”→“系统工具”→“磁盘清理”选项，弹出“磁盘清理: 驱动器选择”对话框，如图 1-36 所示。在该对话框中选择要清理的磁盘驱动器，单击“确定”按钮，弹出“（D:）的磁盘清理”对话框，如图 1-37 所示，单击“磁盘清理”选项卡，勾选要删除文件的复选框。单击“确定”按钮，磁盘清理将删除该驱动器上所有已选择的文件。

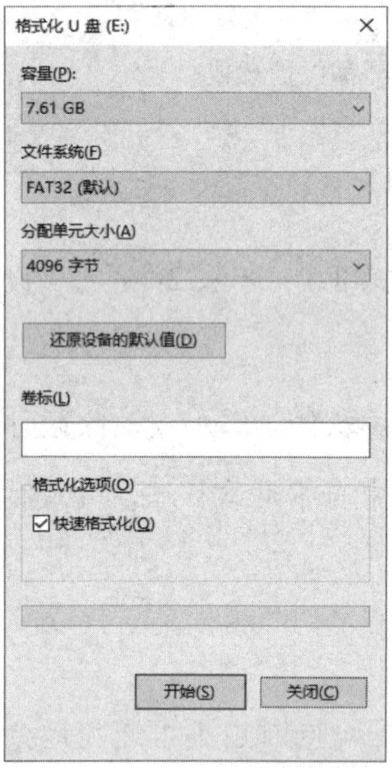

图 1-35　磁盘格式化

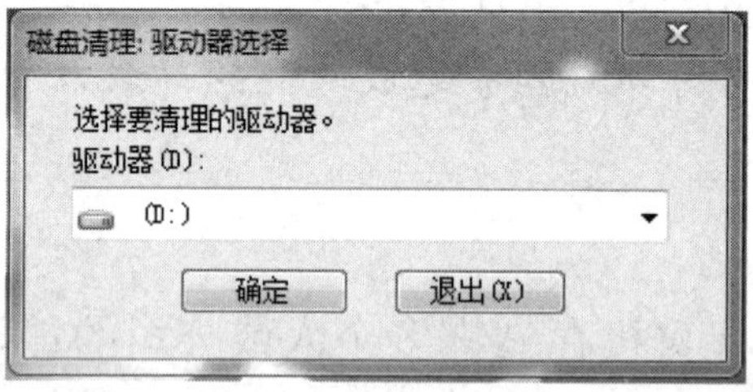

图 1-36　“磁盘清理: 驱动器选择”对话框

图 1-37　“（D:）的磁盘清理”对话框

（3）磁盘碎片整理。

磁盘碎片即文件碎片，是指在硬盘读/写过程中产生的不连续文件。因为文件被分散保存到整个磁盘的不同地方，而不是保存在连续的簇中，所以磁盘碎片会降低系统的整体性能。如果文件存储在不同的碎片上，那么打开文件时计算机必须搜索硬盘，以将碎片重新拼凑在一起，相应的时间会明显变长。Windows 磁盘碎片整理程序是 Windows 的实用工具之一，它可以有效地清除磁盘上的碎片，将计算机硬盘上的碎片文件合并在一起，首尾相接整齐存储。这样就可使硬盘读/写时磁头的位置变换次数减少，磁盘读写速度加快，从而使系统更有效地访问文件和文件夹，更有效地保存新的文件和文件夹。

计算机使用一段时间以后，通常会不可避免地产生一些文件碎片。如果文件碎片的数量较多，则会影响磁盘的读/写速度，造成计算机运行速度变慢。可以使用 Windows 10 操作系统自带的功能进行碎片整理，以便加快磁盘的读/写速度。

① 双击桌面的“此电脑”图标，打开“此电脑”窗口，在任意一个磁盘分区（如 C 分区）上右击，在弹出的菜单中单击“属性”选项，如图 1-38 所示。

② 在弹出的“本地磁盘（C:）属性”对话框中单击“工具”选项卡。打开工具选项卡，如图 1-39 所示。单击“优化”按钮，打开“优化驱动器”窗口，如图 1-40 所示，在这个窗口中，选择一个要整理的磁盘分区，然后单击“分析”按钮，以确定是否需要对其进行碎片整理。在进行碎片整理之前，要首先进行一次碎片分析。因为，虽然磁盘碎片会减慢磁盘的读/写速度，但过于频繁地整理碎片，则有可能影响磁盘的使用寿命。

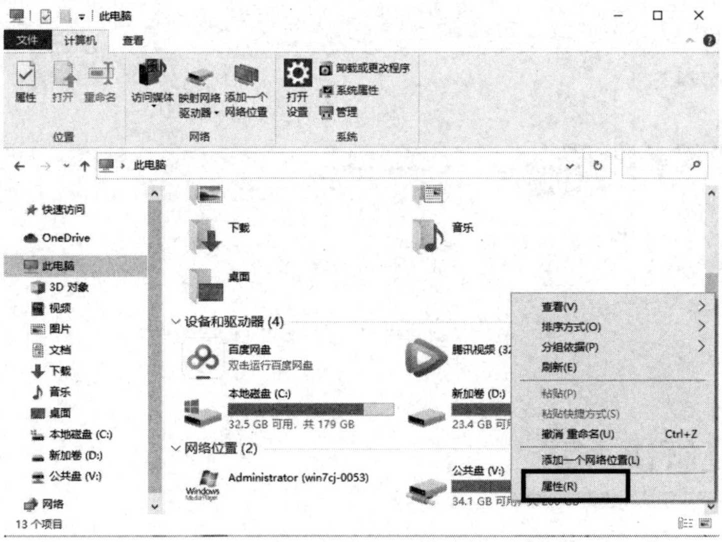

图 1-38 “此电脑”窗口

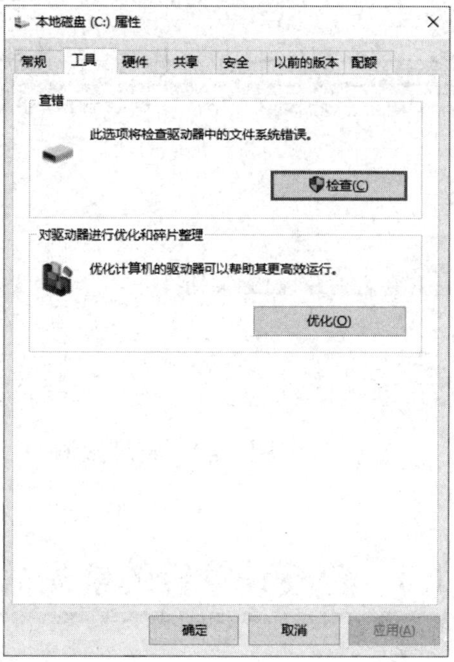

图 1-39 “工具”选项卡

③ 分析完所有磁盘分区后，如果发现某个磁盘有较多的碎片，则可以对其进行整理。操作方法是首先选择该磁盘分区，然后单击“优化”按钮，如图 1-41 所示。

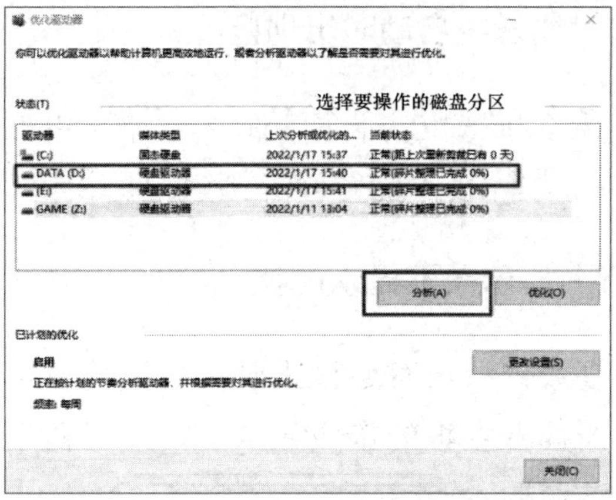

图 1-40 分析磁盘分区

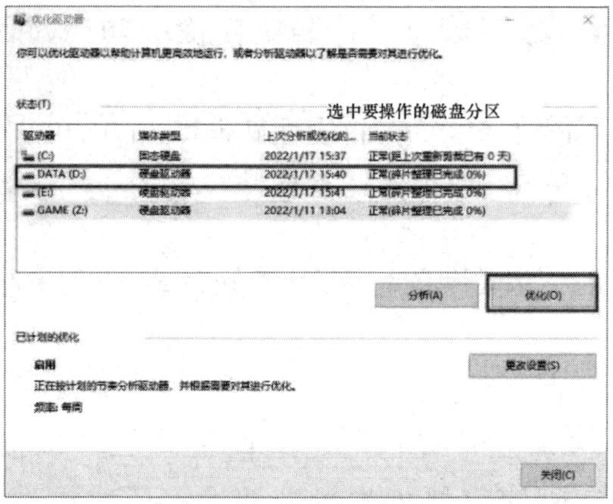

图 1-41 优化磁盘分区

④ 进行磁盘整理。在进行碎片整理时会反复很多遍，如图 1-42 所示。具体时长和次数依磁盘的性质和碎片程度而定，一般来说，系统分区的整理次数会比普通分区略多，时间也会略长。

⑤ 当碎片整理完成时，我们还可以看到整理后的效果如图 1-43 所示。通常来说，系统会尽可能减少文件碎片，但是，有时也有可能会因为某些特殊原因（如文件无法移动）而做不到将碎片完全彻底地全部消除。

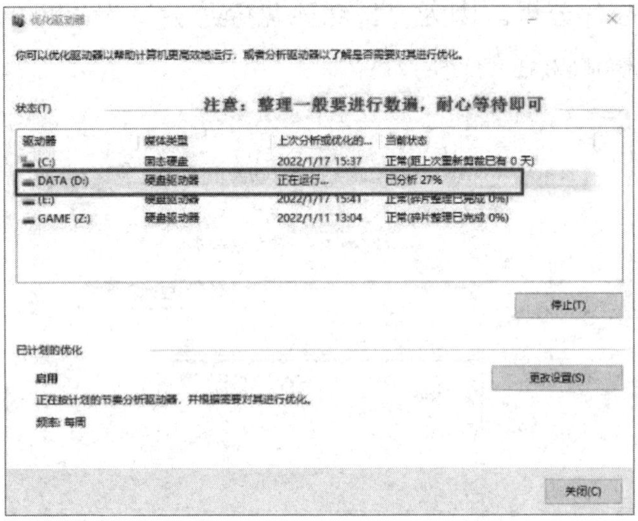

图 1-42　整理数遍

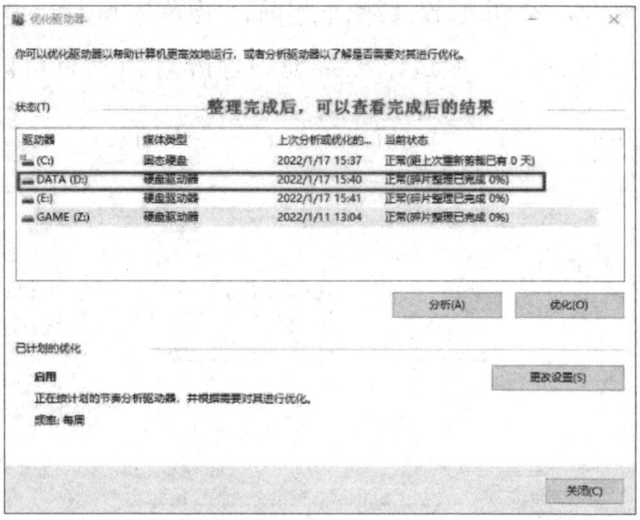

图 1-43　观察整理后效果

1.1.3　台式计算机的常见故障及解决方法

台式计算机在长时间使用后会出现一些故障，如黑屏、开机无显示、频繁死机、IDE 端口或 USB 端口失灵等。分析故障原因，找出故障点和解决方法，然后排除故障，是解决这类问题的基本步骤。

1．故障现象：计算机自检成功，Windows 10 操作系统启动时出现蓝屏

故障处理：这种故障有可能是 Windows 10 操作系统的文件丢失或被损坏，还有可能是内存条不匹配造成的。若重装 Windows 10 操作系统后，故障仍不能解除，则建议更换内存条。

2．故障现象：新组装的计算机，主机正常运行，显示器不显示内容

故障处理：此类故障一般是主机与显示器的连接数据线没有连接正确；台式计算机装有独立显卡，主板上的集成显卡被屏蔽了。若将显示器插在主板的集成显卡上，显示器不显示内容，则应直接把与显示器连接的数据线接在独立显卡上。

有时内存条松动，也会出现这种故障现象，这时只要关闭电源，打开主机，拔下内存条再重新插好即可。

3．故障现象：光驱使用一段时间后不能正确读盘

故障处理：该类故障一般是激光头灰尘过多或激光头老化造成的。这时需要打开光驱清洁激光头或更换光驱。

4．故障现象：一台台式计算机在启动过程中出现“Hard disk install failure”提示

故障处理：该类故障一般是硬盘安装失败、硬盘的电源线或数据线未接好或硬盘跳线设置不当造成的。首先，检查硬盘各根连线是否接好，如果有问题则连好线路。其次，检查同一根数据线上的两个硬盘跳线设置是否一样，如果一样，则只要将两个硬盘的跳线设置为不一样（一个为主盘，另一个为从盘）即可。如图 1-44 所示。

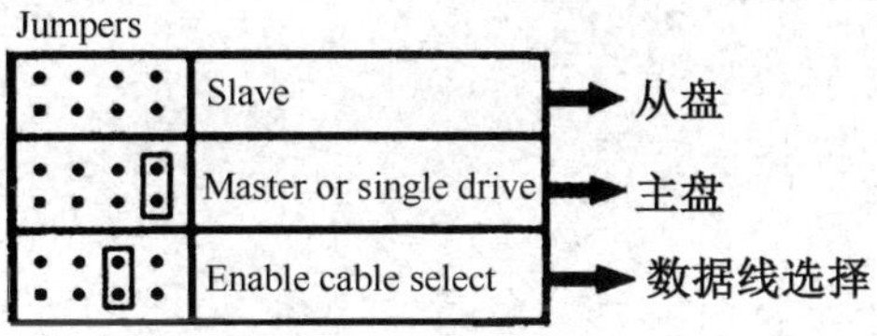

图 1-44　主从跳线设置方法

5．故障现象：开机后屏幕出现“Keyboard error or no keyboard present”提示

故障处理：该类故障一般是由键盘接口或键盘本身损坏造成的。经常移动键盘，会造成接触不良，可尝试重新插好键盘。如果还检测不到键盘，则再检查键盘接口插针是否被插歪了，导致有的针连接不上，此时需要把针拨正。如果键盘接口插针没有问题，则可尝试将键盘接到其他计算机上，如果键盘是可以使用的，则有可能是主板的键盘接口有问题，此时要么维修主板，要么更换主板。

6．故障现象：前置音频、USB 接口无效

故障处理：这类故障一般是由机箱前面板的连线问题造成的。关闭电源，打开机箱，仔细阅读主板说明书，连接好前置音频线、前置 USB 连接线即可。

7．故障现象：找不到“本地连接”，无法设置 IP 地址

故障处理：这类故障一般是由于网卡驱动程序没有安装或安装错误造成的。此时应重新安装网卡驱动程序。

8. 故障现象：台式计算机只能以安全模式或命令行模式启动

故障处理：这类故障一般是由于缺少必要的启动文件、注册表损坏、硬件设置有误或安装了不匹配的驱动程序造成的。进入安全模式，将启动组中的所有选项都勾选上，然后重启，如果正常，则可判断该问题是缺少启动文件造成的。如果还不能解决问题，则打开设备管理器，将显卡、声卡、网卡等卸载，查看是否能正常启动。

9. 故障现象：开机时机器没有任何反应（黑屏），且听不到冷却风扇转动的声音

故障处理：此类故障基本可以认定为电源故障。首先检查电源线和插座是否有电，主板电源插头是否连接好；再确认电源是否有故障。最简单的方法就是替换法，即更换电源。

1.2 计算机一体机

1.2.1 简介

计算机一体机是将主机部分、显示器部分整合到一起的新形态计算机，它的创新点在于内部元件的高度集成。随着无线技术的发展，计算机一体机的键盘、鼠标与显示器可实现无线连接，机器只有一根电源线。解决了台式机线多而杂的问题。如图 1-45 所示是计算机一体机。

图 1-45 计算机一体机

1.2.2 计算机一体机的优势

1．外观时尚，轻薄精巧

高度集成化的设计简约时尚，炫彩外观尽显用户的精致生活品位。

2．更节省空间

计算机一体机就是将主机和显示器、音箱等结合为一体，将主机的硬件都放在显示器的后面，并尽量将它压缩起来，使它的体积尽可能小，这样就可大大节省放置机器的空间。

3．性能可升级

采用和台式计算机一样的部件。台式计算机具有的性能，计算机一体一样具备，甚至可以扩展升级。

4．更省电节能

计算机一体机采用 LED 液晶屏、热导管的散热系统及简单的结构，使其在使用时所需的能耗大大减少。一台普通计算机的耗电量为 200～400W 甚至更高，而一台计算机一体机的耗电量为 60～200W。一般来说，计算机一体机的能耗只有正常台式计算机能耗的三分之一。

1.2.3 触摸屏一体式计算机

多点触控技术是一体式计算机的发展契机也是其一大亮点，如图 1-46 所示是教学触摸一体机。它依靠多点触控技术，以直观的手指操作（拖拉、撑开、合拢、旋转）来实现图片的切换、移位、放大、缩小和旋转，从而实现文档、网页的翻页及文字缩放。多点触控技术的加入增强了触摸屏一体式计算机的核心竞争力，为未来的一体式计算机产品发展指明了方向。

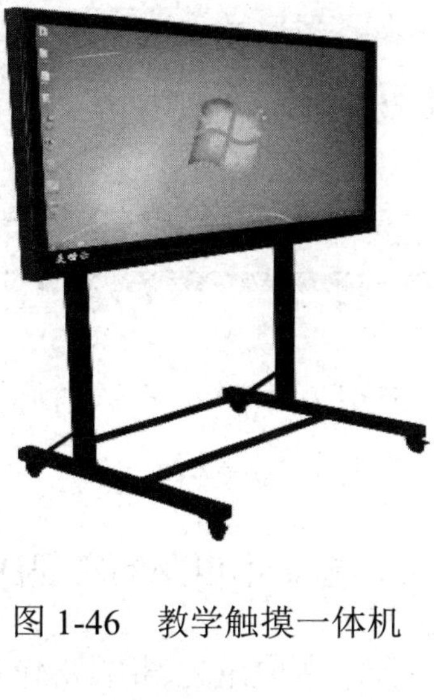

图 1-46　教学触摸一体机

1.3 笔记本电脑

1.3.1 笔记本电脑简介

笔记本电脑又称手提计算机，是一种小型、可携带的个人计算机，通常仅重1～3kg，与台式计算机相比，笔记本电脑有着类似的结构组成（显示器、键盘/鼠标、CPU、内存和硬盘），具有体积小、重量轻、携带方便等优点，如图1-47所示。

图1-47　笔记本电脑

从用途上看，笔记本电脑一般可以分为商务型、多媒体应用型、特殊用途型。商务型笔记本电脑的特征一般为移动性强、电池持续时间长。多媒体应用型笔记本电脑是结合强大的图形及多媒体处理能力，又兼有一定移动性的综合体。特殊用途型笔记本电脑是服务于专业人士，可以在酷暑、严寒等恶劣环境下使用的机型。

从屏幕尺寸上看，笔记本电脑尺寸多为14英寸，其他常用的还有17英寸、15英寸、13英寸等。

1.3.2 笔记本电脑外部接口与连接设备

笔记本电脑在外部结构上与台式计算机有较大的区别，本书以联想 G460 为例介绍笔记本电脑的外部结构。

1. 笔记本电脑的左视图

笔记本电脑左部主要包括RJ-45、VGA、USB、HDMI、e-SATA接口和Express Card卡

槽，如图 1-48 所示。这些接口主要用于连接网线（RJ-45 网络接口）、外接显示器或投影仪（VGA 和 HDMI 高清接口）、各种 USB 接口的设备及存储卡（Express Card 卡槽）等。

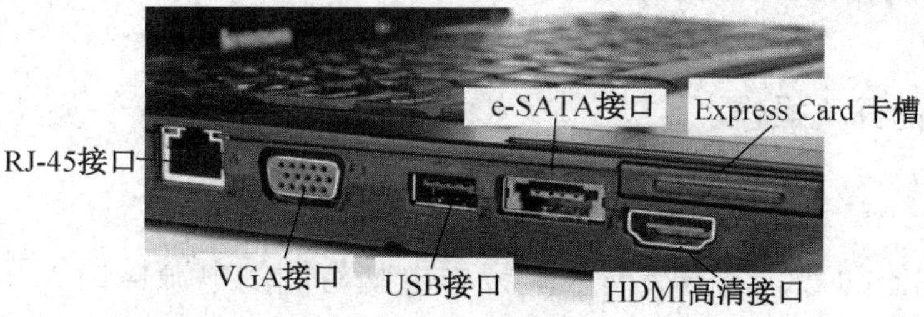

图 1-48　笔记本电脑左视图

2. 笔记本电脑的右视图

笔记本电脑的右部主要包括音频接口、光驱、USB 接口和电源接口，如图 1-49 所示。这些接口主要用于连接耳机（绿色音频接口）、麦克风（红色音频接口）、USB 接口的设备和电源适配器等。

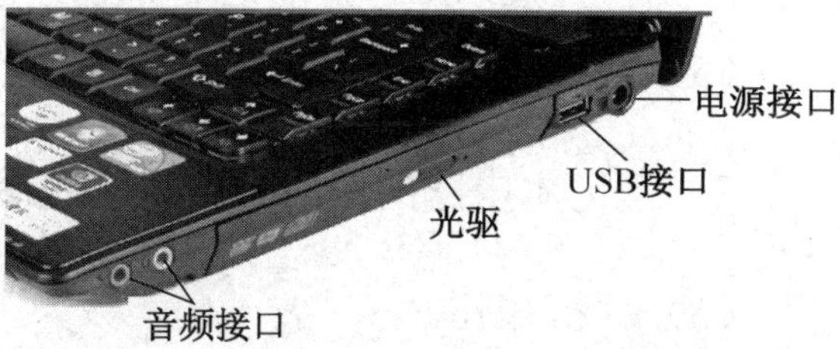

图 1-49　笔记本电脑右视图

3. 笔记本电脑的正视图

笔记本电脑键盘的上方主要包括电源开关、一键还原按钮和电源管理按钮，如图 1-50 所示。当操作系统出现问题时，若计算机处于关机状态，按“一键还原”按钮可以进入一键拯救系统，以恢复计算机的系统分区。在 Windows 状态下，按“电源管理按钮”可以启动电源管理软件，对笔记本电脑各部件的性能及功耗进行控制，延长笔记本电脑的电池使用时间。

4. 笔记本电脑的前面板

笔记本电脑的前面板主要包括无线网卡开关、指示灯等。无线网卡开关主要用于打开或关闭笔记本电脑上所有无线设备的无线通信。指示灯主要包括电源状态指示灯、电池状态指示灯、无线通信指示灯和硬盘驱动器指示灯等，如图 1-51 所示。

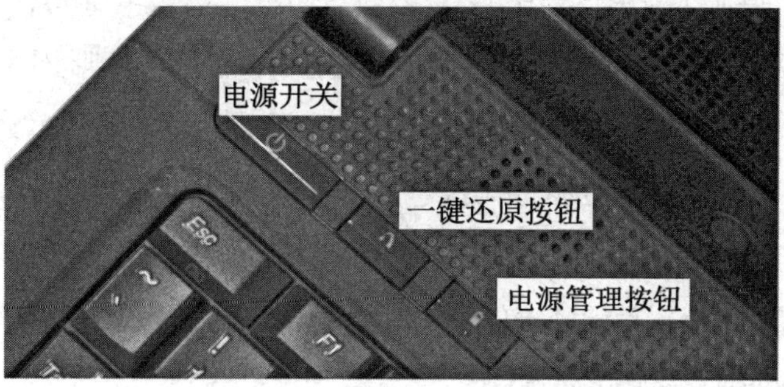

图 1-50　笔记本电脑正视图

图 1-51　笔记本电脑前面板

1.3.3 笔记本电脑的基本操作

1. 笔记本电脑的开机操作

（1）将电源线与 AC 适配器相连。

（2）将 AC 适配器的 DC 输出端插入笔记本电脑右侧的电源接口。

（3）将电源线插入电源插座，这时，笔记本电脑前部的电池和电源状态指示灯都会发亮。

（4）向右滑动笔记本电脑前端的显示屏锁。

（5）打开显示屏。将笔记本电脑的显示面板开启至一定的角度，以达到最佳的视觉效果。

（6）持续按住电源“⏻”按钮两至三秒，电源即开启。

2. 笔记本电脑的关机、待机和睡眠操作

（1）关机操作。

单击“开始”→“关机”选项即可关闭笔记本电脑。

（2）待机操作。

在待机模式下，如果笔记本电脑的空闲时间超过预定的时间（超时），则系统将关闭硬盘驱动器和显示屏以节省能耗。按电源键，将笔记本电脑唤醒就可以继续正常操作，笔记本电脑将返回进入待机模式之前的运行状态。

在 Windows 10 操作系统中依次单击“开始”→“关闭计算机“→“待机”选项，可进入待机模式。

（3）睡眠操作。

笔记本电脑睡眠模式是笔记本电脑由工作状态转为等待状态的一种节能模式，开启睡眠模式时，系统的所有工作都会保存在硬盘下的一个系统文件中，同时关闭除内存外的所有设备的供电。当想要恢复开机状态时，如果在睡眠过程中供电没有发生异常，就可以直接从内存中的数据恢复（类似待机）开机状态，速度很快。但如果睡眠过程中供电异常，则内存中的数据已经丢失了，此时仍可以从硬盘上恢复（类似休眠）开机状态，速度会慢一点。无论哪种情况，睡眠模式都不会导致数据丢失。将笔记本电脑手动置于睡眠模式状态后，必须以管理员、Administrators 组成员或 Power Users 组成员的身份才能登录。

如果只是短时间不使用笔记本电脑，就可以让笔记本电脑进入睡眠模式。当笔记本电脑处于睡眠模式时，就可以跳过启动程序，快速唤醒笔记本电脑。

在 Windows 10 操作系统中的操作方法通过单击“开始”→“关机”→“睡眠”选项可进入睡眠模式。

3. 使用触控板

笔记本电脑的触控板如图 1-52 所示。触控板是一种触摸敏感的指示设备，它可以实现一般鼠标的所有功能。通过手指在触控板上的移动，能够很容易地完成光标的移动。通过按动触控板下方的按键，可完成相应的单击动作（按左、右键相当于单击鼠标的左、右键），轻敲一次相当于单击，轻敲两次相当于双击。

图 1-52　笔记本电脑的触控板

4.【Fn】键的应用

【Fn】键是笔记本电脑专用的，而且不同品牌的笔记本电脑的【Fn】键的用法不同。通常，【Fn】键一般和其他的按键组成组合键以便实现控制作用。这些组合键可以实现硬件的调节，以及补充实现台式计算机上有而笔记本电脑上省略的按键。在此以联想 G460 笔记本电脑为例，介绍【Fn】键的应用。

- 【Fn+Esc】开启/关闭内置摄像头。
- 【Fn+F1】使笔记本电脑进入睡眠模式。
- 【Fn+F2】开启/关闭 LED 屏幕背光灯。
- 【Fn+F3】打开显示设备转换界面，以选择笔记本电脑屏幕或外部显示设备。
- 【Fn+F4】打开显示器分辨率设置界面。
- 【Fn+F5】打开/关闭内置无线设备的设置界面。
- 【Fn+F6】启用/停用触控板。
- 【Fn+F8】启用/停用数字键盘。
- 【Fn+F9】开始/暂停播放 Windows Media Player。
- 【Fn+F10】停止播放 Windows Media Player。
- 【Fn+F11】跳至上一首曲目。
- 【Fn+F12】跳至下一首曲目。

5. 使用外部显示器或投影仪

可以通过 VGA 接口将外接显示器或投影仪连接到笔记本电脑上。在外接显示器或投影仪时，可以使用【Fn+F3】组合键打开显示设备转换界面。

6．使用读卡器

笔记本电脑配置了一个存储卡读卡器，能读/写 SD、MMC、MS、MS PRO 等存储卡。可以在笔记本电脑和数码相机、数码摄像机、PDA 等使用此类存储卡的设备之间进行数据传输。

使用时首先轻轻按压防尘卡，直到听到“咔嗒”一声，防尘卡从记忆卡插槽中轻轻弹出，然后再放置存储卡并插入，如图 1-53 所示。

7．使用无线网络

（1）以戴尔笔记本电脑为例，利用【Fn+F2】组合键开启无线网络功能如图 1-54 所示。【F2】键上有信号塔的标志，其无线通信指示灯亮则表示无线网络功能已开启。

图 1-53　笔记本读卡器及防尘卡

图 1-54　无线开关

（2）无线网络功能开启后，在任务栏的右侧将出现无线网络连接标志，单击该标志，在桌面右下角会弹出一个网络连接状态框，如图 1-55 所示。在网络连接状态框中选择路由器设置的信号，单击“连接”之后输入设置的上网密码后，在该网络名右侧会显示“已连接”，如图 1-56 所示。

图 1-55　网络连接状态框

图 1-56　无线信号连接成功

8. 使用一键恢复系统功能

联想笔记本电脑内置一键恢复系统功能，在系统损坏时用户可以进行系统恢复。“一键恢复系统”能备份和恢复笔记本电脑的系统分区（C 盘）数据。该功能既可以在 Windows 操作系统中运行，也可以在不进入 Windows 操作系统的情况下运行。

（1）在 Windows 操作系统下使用一键恢复系统功能。

在 Windows 操作系统中，双击桌面上的一键恢复系统图标“G”可以启动联想一键恢复系统功能。在此功能中，可以在硬盘驱动器或其他存储设备上备份系统分区，或者通过创建恢复光盘进行备份。

（2）不进入 Windows 操作系统使用一键恢复系统功能。

- 在关机状态，按一键恢复按键如图 1-57 所示，该按键一般位于电源键旁边，是一个带有箭头的按键。
- 在弹出的“Novo Button Menu”菜单中（如图 1-58 所示），单击“System Recovery”选项后按【Enter】键。

图 1-57　联想笔记本一键恢复按键

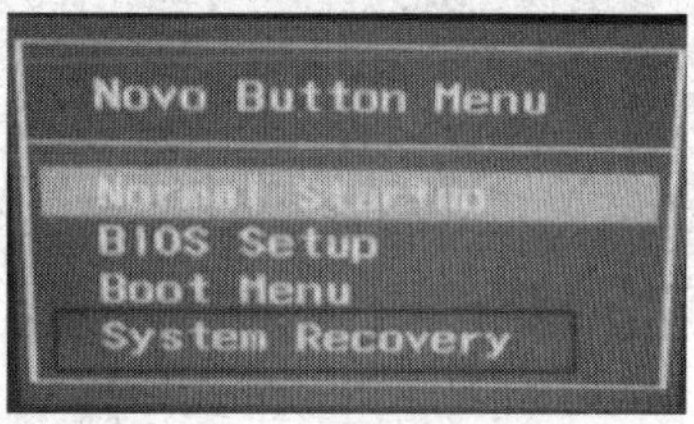

图 1-58　Novo Button Menu 菜单

- 进入系统恢复界面，如图 1-59 所示，单击“一键恢复”按钮。

图 1-59　系统恢复界面

- 进入“选择任务”界面，如图 1-60 所示，系统有两种选项，一种是从初始备份恢复；另一种是从用户备份恢复，选择恢复点（此处以“从用户备份恢复”为例），单击“下一步”按钮。
- 进入“从用户备份恢复”界面，如图 1-61 所示，单击“下一步”按钮。
- 弹出要恢复的系统信息，单击“开始”按钮，弹出“注意”提示框，如图 1-62 所示，单击“是”按钮。

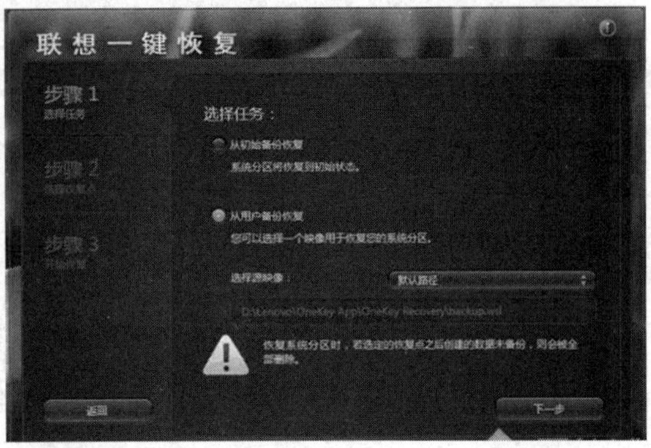

图 1-60　“选择任务”界面

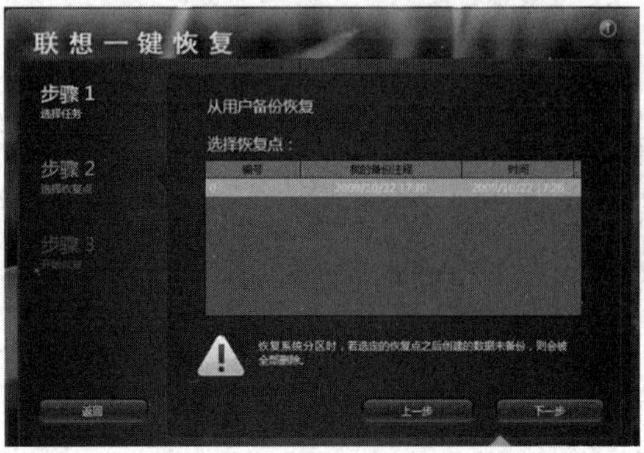

图 1-61　“用户备份恢复”界面

● 弹出如图 1-63 所示的界面，执行系统恢复操作。

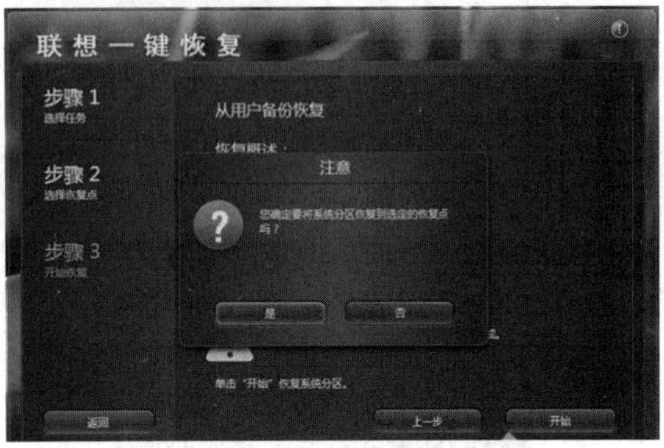

图 1-62　注意提示框

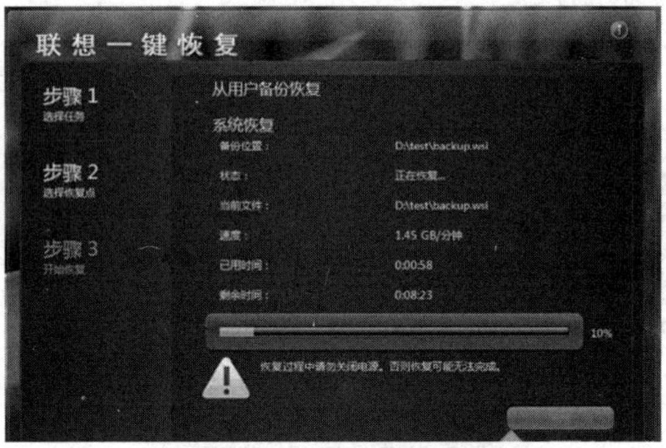

图 1-63　系统恢复界面

● 弹出“系统恢复完成”提示框，如图 1-64 所示，系统恢复完成，单击“确定”按钮。

● 弹出“关机/重启”提示框，如图 1-65 所示，单击“重启”或“关机”按钮，系统恢复完成。

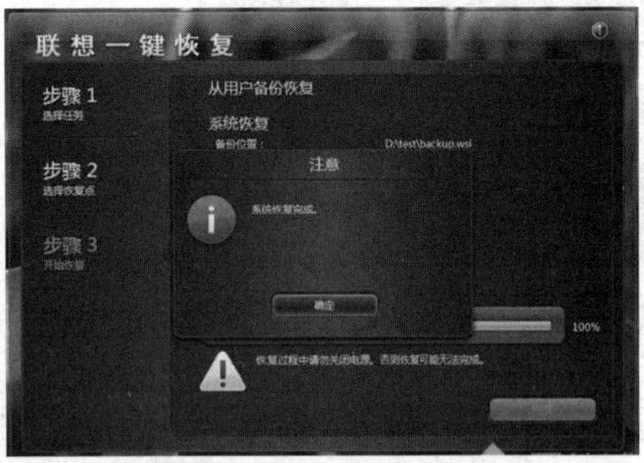

图 1-64　系统恢复完成

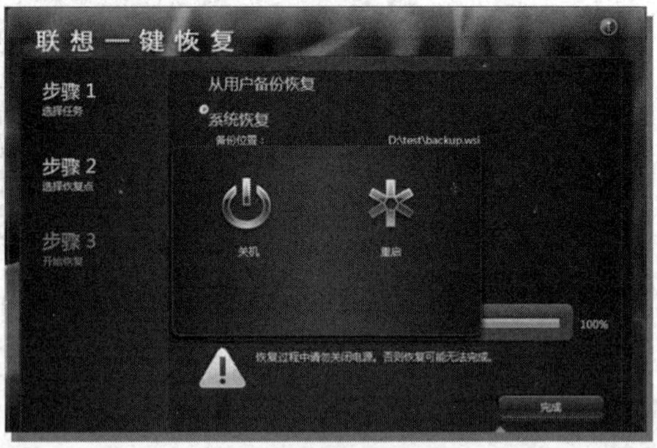

图 1-65　关机/重启窗口

综上所述，遇到系统问题的联想用户，可以通过笔记本电脑自带的一键恢复功能进行系统恢复。

1.3.4 笔记本电脑的常见故障及处理

1．故障现象：一台联想笔记本电脑，最近换了一根 8GB 的内存条，导致屏幕经常自动关闭，显示无信号输入，接着又会自动重启

故障处理：由于是更换内存条后出现的故障，所以首先应怀疑是内存条问题。如果内存条本身没有质量问题，则可能是兼容性问题。建议首先试着重新安装操作系统，查看能否解决问题。若问题未解决，则可用橡皮清洁内存条金手指，再插牢。若问题仍未解决，则需更换内存条。如果更换内存条后，故障消失，则说明是内存条与主板不兼容。若故障仍解决不了，则可能是主板出现问题（电容爆浆或芯片组损坏等），需专业人员维修。

2．故障现象：输入字母时显示数字

故障处理：数字锁定功能被打开了。要禁用该功能，按【Fn+F8】组合键即可。

3．故障现象：开机后硬盘灯闪烁，开机速度变慢，进程变长，5～6 分钟才能进入系统，进入系统后系统响应迟钝，查看后发现 System 进程占用资源 90%以上，过 10 分钟后系统才恢复正常，用杀毒软件也查不到病毒

故障处理：此故障属于系统故障，很可能是有某种未知的病毒程序在影响操作系统。最理想的解决方法是首先备份重要数据，然后格式化系统所在的分区，重新安装操作系统。笔记本电脑都会自带系统恢复盘，但是使用系统恢复盘会将系统恢复到出厂状态，可能会造成数据丢失，所以应谨慎使用。

4．故障现象：笔记本电脑外接 USB 光驱后，自动关机重启

故障处理：造成该故障的原因是电源供电不足。在使用大功率外接设备（如 USB 光驱）时，外接设备必须自带电源适配器，否则可能导致设备无法被识别，或者系统关机。

5．故障现象：笔记本电脑使用一段时间后无法正常关机

故障处理：造成该故障的原因大多数是用户在添加（或删除）软件时，改动了系统注册表文件，使关机程序无法执行。解决方法是首先按住【Power】键 4～5 秒，查看是否能关机，如果还不能关机则可采取断开外接电源并取出电池的方法强行关机。当再次开机时，可采取重新安装系统的方法，修复注册表文件。

6. 故障现象：按下电源按钮后，电源指示灯亮，但屏幕无显示

故障处理方法如下。

（1）按住电源开关并持续4秒以关闭电源，然后重新启动，查看能否解决问题。

（2）使用外接显示器，查看能否正常显示。如果能够显示，则说明原液晶显示屏有问题。

（3）检查内存条是否插接牢靠。如果还不能解决问题，则可能是内存、CPU、充电板或主板出现故障。

1.4 其他计算机简介

1.4.1 平板电脑

图 1-66 平板电脑

平板电脑也叫便携式计算机，是一种小型的、方便携带的个人计算机，以触摸屏作为基本的输入设备。用户通过触控笔或数字笔来进行操作，也可以通过内建的手写识别、屏幕上的软键盘、语音识别或一个真正的键盘实现输入，如图1-66所示。

平板电脑就是一款无须翻盖、没有键盘、小到可以放入口袋，但功能完整的个人计算机。

1. 操作系统

目前的平板电脑最常见的操作系统是 Windows 操作系统、Android 操作系统和 iOS 操作系统。

（1）Windows 操作系统。

Windows 操作系统即我们常用的计算机系统。安装 Windows 操作系统的平板电脑又叫作 Windows 平板。Windows 平板最大的特点就是能够使用计算机软件。如果性能足够高，甚至可以运行一些大型网络游戏，Windows 平板就是更薄的计算机，计算机大多数的功能都可以在 Windows 平板上实现，如可以连接各种各样的外围设备（如键盘、鼠标、U 盘等）。另外，系统还内置了微软 Office 套件，以满足人们移动办公的需求。Windows 平板的缺陷是整合功能太多、系统服务过多，因此会导致其功耗大、对硬件要求很高。

（2）Android 操作系统。

Android 操作系统是一个非常开放的系统，它不但能实现笔记本电脑最常用的功能，又能

够像手机一样完成各种具有特定指向性的操作，而且它是专门针对移动设备而研发的操作系统，在系统资源消耗、人机交互设计上都有优势。

（3）iOS 操作系统。

iOS 操作系统即苹果公司开发的操作系统，其安全性比较高。但 iOS 操作系统只有 iPad 系列平板搭载，而且 iPad 主推中高端市场，因此售价普遍较高。

2. 设备特点

（1）优势。

● 平板电脑外观上与众不同。有的就像一个单独的液晶显示屏，只是比一般的显示屏要薄一些，在上面还配置了硬盘等必要的硬件设备。它具有便携性，比台式计算机、笔记本电脑体积更小而轻，可以随时转移它的使用场所。

● 平板电脑具有数字墨水和手写识别输入功能，以及强大的语音识别、手势识别能力。

● 扩展使用计算机的方式，使用专用的“笔”，在平板上操作，使其像纸和笔一样使用简单。

● 数字化笔记，平板电脑可以像普通的笔记本电脑一样，让用户随时记事，并创建自己的文本、图像和图片。同时，平板电脑集成电子“墨迹”，可在 Office 文档中留存自己的笔迹。

（2）缺点。

打字速度较慢，手写输入与 30～60 单词/分钟的打字速度相比是比较慢的。另外，一个没有键盘的平板电脑（纯平板型）不能代替传统的笔记本电脑，可能会让初次使用的用户感觉很难操作。

1.4.2 云电脑

1. 云电脑的产生背景

IT 行业发展的几十年中，很多小微、初创企业面临着诸多困境，如需要购入多台计算机，软硬件成本高；员工在计算机上任意安装软件，无法监管；员工随意使用 U 盘，导致业务涉密数据泄露；无 IT 人员，网络运行和维护需要亲力亲为；计算机功耗大，每月花费大量电费；计算机主机大，办公空间利用率不高等。

针对这些问题，云电脑有着统一管理的新一代云电脑方案，它通过一台云主机和多个云终端，替换传统计算机，即 1 台云主机+1 台交换机+多台云终端（如 5 台、10 台、20 台等）+多套外设（显示器、键盘、鼠标），即可配置出多台云电脑，采用先进的云计算技术，利用云主机的计算、存储、网络资源，通过自研的高性能桌面传输协议，将计算机桌面分别推送给不同的云终端，可实现云端管理，有效提升数据安全，大幅提高运维效率。

2. 云电脑概述

云电脑的特点是用户只需一个小巧的终端设备，连接显示器、键盘和鼠标，接入网络就可以访问个人的桌面、数据、应用等，在功能上与个人计算机没有区别。与传统计算机相比，云电脑没有 CPU、内存和硬盘等硬件，这些硬件全部汇集在云端的数据中心里。

用户无须考虑构建复杂的 IT 环境，就可实现单机多用户使用。

（1）云端资源。

云端资源包括硬件资源池、桌面池、应用池，以及保证服务器高效运行的服务器集群机制。

① 硬件资源池：服务器集群中的计算能力、内存、网络、共享存储等形成硬件资源池，既可动态扩展，也可弹性分配。

② 桌面池：各种桌面，包括 Windows、Linux、Mac 等在云端形成桌面池。桌面池基于桌面模板和相应的资源模板创建，用户提出桌面需求后，在几分钟内即可获得定制的桌面。

③ 应用池：通过应用池，云端管理由点及面，只需管理应用的单一实例，即可交付给云电脑环境下多个用户使用。

④ 服务器集群机制：包括分布式资源调度、高可用性和实时迁移。分布式资源调度根据既定的资源分配规则和策略评估优先级，并做出资源调度行为；高可用性通过提高云端软硬件 MTBF（平均无故障时间），降低 MTTR（平均恢复时间）来保证用户业务稳定运行；实时迁移允许管理员通过关闭虚拟机来进行维护或更新，而不会引起系统用户的故障时间。

（2）CHP 协议。

CHP 协议是云电脑架构中的重要组成部分，是云终端用以连接云端资源的方式。云电脑服务对网络稳定性要求较高，桌面、数据都在网络中传输，通过对传输协议进行优化，包括多通道传输、根据实际网络条件动态调优并分配渲染端、在协议上加载多种安全算法，可保证用户的数据安全，以及在低带宽、高延时网络环境下获取较好的用户体验。

（3）云终端。

在云电脑体系中，云终端是用户用于获取云端资源服务的载体，也是传输协议的载体。云终端本身具备一些传统的计算机不具备的优势，如体积小、能耗小、价格低、快速部署、零维护、安装简单等。

3. 云电脑的优点

（1）集中管控与维护。

通过集中的部署、管理和维护应用，降低了维护的工作量和人力成本；所有桌面、应用、数据可控，企业数据不会流失；系统漏洞修复、应用程序升级、桌面的管理、终端设备管理都在数据中心统一集中管理。

（2）部署简单、快捷。

采用一体化部署，安装过程中只需持续单击“下一步”即可安装服务器端基础架构和管理软件；桌面采用多种部署模式，只需一次创建模板，即可在 3 分钟内创建出全新的标准化桌面；云终端只要连上网络、显示器、键盘、鼠标、电源线即可访问，无须在客户端安装任何应用。

（3）远程云端运维监控，整体资源调度、弹性资源扩展。

通过云端管理界面对云主机与云终端进行管理控制和日常运维，可实现资源的动态调度，保证服务器集群的性能最优化及高终端用户体验；新的服务器资源只需接入网络，并在管理平台中加入主机池即可使用。

（4）完善信息安全管理。

数据集中存储，权限统一管理，显著提升资源管控能力与安全性；外部网络传输采用多种保密协议，保证数据传输的安全性；采用 USB、移动设备等外接设备的统一管理，保证外部接入设备的安全性。

（5）高可用性。

3TCloud 整体架构规划中考虑用户桌面的高可用性，并在存储、网络和服务器集群中实现高可用；单个主机关机时，该主机上的桌面会在短时间内迁移到其他主机，用户基本上感觉不到桌面变化；消除存储、服务器集群、网络环境中的单点故障。

1.4.3 智能手机

手机已经成为人们必需的生活用品，随着科技和经济的发展，手机由原来仅能打电话、发短信到现今可听音乐、聊天、看视频、购物、在线学习、视频会议等，已成为一台具有多功能的微型计算机。

手机基本上可以分成两种：一种是传统手机；另一种是智能手机，如图 1-67 所示。智能手机除具有传统手机的基本功能外，还具有以下特点：开放的操作系统；硬件和软件可扩充性；支持第三方的二次开发。

图 1-67　智能手机

1. 智能手机的整体结构

智能手机可以被看作袖珍的计算机。它有处理器、存储器、输入输出设备（键盘、显示屏、耳机接口、摄像头等）及 I/O 通道。手机通过空中接口协议（如 GSM、CDMA 等）和基站通信，既可以传输语音，也可以传输数据。如图 1-68 所示为常见智能手机的外部结构。

智能手机与个人计算机一样，具有独立的操作系统、独立的运行空间，可以由用户自行安装软件、游戏、导航等第三方服务商提供的程序，并可以通过移动通信网络实现无线网络接入。

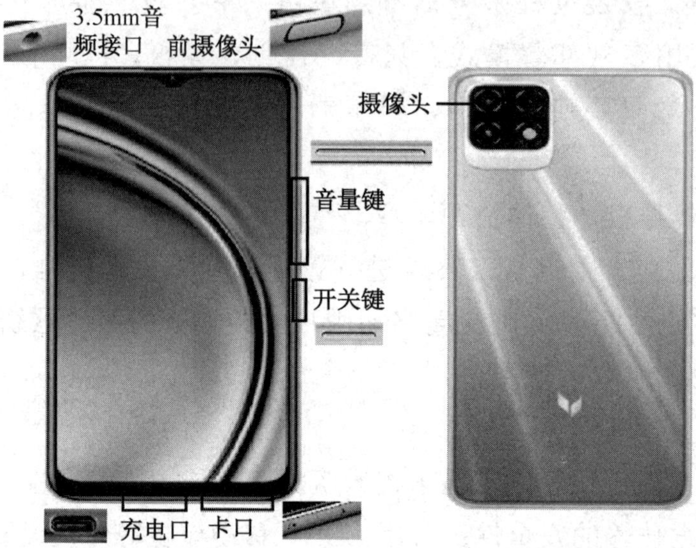

图 1-68　常见智能手机的外部结构

2．智能手机的六个特点

● 具备无线接入互联网的能力。

● 具有个人数字助手功能，如 PIM（个人信息管理）、日程记事、任务安排、多媒体应用、浏览网页等。

● 具有开放性的操作系统：拥有独立的 CPU 和内存，可以安装更多的应用程序，使智能手机的功能可以得到较大扩展。

● 人性化：可以根据个人需要扩展机器功能。根据个人需要，实时扩展机器内置功能，以及软件升级；智能识别软件具备兼容性，实现了软件市场同步的人性化功能。

● 功能强大：扩展性能强，支持多个第三方软件。

● 运行速度快：随着半导体业的发展，CPU 发展迅速，使智能手机的运行越来越极速。

3．功能

● 智能手机除具备手机的通话功能外，还具备个人信息管理，以及基于无线数据通信的浏览器、GPS 和电子邮件功能。智能手机为用户提供了足够大的屏幕尺寸和带宽，既方便随身携带，又为软件运行和内容服务提供了广阔的舞台，很多增值业务可以就此展开，如股票、新闻、天气、交通、商品、应用程序下载、音乐、图片下载等。

● 随着数码相机功能日益强大，内置在智能手机中的相机功能也将日益强大。这使许多人考虑使用更便捷的智能手机进行拍照。

● 智能手机具备 GPS 定位跟踪功能。GPS 通过卫星直接将位置和时间数据发送到用户的智能手机上。如果智能手机能够获取三个卫星的信号，就能够显示用户在平面地图的位置；

如果能获取四个卫星的信号，就能够显示其高度。

4．智能手机常见的故障及处理方法

智能手机故障问题通常都是死机、触屏不灵敏、机身发热发烫等，下面介绍智能手机故障处理方法。

（1）故障现象：屏幕触摸不灵敏。

故障处理：一般情况下，智能手机屏幕触摸不灵主要有 3 个原因，可以逐一排查。

电压不稳定：使用非原装的充电器可能引起输出电压不稳定，可以试着重新拔插充电器或更换充电器，并尽可能使用原装的充电器充电。

静电：贴了保护膜的智能手机在某些环境下会产生静电，导致屏幕触摸不灵，可以撕去保护膜。

管理权限设置不当：智能手机的 Root 用户是系统中唯一的超级管理员，Root 用户可以把整个系统的大部分文件删掉，导致系统完全毁坏，不能再次使用。所以，智能手机有可能出现屏幕触摸不灵、反应迟钝、经常死机等问题，严重时甚至不能开机。这种情况下可以将手机恢复出厂设置或重新刷机。

（2）故障现象：死机、自动关机。

故障处理：当出现后台应用程序占用内存过多、系统兼容性出现问题时，可以尝试使用一些清理工具以清理后台程序，或者升级系统版本。如果仍解决不了问题，则有可能是硬件故障。

（3）故障现象：无法开机。

故障处理：智能手机突然无法开机，可能是系统故障或没电引起的，可以试着充电 10 分钟后再开机。如果仍无法开机，则可以同时按住音量减键和开机键（有些手机是音量加键和开机键），然后单击重启手机（reboot system now）进行尝试。

（4）故障现象：手机发热明显。

故障处理：和计算机一样，智能手机处理器需要处理的任务越多就越容易发热，这种现象通常是用智能手机玩大型游戏造成的。此外，长时间的通话、看视频，以及边充电边玩手机也有可能造成智能手机发热。出现这种情况时建议及时停止这些操作。

（5）故障现象：短信发送不出去（发送短信的时候总显示发送中，过一会儿显示发送失败，并出现感叹号）。

故障处理：主要的原因可能是短信中心号码出现错误。解决方法是进入短信页面，然后找到“设置”→“短信中心号码”，如图 1-69 所示，将短信中心号码设置为当地网络运营商的短信中心号码，即+86 开头的一串号码。其中，+86 要加进去，尤其是“+”号一定要加进去。短信中心号码编排如图 1-70 所示。联通号码的操作方式是一样的，只是联通的信息中心号码与相对应的归属地区号可能会不一样，可以上官网查询相对应的信息中心与归属地。设置完成后，在发送失败的短信上单击“重新发送”即可，如图 1-71 所示。

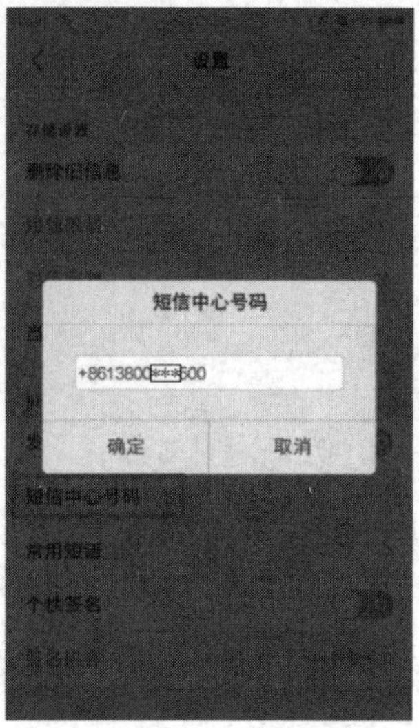

图 1-69　短信中心号码

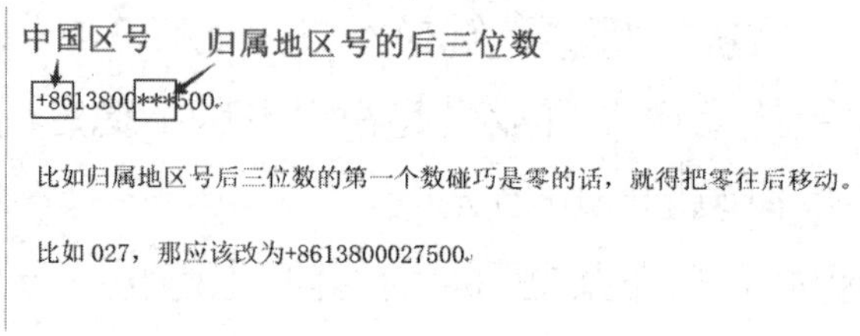

图 1-70　短信中心号码编排

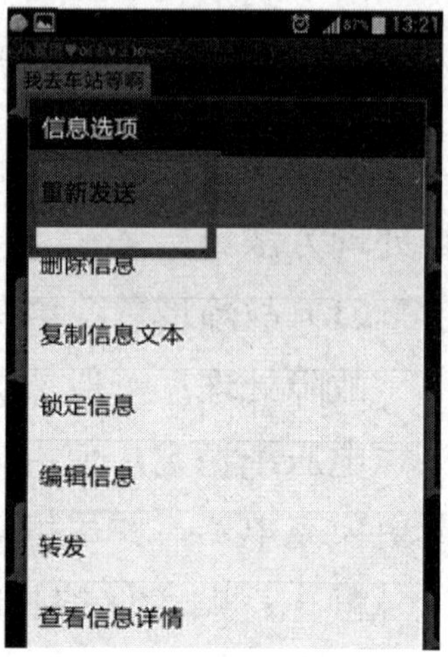

图 1-71　重新发送

如果完成以上操作后还是无法发送短信，则有可能是网络原因。当手机欠费时，无法上网也不能发送短信，可以尝试充值话费后重启手机。

（6）故障现象：智能手机待机时间短。

故障处理：出门前充满电，开启智能手机的省电模式。在不使用无线、蓝牙、GPS 或数据业务时，应关闭相应的功能；也可通过关闭不使用的软件以节省功耗。

思考与实训 1

一、填空题

1．台式计算机主机的背面板一般有________接口、________接口、________接口、________接口和________接口等。

2．计算机通过________接入网络，它是计算机网络最重要的连接设备。________是实现声波与数字信号相互转换的一种硬件，用于连接耳机、音箱、麦克风等。

3．平板电脑最常见的操作系统有________操作系统、________操作系统和________操作系统。

4．使用________版系统安装盘安装 Windows 10 操作系统方便快捷，一些常用的应用软件也可随之一同安装，越来越多的用户采用这种方式进行安装。

5．联想笔记本电脑内置________功能，用户可以在系统损坏时进行系统恢复。它是一个简单易用的应用程序，能备份和恢复计算机的系统分区（C 盘）数据。

6．云电脑是一种全新的 IT 服务，也称云电脑服务。它是一种整体服务方案，包括________、________和________。用开放式云终端，通过独有的 CHP 传输协议，把桌面、应用、硬件等资源以________、________的服务模式提供给用户，用户无须考虑构建复杂的 IT 环境，就可实现单机多用户使用。

二、分析如下故障情况，说出故障处理的方法

故障 1：计算机硬件连接正常，在开机过程中发现主机启动正常，但显示器一直处于黑屏状态，显示电源指示灯也不亮。

故障 2：计算机硬件连接正常，开机后屏幕出现“Keyboard error or no keyboard present”提示。

故障 3：联想笔记本电脑硬件正常，电源连接正常，操作系统崩溃。

故障 4：台式机开机正常，但无法上网，打开“网上邻居”后找不到“本地连接”，无法设置 IP 地址。

故障 5：一周内没有使用智能手机，一周后发现智能手机无法开机。

设备 2

网络设备——信息的传播

实训 2　接入办公网络

任务引领

某公司设计部原只有一台用于处理办公文档等工作的计算机 PC1，该计算机连接了一台激光打印机，现又新增三台计算机（PC2、PC3、PC4）。公司要求小张构建一个办公室局域网，使四台计算机之间能够交流文件、共享资源，且均能使用办公室内的激光打印机。

任务分析

- 掌握小型局域网的组建方法
- 学会 IP 地址的配置
- 学会设置文件夹的共享与访问权限

任务操练

1．制作办公室网络拓扑图

对于拥有多台计算机的办公室来讲，可使用一台 8 口或 16 口交换机来组建办公室局域网，如图 2-1 是使用一台 16 口交换机完成办公室网络搭建的拓扑结构。

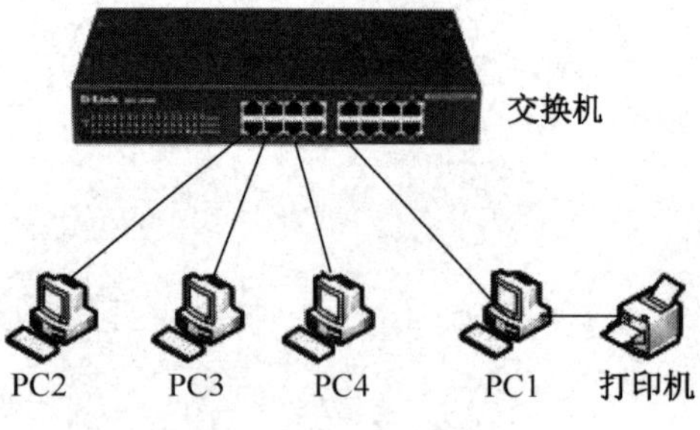

图 2-1　拓扑结构

2．制作如图 2-2 所示网线，连接计算机与交换机

（1）准备所需的材料及工具，根据要求取一根双绞线、若干个水晶头（RJ-45 插头）、一把网线钳及测试仪，如图 2-3 所示。

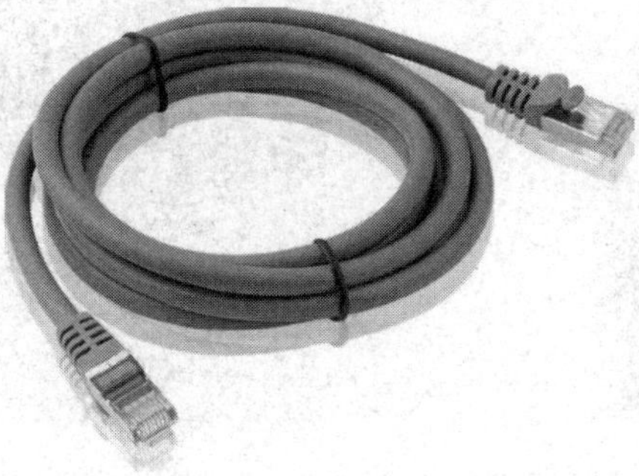

图 2-2　网线

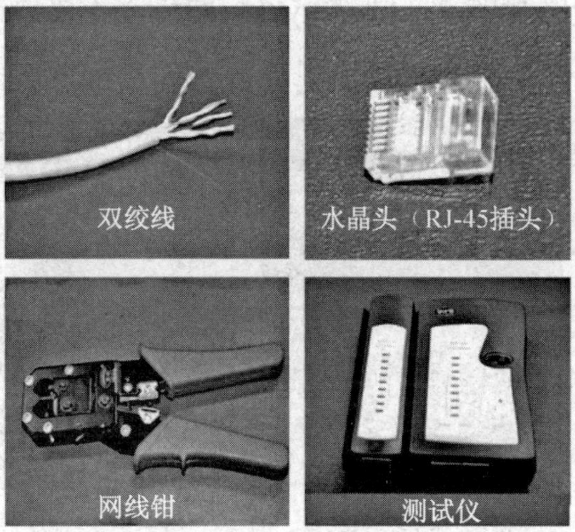

图 2-3　制作双绞线需要的材料

（2）用网线钳把双绞线的一端剪齐，然后把剪齐的一端插入网线钳用于剥线的缺口中，如图 2-4 所示。顶住网线钳后面的挡位，稍微握紧网线钳缓慢旋转一圈，利用刀口划开双绞线的保护胶皮并剥除外皮。

（3）剥除外皮后会看到双绞线的 4 对芯线，将绞在一起的芯线分开，按照 T568B 标准把网线剥开，将橙白、橙、绿白、蓝、蓝白、绿、棕白、棕的芯线一字排列，并用网线钳将线的顶端剪齐，如图 2-5 所示。

图 2-4　将双绞线插入剥线缺口

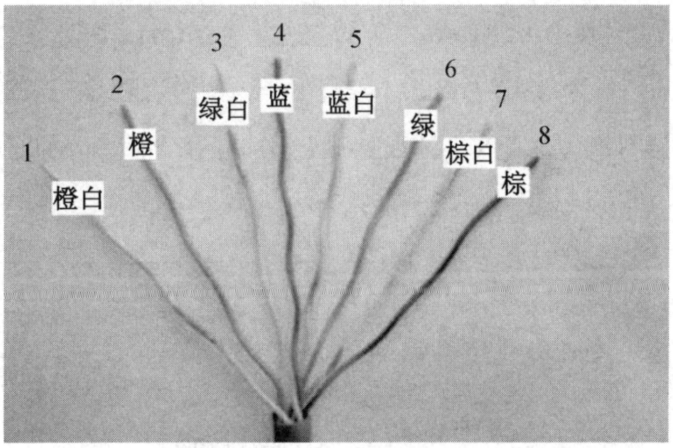

图 2-5　双绞线的线序

（4）将 RJ-45 插头的弹簧卡朝下，按 T568B 标准的顺序将芯线插入 RJ-45 插头中，8 条芯线分别对应 RJ-45 插头的 8 个针脚。在插入时候一定要将各条芯线都插到 RJ-45 插头底部。由于 RJ-45 插头是透明的，因此可以观察到每条芯线插入的位置，如图 2-6 所示。

（5）将插入双绞线的 RJ-45 插头插入网线钳的压线插槽中，用力压下网线钳的手柄，使 RJ-45 插头的每个针脚都能接触到双绞线的芯线，如图 2-7 所示，随后抽出。

按以上步骤，网线的一端就制作好了，用相同的步骤制作另一端，两端都制作好后，把网线的两端分别插入测试仪上，并打开测试仪开关，测试指示灯亮起来，如图 2-8 所示。如果网线畅通，则测试仪的两排指示灯都是同步亮的。如果有某一个灯不能同步亮，则证明该线芯的连接有问题，应重新制作。

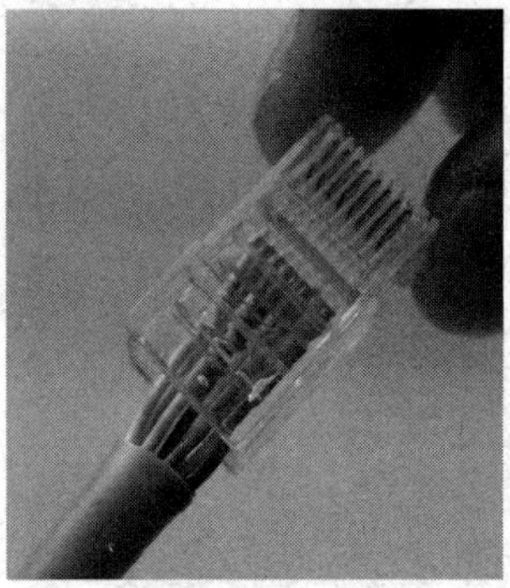

图 2-6　将芯线插入 RJ-45 插头

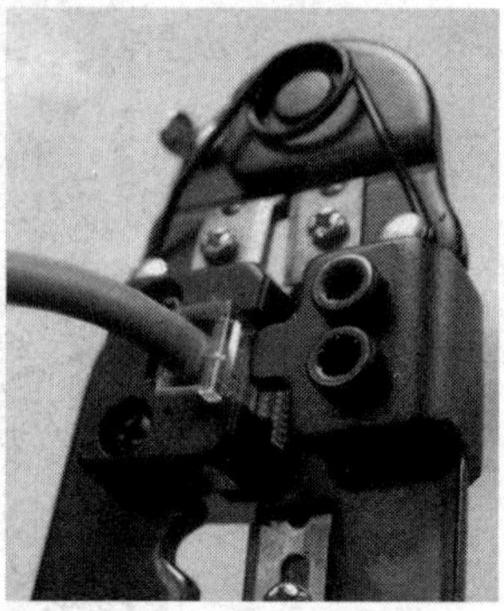

图 2-7　将 RJ-45 插头插入压线插槽

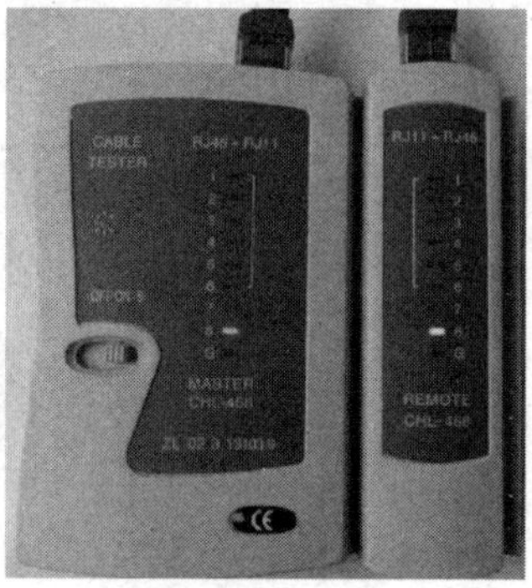

图 2-8　测试网线是否畅通

3. 在Windows 10 操作系统环境下配置 IP 地址

在 PC1 上进行配置操作的步骤：在 Windows 10 系统桌面，首先单击“开始”→“Windows 系统”→“控制面板”选项。在“控制面板”窗口中选择“网络和 Internet”选项，单击“查看网络状态和任务”→“更改适配器设置”选项后，在打开的“网络连接”窗口中，就能够看到计算机中本地连接的列表了。在本地连接上右击，在弹出的快捷菜单中单击“属性”选项，在弹出的“WLAN 属性”对话框中，找到“Internet 协议版本 4（TCP/IPv4）”项，双击该项，如图 2-9 所示。在弹出的“Internet 协议版本 4（TCP/IPv4）属性”对话框中，设置 IP 地址为 192.168.1.1，子网掩码为 255.255.255.0，单击“确定”按钮，如图 2-10 所示。用同样的方法将 PC2、PC3 和 PC4 的 IP 地址分别设置为 192.168.1.2、192.168.1.3、192.168.1.4，将子网掩码均为 255.255.255.0。

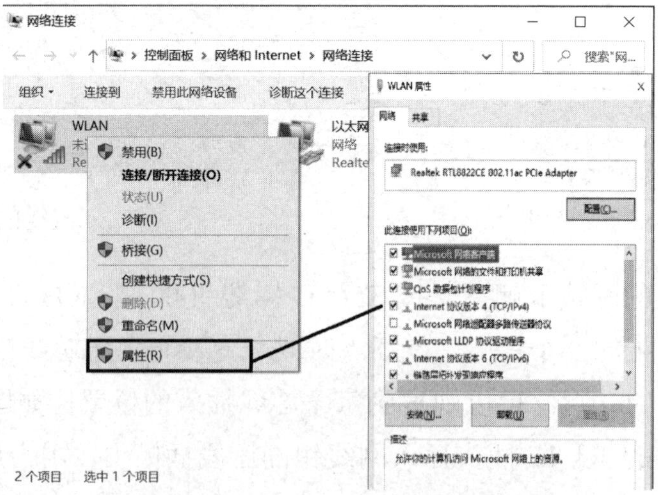

图 2-9　打开“本地连接 属性”对话框

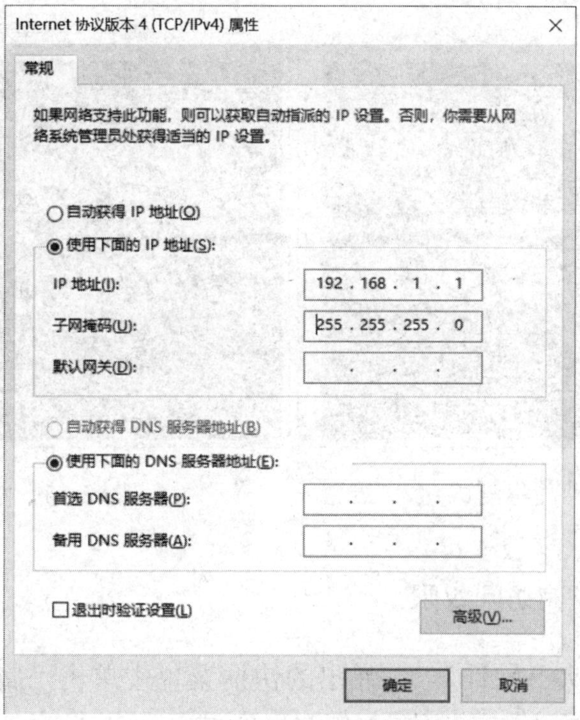

图 2-10　IP 地址设置

4．网络测试

单击 PC2 的“开始”→“运行”选项，弹出“运行”对话框，如图 2-11 所示，在对话框中中输入“ping 192.168.1.1”后单击“确定”按钮，根据提示判断 PC1 与 PC2 之间的网络是否畅通，如图 2-12 所示界面表示 PC2 与 PC1 是连通的。用同样的操作，再测试 PC2 与 PC3、PC4 的连通性。如果均测试成功，就表示这四台计算机组成的局域网是畅通的。

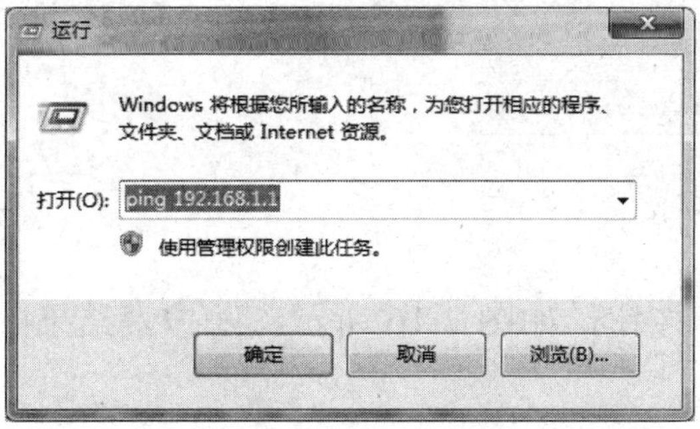

图 2-11　网络连通测试

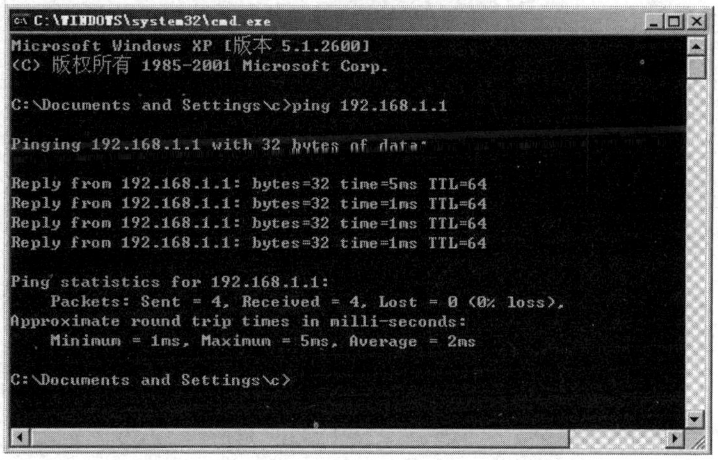

图 2-12　PC1 和 PC2 之间网络畅通

如果测试后的显示如图 2-13 所示，则表示计算机网卡驱动有问题，或者本地网络有问题。如果测试后的显示如图 2-14 所示，则表示本机到达 192.168.1.1 的网络不通，或者网络禁 Ping 测试。

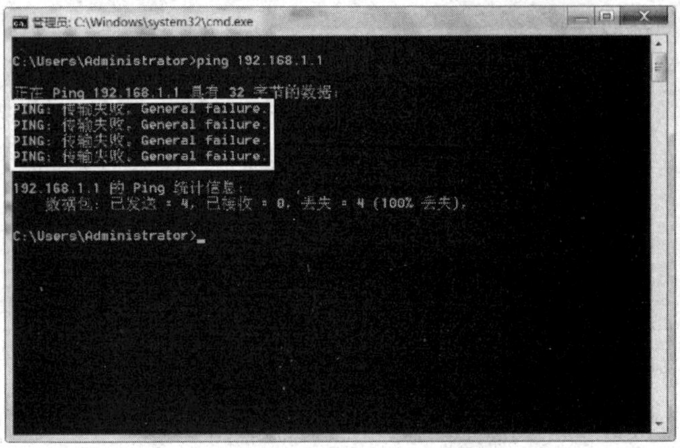

图 2-13　网卡驱动故障测试

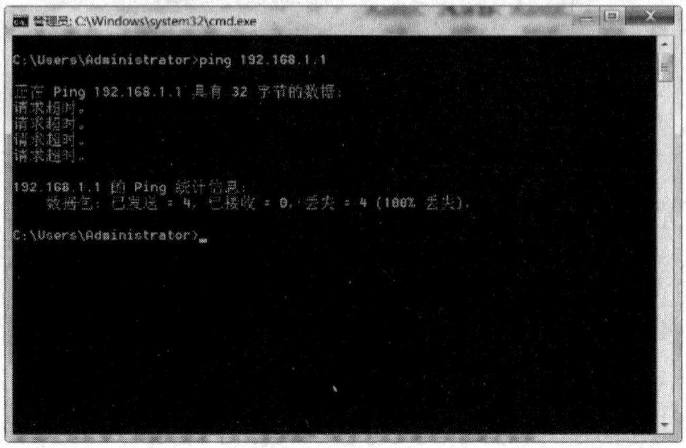

图 2-14　网络禁 Ping 测试

5. 设置共享文件夹及其访问权限

右击需要共享的文件夹“软件”，在弹出的快捷菜单中单击“属性”选项，弹出“软件属性”对话框。单击“共享”选项卡打开“共享”选项卡，单击“高级共享”按钮，弹出“高级共享”对话框，勾选“共享此文件夹”复选项，输入共享名（默认是文件夹名称，此处为“软件”），单击“权限”按钮弹出“软件 的权限”对话框，单击“添加”按钮，弹出“选择用户或组”对话框，单击“高级”按钮，如图 2-15 所示，弹出“选择用户或组”的对话框。

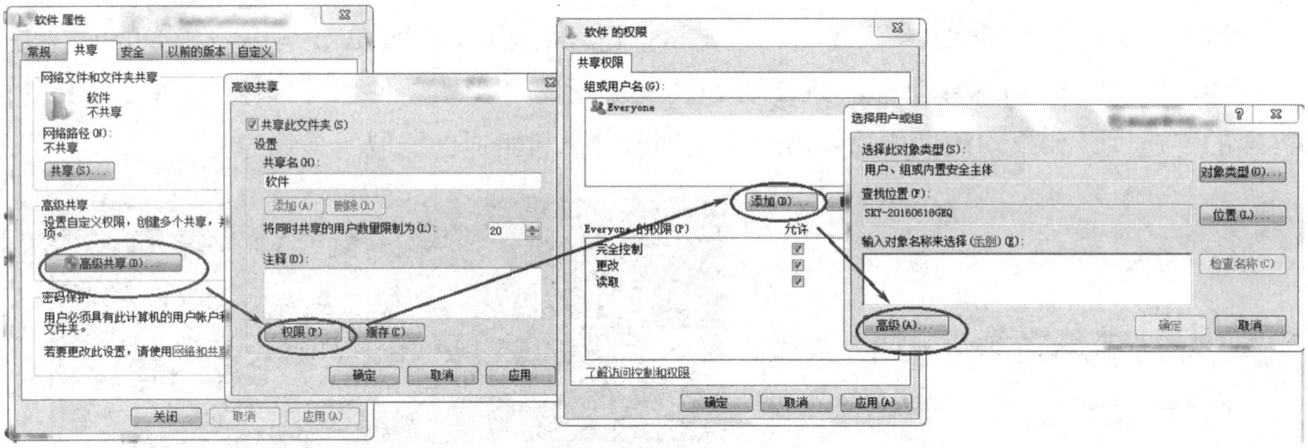

图 2-15　设置共享文件夹

在“选择用户或组”对话框中，单击“立即查找”按钮，如图 2-16 所示，在搜索结果中选择要添加的用户或组，多个用户用“，”分开。

每个选择的对象均可设置权限，在打开的“软件 的权限”对话框中，勾选需要设置的权限，如图 2-17 所示。

设置完成后，返回“共享”选项卡，可以看到此文件夹共享的网络路径。

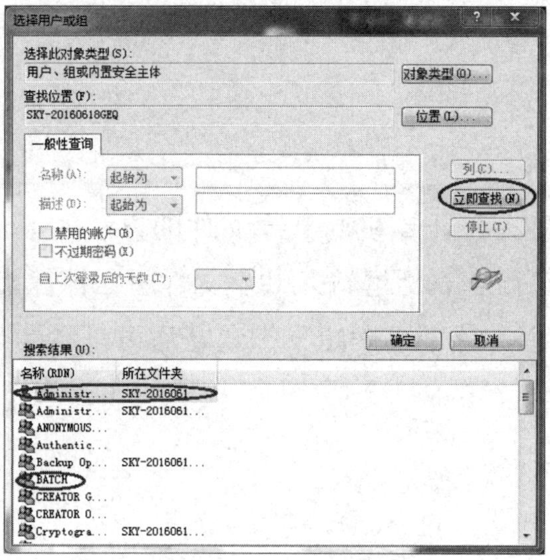

图 2-16　选择用户或组

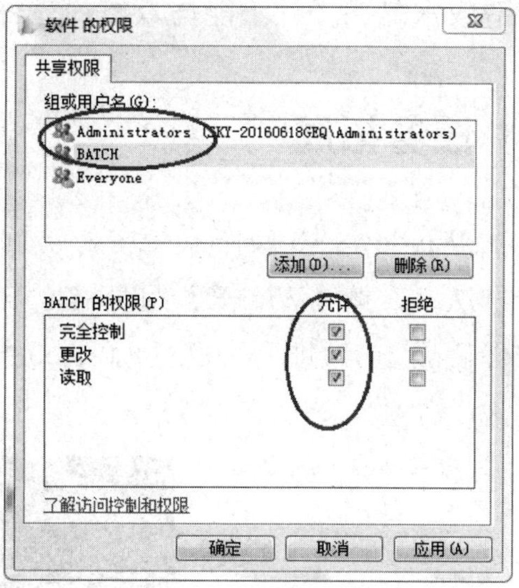

图 2-17　设置共享权限

执行任务后思考

1. 双绞线线序

双绞线线序除 T568B 线序外还有 T568A 线序，两种线序分别如下。

T568A 线序：1 至 8 号线的色谱分别为绿白、绿、橙白、蓝、蓝白、橙、棕白、棕。

T568B 线序：1 至 8 号线的色谱分别为橙白、橙、绿白、蓝、蓝白、绿、棕白、棕。

如图 2-18 所示。

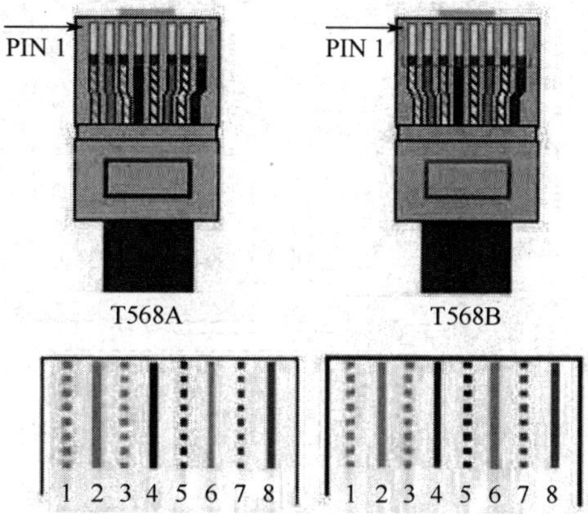

图 2-18　双绞线的两种线序

2. 网线钳挡位距离剥线刀口的长度

通常情况下，网线钳挡位距离剥线刀口的长度恰好为水晶头的长度，从而可以有效避免剥线过长或过短。如果剥线过长则会因为网线不能被水晶头卡住而导致松动；如果剥线过短则会造成水晶头插针不能与双绞线完好接触。

任务拓展

在 Windows 10 操作系统中，访问局域网中另一台计算机内共享文件的方法如下。

方法 1：按【Win+R】组合键，在弹出的“运行”对话框输入共享文件所在计算机的 IP 地址（假设 IP 地址为 192.168.0.1）如图 2-19 所示，单击“确定”按钮之后可以看到共享的文件或文件夹。

图 2-19　在“运行”对话框中输入 IP 地址

方法 2：打开“此电脑”，在地址栏输入共享文件所在计算机的 IP 地址（前面一定要带双斜杆），如图 2-20 所示。

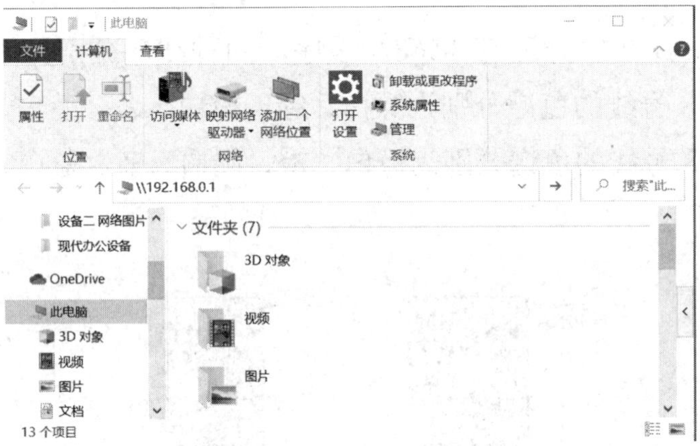

图 2-20　在地址栏输入 IP 地址

知识支撑

2.1　网络设备及维护

网络设备及部件是指连接到网络中的物理实体。无论是局域网、城域网还是广域网，通常都是由网卡、集线器、交换机、路由器、网线、RJ-45 插头等网络连接设备和传输介质组成的，网络设备还包括中继器、网桥、路由器、网关、防火墙、交换机等。由于路由器、交换机、集线器等网络设备是由许多精密的电子元件组成的，因此务必要将它们放置在干燥的环境中，以防止潮湿引起电路短路。

2.1.1　设备介绍

1．服务器

服务器是计算机网络中较重要的设备。服务器是在网络环境下运行相应的应用软件，为网络中的用户提供共享信息资源和服务的设备。服务器的构成与计算机基本相似，包括处理器、硬盘、内存、系统总线等，但服务器是针对具体的网络应用而特别定制的，因此计算机与服务器在处理能力、稳定性、可靠性、安全性、可扩展性、可管理性等方面存在很大的差异。通常情况下，服务器比客户机拥有更强的处理能力、更大的内存和硬盘空间。服务器上的网络操作系统不仅可以管理网络上的数据，还可以管理用户、用户组、安全和应用程序。

服务器是网络的中枢和信息化的核心，具有高性能、高可靠性、高可用性、I/O 吞吐能力强、存储容量大、联网和网络管理能力强等特点。

2．中继器

中继器是局域网互联的简单设备，它工作在 OSI 参考模型的物理层，它首先接收并识别网络信号，然后再生成信号并将其发送到网络的其他分支上。若要保证中继器能够正确工作，则首先要保证每一个分支中的数据包和逻辑链路协议是相同的。中继器可以用来连接不同的物理介质，并在各种物理介质中传输数据包。某些多端口的中继器很像多端口的集线器，它们都可以连接不同类型的介质。

中继器连接网络分支的数目主要受到具体的网络体系结构限制。中继器没有隔离和过滤功能，它不能阻挡含有异常的数据包从一个分支传到另一个分支。这就意味着，一个分支出现故障时就可能影响其他的网络分支。

3．网桥

网桥包含了中继器的功能和特性，不仅可以连接多种介质，还能连接不同的物理分支，如以太网和令牌网，能在更大的范围内传送数据包。网桥的典型应用是将局域网分段成子网，从而提高数据传输速度，这样的网桥叫“本地”桥。用于广域网上的网桥叫作“远程”桥。两种类型的网桥执行同样的功能，只是所用的网络接口不同。

4．路由器

路由器是连接互联网中各局域网、广域网的设备，它会根据信道的情况自动选择和设定路由，以最佳路径、按前后顺序发送信号。路由器是互联网络的枢纽，是网络中的“交通警察”。

路由器可以通过在相对独立的网络中交换具体协议的信息。来实现在多个网络上交换路由数据包。比起网桥，路由器不但能过滤和分隔网络信息流、连接网络分支，还能访问数据包中更多的信息，进而提高数据包的传输效率。路由器比网桥通信速度慢，主要用于广域网或广域网与局域网的互连。

5．网关

从一个房间走到另一个房间，必然要经过一扇门。同样，从一个网络向另一个网络发送信息，也必须经过一道“关口”，这道关口就是网关。顾名思义，网关就是一个网络连接另一个网络的“关口”，也就是网络关卡。

网关又称网间连接器、协议转换器。默认网关在网络层上以实现网络互连，是最复杂的网络互联设备，仅用于两个高层协议不同的网络互联。网关的结构也和路由器类似，不同的是互联层。网关既可以用于广域网互联，也可以用于局域网互联。

6．防火墙

在网络设备中，防火墙是指硬件防火墙。硬件防火墙是指把防火墙程序做到芯片里面，由硬件执行这些功能，从而可以减少 CPU 的负担，使路由更稳定。硬件防火墙是保障内部网络安全的一道重要屏障。它的安全和稳定运行，直接关系整个内部网络的安全。因此，日常例行检查对于保证硬件防火墙的安全是非常重要的。

7．交换机

交换机是一种用于电（光）信号转发的网络设备。它可以为接入交换机的任意两个网络节点提供独享的电（光）信号通路。最常见的交换机是以太网交换机。

交换是按照通信两端传输信息的需要，用人工或设备自动完成的方法，是把要传输的信息送到指定路由上的技术统称。交换机根据工作位置不同，可以分为广域网交换机和局域网交换机。广域网交换机是一种在通信系统中完成信息交换功能的设备。交换机有多个端口，每个端口都具有桥接功能，可以连接一个局域网或一台高性能服务器或工作站。交换机有时被称为多端口网桥。交换机在同一时刻可进行多个端口对之间的数据传输。每个端口都可被视为独立的网段，连接在其上的网络设备独自享有全部的带宽，无须与其他设备竞争使用。

交换机和路由器之间的主要区别就是交换机工作在OSI参考模型第二层（数据链路层），而路由器工作在第三层（网络层）。这个区别决定了路由器和交换机在移动信息的过程中需使用不同的控制信息，所以二者实现各自功能的方式是不同的。

8．其他设备

网卡：网络接口卡简称网卡，是计算机或其他网络设备所附带的适配器，用于计算机和网络间的连接。

集线器：集线器是最简单的网络设备。计算机通过一段双绞线连接到集线器。在集线器中，无论与端口相连的系统是否按计划接收数据，这些数据均被转送到所有端口。除与计算机相连的端口外，还会有一个端口被指定为上行端口，用来将该集线器连接到其他的集线器以形成更大的网络。集线器是有多个端口的中继器，简称HUB。

调制解调器：调制解调器是一种接入设备，将计算机的数字信号转译成能够在常规电话线中传输的模拟信号。调制解调器在发送端调制信号，并在接收端解调信号。

2.1.2 设备保养

随着网络规模的不断扩大，加入网络的设备数量在快速膨胀，设备的品种也在不断地翻新，如果日常工作中没有对这些设备进行保养，没有定期对它们进行维护，时间长了就会引发很多莫名其妙的故障，而且这些故障隐蔽性很高，不易被发现。如果遇到突发情况，如雷电等，可能就会对设备产生致命损伤。网络设备的保养方法一般包括防断电、防雷击、防静电、防灰尘、防电磁干扰、防潮散热等。

2.1.3 网络维护

网络安全是指网络系统的硬件、软件及其系统中的数据受到保护，不受偶然的或恶意的操作而遭到破坏、更改、泄露，保证系统连续可靠正常地运行，网络服务不中断。具体而言，要保护个人隐私；控制对网络资源的访问；保证商业秘密在网络上传输的保密性、完整性、真实性。

计算机本身和计算机网络的稳定与否可以直接影响日常办公效率，严重的计算机网络故障将直接使日常业务中断、待办事项搁置、工作进度滞后，最终造成不可估量的损失。因此，对计算机网络进行日常监控和测试，可有效防止网络故障的发生。对网络设备的定期维护包括如下内容。

1．局域网状态检测

定期查看交换机状态（指示灯状态、发声发热状态），提取交换机运行日志，根据记录分析设备运行情况，定期监测计算机网络病毒。

2．线路维护

线路是局域网连接的重要组成部分，线路的通断直接影响用户使用本地网络，因此线路的维护也非常关键。

线路故障主要有以下几方面。

- 水晶头与交换机连接故障。
- 水晶头与信息点接口连接故障。
- 模块接口连接故障。
- 双绞线断裂。
- 水晶头接触不良。

3．交换机维护

交换机是局域网的重要组成部分，它能把用户线路、通信电路或其他要互连的功能单元根据用户的请求连接起来，是网络中的关键设备。交换机的性能可以决定网络运行的质量，定期对交换机进行维护也是网络维护人路由器必不可少的工作之一。要做到密切关注交换机本身的运行状况，其中交换机 CPU、内存的使用情况是判断其状态的重要依据，同时要做到定期监测各端口的工作状态，保障所有端口畅通运行。

4．机房线路维护

机房是整个办公网络的核心，机房内各种线路比较集中，分布在机柜内和地板下，而电缆又分为低压电和弱电电缆。因此，线路的整理维护工作也显得非常重要，科学又工整的线路将给日常维护工作带来诸多便利。

实训3　自动拨号上网

任务引领

某小型公司向 ISP 服务商申请了 ADSL 宽带上网业务，打算通过自动拨号连接上网，并且想通过路由器实现公司其他计算机及手机的无线上网。

任务分析

➢ 学会利用“路由器”实现自动拨号上网
➢ 学会通过设置“宽带连接”属性实现自动拨号

任务操练

1. 利用“路由器”实现自动拨号上网功能

（1）购买一台路由器，按图 2-21 所示进行物理连接。路由器背面的信息（如图 2-22 所示），包括“路由器 IP”“用户名”和“密码”等信息。

图 2-21　路由器拨号上网接线

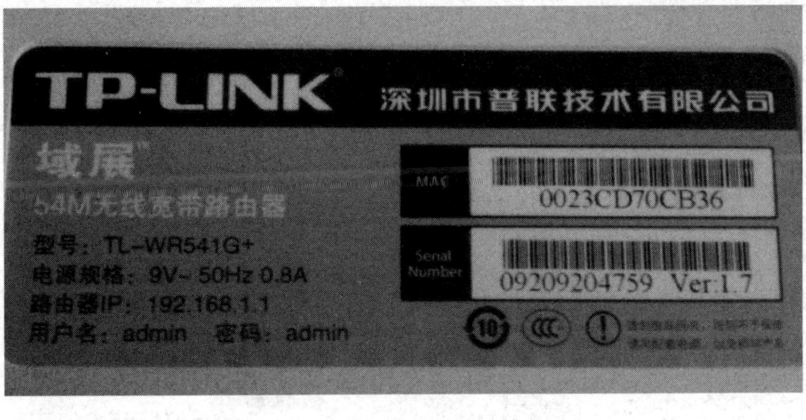

图 2-22　路由器背面的信息

（2）打开浏览器，在地址栏输入 192.168.1.1，打开路由器登录窗口，如图 2-23 所示。输入路由器背面标注的用户名和密码（如果用户自行修改过用户名、密码却又忘记了，路由器背面有一个很小的孔，用尖物顶住该孔 5 秒左右，路由器即可恢复出厂设置，恢复默认用户名、密码），单击“确定”按钮即可完成登录。打开路由器设置窗口，如图 2-24 所示（不同的路由器设置窗口会有所不同)。

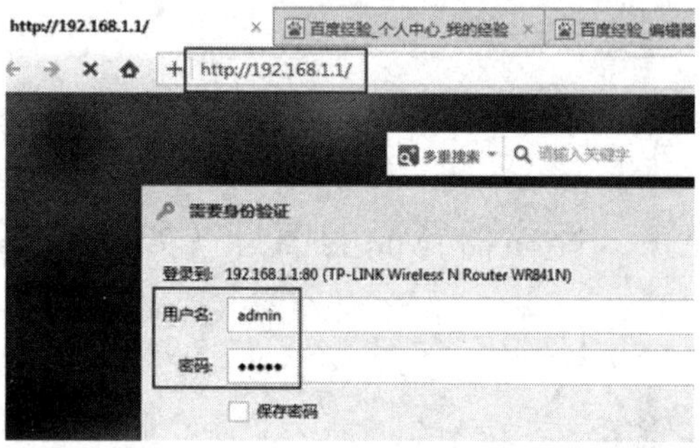

图 2-23　路由器登录窗口

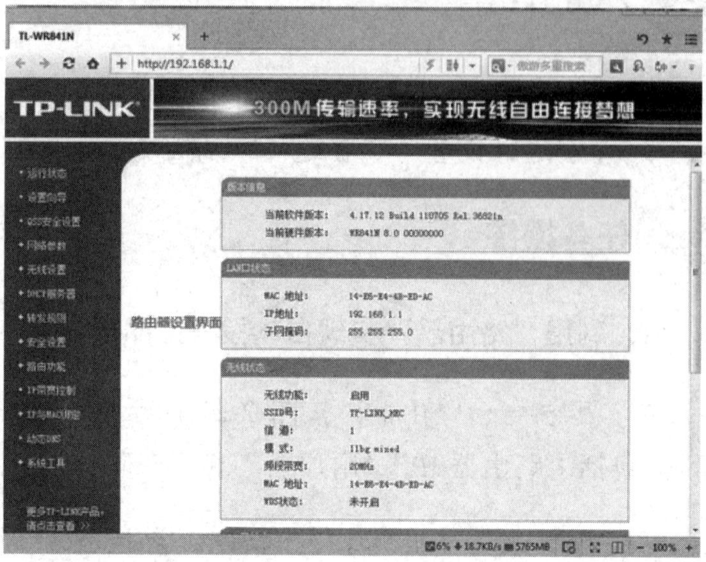

图 2-24　路由器设置窗口

(3) 单击左侧的“设置向导”选项，如图 2-25 所示，在弹出的对话框中单击“下一步”按钮，如图 2-26 所示。

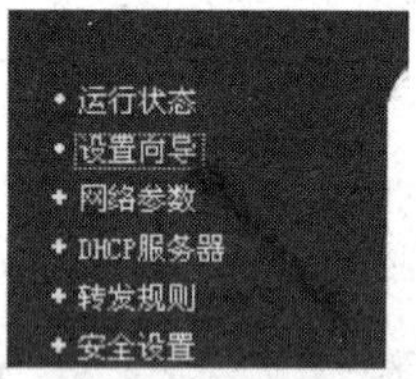

图 2-25　单击“设置向导”选项

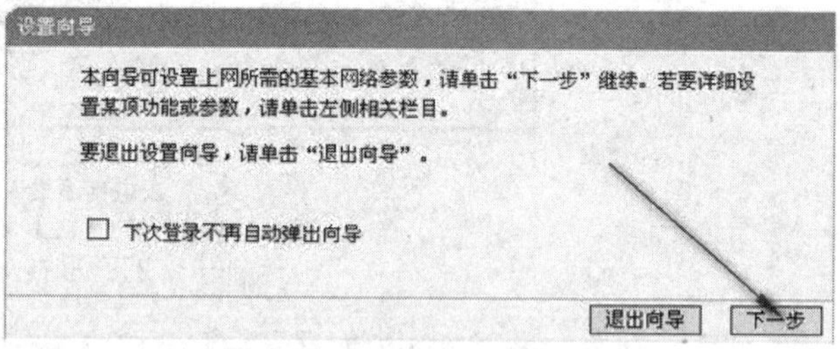

图 2-26　“设置向导”对话框

在弹出的对话框中单选“PPPoE(ADSL 虚拟拨号)”选项，如图 2-27 所示，单击“下一步”按钮，在弹出的对话框中输入“上网账号”和“上网口令”，如图 2-28 所示，单击“下一步”按钮，在弹出的对话框中单击“完成”按钮即可。

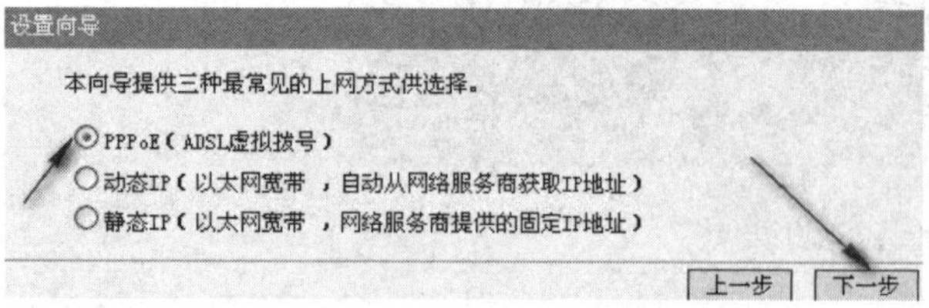

图 2-27　选择上网方式

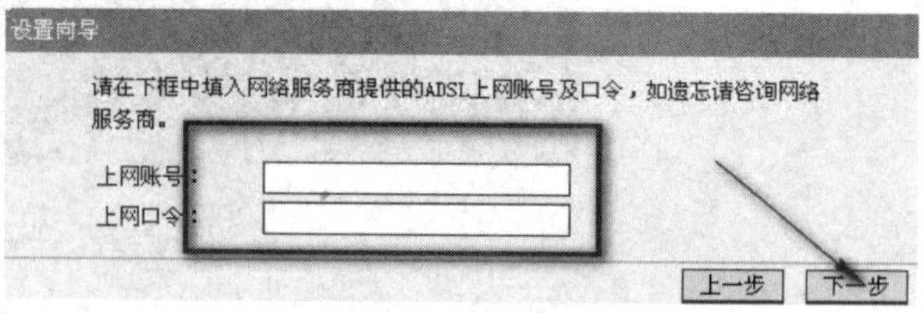

图 2-28　输入上网账号及口令

单击左侧“运行状态”选项，如图 2-29 所示。如果已成功连网，则会显示自动获取到的 IP 和 DNS 等信息，如图 2-30 所示。如果没有自动获取到 IP 和 DNS，则设备将无法正常上网，此时可按照上述方法重新设置一遍。有时候设置过快或频繁尝试，Modem 和路由器没有来得及释放上一次的设置命令，将导致最近一次设置无效。在这种情况下，可把 Modem 和路由器关闭 5 分钟以上，再次打开重试即可。

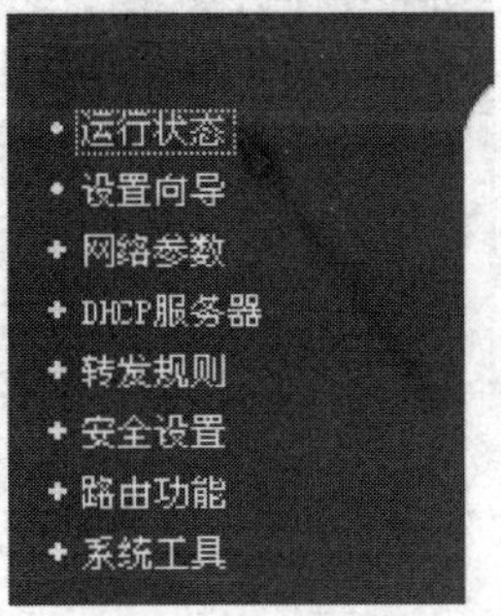

图 2-29　单击“运行状态”选项

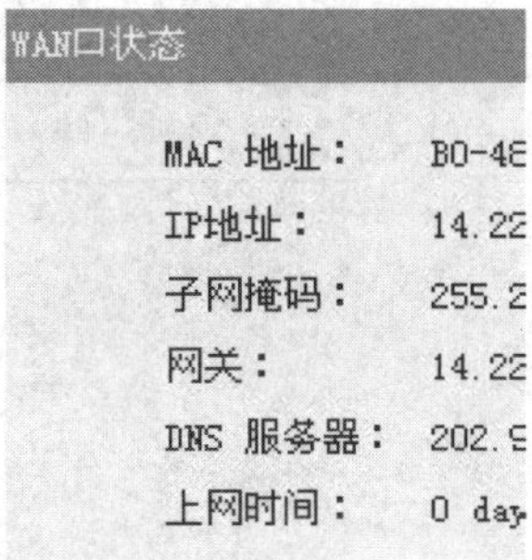

图 2-30　WAN 口状态

（4）在路由器设置菜单中可以进行具体的设置，依次单击“无线设置”→“无线安全设置”选项，可以设置网络密码，如图 2-31 所示。某些设置需要重启路由器才会生效，设置完成后可以单击系统工具中“重启路由器”选项进行重启，如图 2-32 所示，也可以按路由器上的重启按钮，或者通过断电重插重启。

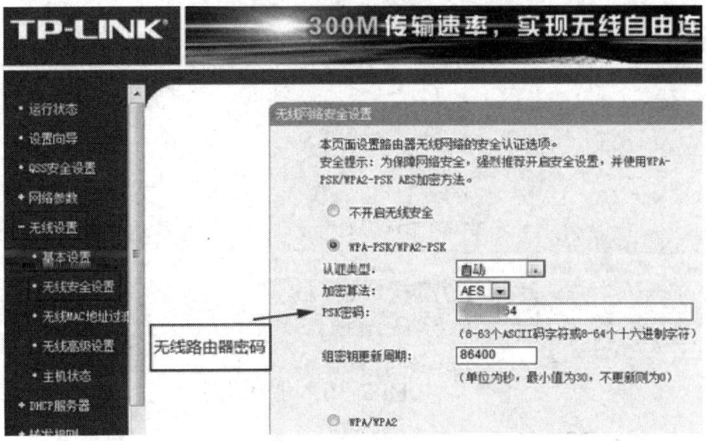

图 2-31　设置无线路由器密码

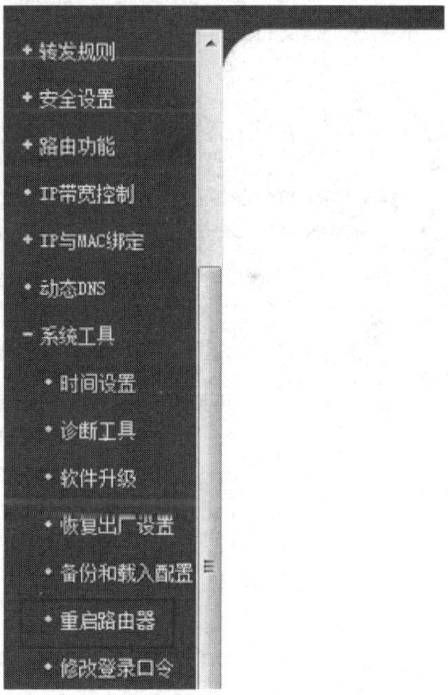

图 2-32　路由器重启操作

（5）对于无线路由器来说，修改路由器登录页面密码比较重要，可以防止共享无线网络时被他人修改路由器设置。可以在路由器设置窗口，在系统工具选项下修改登录口令，如图 2-33 所示。单击“网络参数”→“WAN 口设置”选项，从 WAN 口连接类型列表中选择“PPPoE”，同时输入“上网账号”“上网口令”和“确认口令”，单击“保存”按钮即可实现自动拨号操作，如图 2-34 所示。

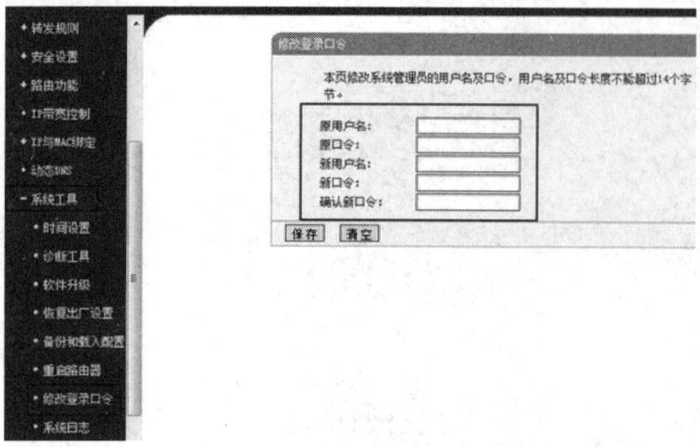

图 2-33　修改登录密码

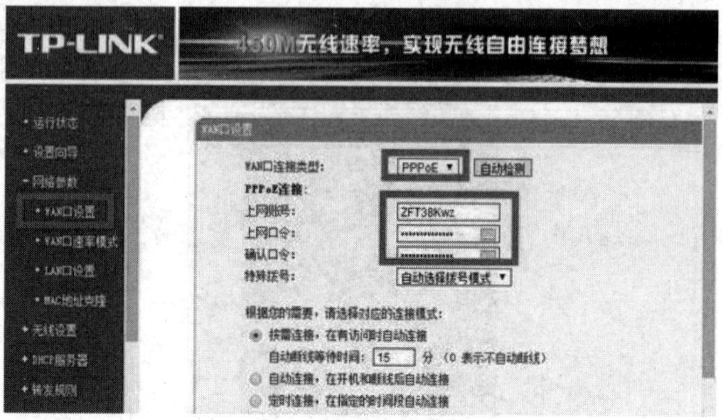

图 2-34　设置自动拨号

2．设置“拨号连接”属性实现自动拨号功能

（1）打开的“网络连接”窗口，右击“拨号连接”图标，从弹出的快捷菜单中单击“属性”选项，如图 2-35 所示。在弹出的“拨号连接 属性”对话框中，单击“选项”选项卡，如图 2-36 所示。取消勾选“连接时显示进度”和“提示名称、密码和证书等”两个复选项后单击“确定”按钮。

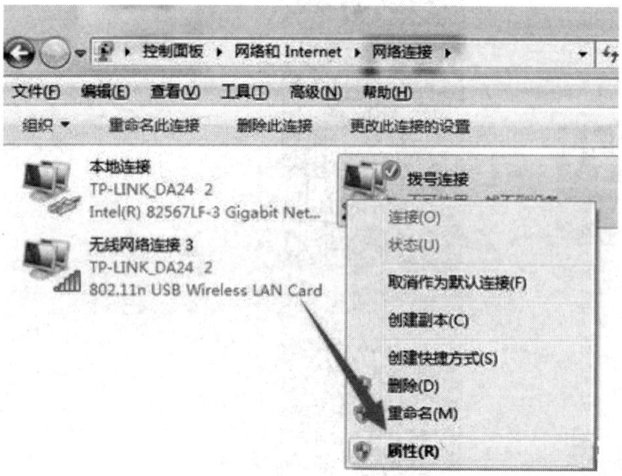

图 2-35　单击“属性”选项

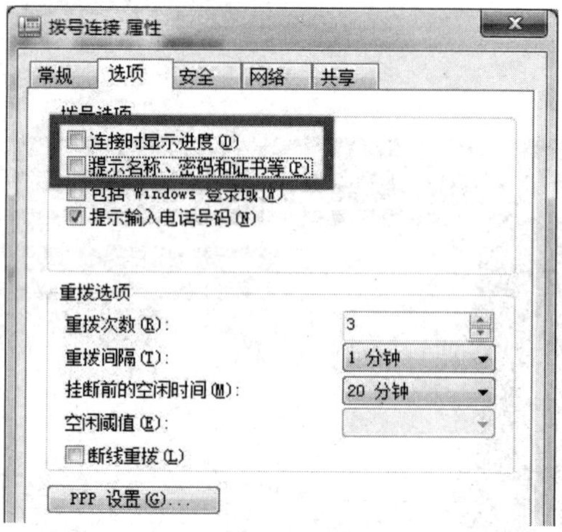

图 2-36　取消勾选

（2）右击“拨号连接”图标，从弹出的快捷菜单中单击“创建快捷方式”选项，如图 2-37 所示。在弹出的窗口中单击“确定”按钮以创建桌面快捷方式。将“桌面宽带连接快捷方式”拖动到“开始”→“程序”→“启动”目录下即可，如图 2-38 所示。这样就实现了开机自动运行“拨号连接”的功能。

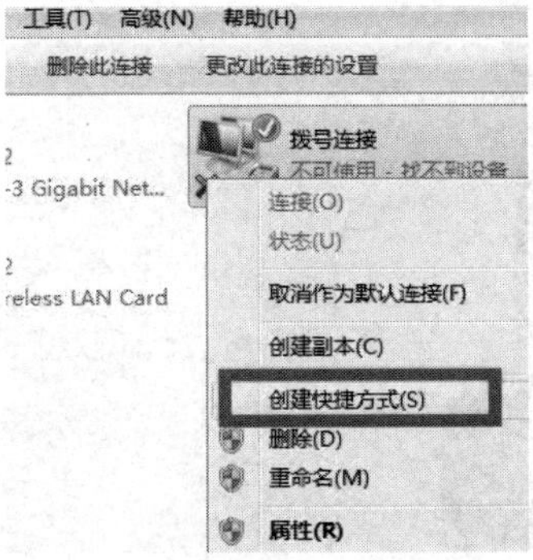

图 2-37　单击“创建快捷方式”选项

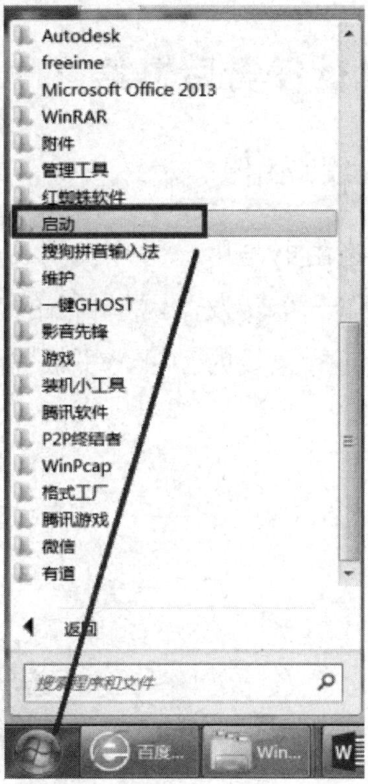

图 2-38　拖入启动目录

（3）重启计算机，在弹出的“拨号连接”对话框中输入“用户名”和“密码”，勾选“自动连接”复选框，单击“连接”按钮，如图 2-39 所示。

若无法弹出“自动拨号”对话框，则可以通过“IE 浏览器”设置自动拨号。可以在“Internet 属性”对话框中选择“连接”选项卡，单击“添加”按钮以添加新的“宽带连接”选项，如图 2-40 所示。

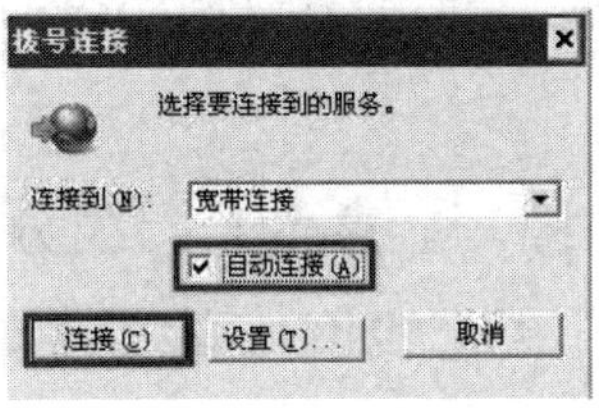

图 2-39　“拨号连接”对话框

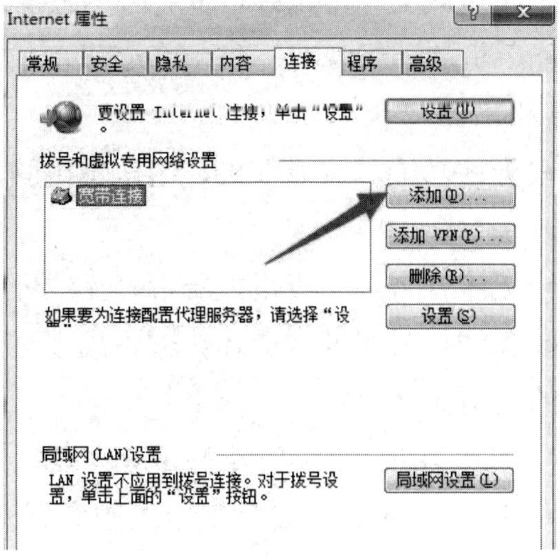

图 2-40　“Internet 属性”对话框

执行任务后思考

1. 无线路由器

无线路由器是用于用户上网、带有无线覆盖功能的路由器，如图 2-41 所示。无线路由器可以看作一个转发器，将接出的宽带网络信号通过天线转发给附近的无线网络设备（笔记本电脑、支持无线的手机、平板等带有无线功能的设备）。

图 2-41　无线路由器

无线路由器一般都支持专线 ADSL、Cable、动态 ADSL、PPTP 四种接入方式，它还具有其他一些网络管理的功能，如 DHCP 服务、NAT 防火墙、MAC 地址过滤、动态域名等。

2. 路由器的选购

在选择路由器时需要考虑以下几个方面。

- 带宽越大信号越好。如果购买无线路由器仅是为了连接 3～5 台笔记本电脑、平板电脑和智能手机的无线联网，在 $100m^2$ 以内的房屋里 300M 无线路由器就足够了，可选择 150～450M 路由器。
- 无线功能。智能手机、笔记本电脑及平板电脑都需要连接无线，所以需要选择无线路由器。
- 无线开关。无线路由器带有无线开关，可更加方便地开启或关闭无线。
- 无线信号强度。选择传输距离较远、强度大的路由器。如果障碍物较多，则选择天线较多的路由器比较好。
- WDS 功能。WDS 是 Wireless Distribution System 的缩写，意为“无线分布式系统”，是指可以将无线路由器当作无线中继器来使用，以用于扩展无线网络的覆盖范围。例如，在两个无线路由器之间开启 WDS 功能，可以让无线网络的有效范围扩大一倍，如图 2-42 所示。

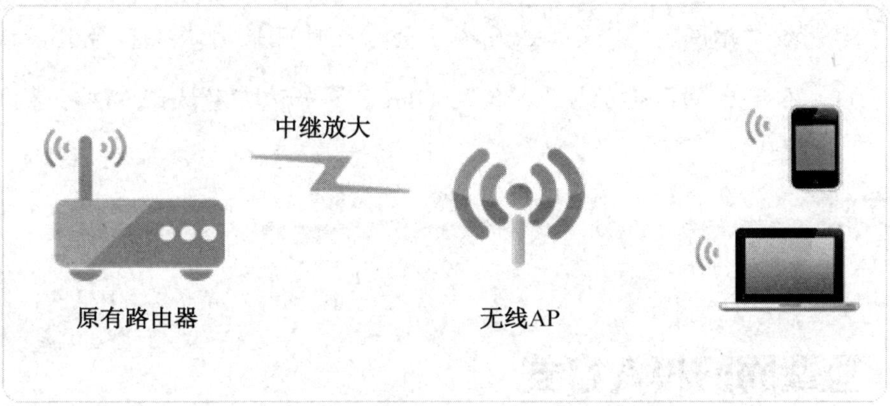

图 2-42　无线路由器的 WDS 功能

● 流量控制。支持根据 IP 来限制流量，有时甚至支持根据协议等方法来限制流量，如图 2-43 所示。

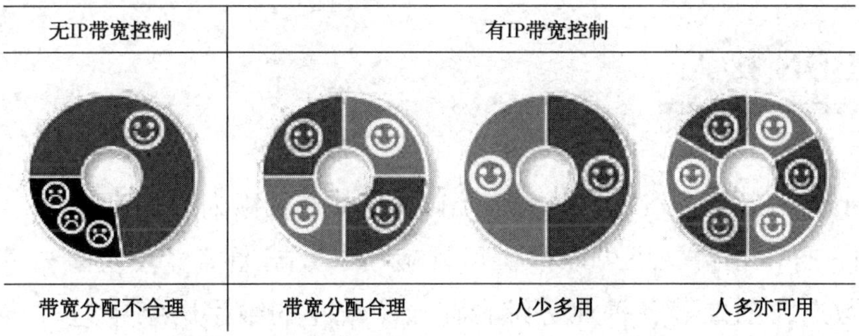

图 2-43　无线路由器的 IP 带宽控制

● 家长控制功能。无线路由器具备控制功能，通过设置，家长可以控制孩子或者部门领导可以控制员工的上网行为，使其计算机只能在指定时间访问指定的网站。设置界面如图 2-44 所示。

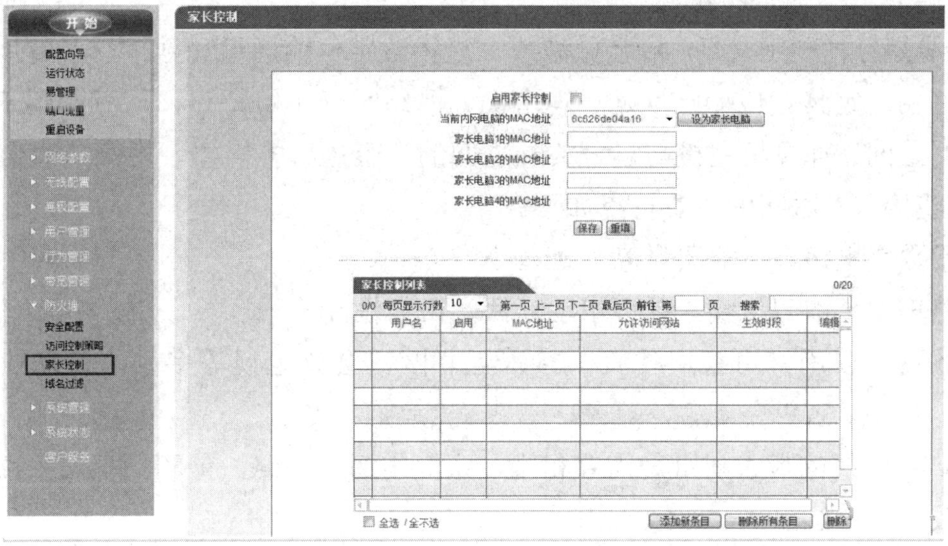

图 2-44　家长控制设置窗口

注意： 为了避免被“蹭网”，建议加强无线安全，此时可采用修改后台 IP 和账号、使用复杂密码、不广播 SSID、不开启 WDS 功能、不使用 DHCP、手动绑定认证 MAC 等方法。

知识支撑

2.2　互联网的接入方式

用户接入互联网的方式有很多，如可通过 ISDN、DDN 专线、ADSL、Cable Modem、局域网接入等。

2.2.1　使用 ISDN 接入

ISDN（Integrated Services Digital Network）的中文名称为综合业务数字网，俗称“一线通”。它除可以用来打电话外，还可以提供可视电话、数据通信、会议电视等多种业务，从而将电话、传真、数据、图像等多种业务综合在一个统一的数字网络中进行传输和处理，这也就是“综合业务数字网”名字的来历。

2.2.2　使用 DDN 专线接入

DDN 专线是一种利用光纤、数字微波或卫星等数字传输通道和数字交叉复用设备组成的数字数据传输网，它具有传输质量好、速率高、网络时延小等特点，广泛应用于计算机主机之间、局域网之间、计算机主机与远程终端之间的大容量、多媒体、中高速通信。

DDN 专线接入互联网的主要特点如下。

（1）采用数字电路，传输质量高、延时小。

（2）电路采用全透明传输，并可自动迂回，可靠性高。

（3）一线可以多用，可开展传真、接入互联网、会议电视等多种多媒体业务。

（4）方便组建虚拟专用网（VPN），用户可建立自己的网管中心，从而自己管理自己的网络。

使用 DDN 专线的最大缺点是需要租用一条专用通信线路，但租用费用太高，因此只适用于数据量较大的单位。

2.2.3 使用 ADSL 接入

非对称数字用户环路（Asymmetric Digital Subscriber Line，ADSL）是一种通过现有普通电话线为家庭、办公室提供宽带数据传输服务的技术，因为其上行和下行带宽不对称，所以称为非对称数字用户环路。

ADSL 采用频分复用技术把普通的电话线分成电话、上行和下行三个相对独立的信道，从而避免了相互之间的干扰，即使边打电话边上网，也不会出现上网速率和通话质量下降的情况。通常，ADSL 在不影响正常电话通信的情况下，可以提供最高 3.5Mbps 的上行速率和最高 24Mbps 的下行速率。

2.2.4 使用 Cable Modem 接入

Cable Modem 称为电缆调制解调器（简称 CM），用户可以通过 CM 连接有线电视网，有线电视网再与互联网宽带相连，实现访问互联网。用户除可以利用该网络进行传统的信息浏览、信息下载发布外，还可以享受视频点播、音频点播等服务。

与现在流行的 ISDN 专线、ADSL 上网相比，用 CM 通过有线电视同轴宽带上网具有速度快、距离相对远等优点。Cable Modem 是未来网络发展的必然趋势。

2.2.5 使用局域网接入

通过局域网接入互联网，一般就是指使用高速以太网接入，也称小区宽带。小区宽带一般是指光纤到小区，也就是 LAN 宽带。这是目前较常见的一种宽带接入方式，网络运营商通常采用光纤接入，即 FTTX+LAN 方式，为整幢楼或小区提供共享带宽（通常是 10Mb/s）。目前国内有多家公司提供此类宽带接入方式，通过局域网接入互联网的特点如下。

（1）传输速率高，网络稳定性好。

（2）安装简单，成本低。

（3）采用星状结构，用户共享带宽。

（4）地理范围有限，用户个数有限。

（5）应用广泛，可以实现高速上网、远程办公等多种应用。

2.3　局域网的接入与设置

2.3.1　总体思路和设备连接方法

网络技术的飞速发展，使企事业单位局域网接入互联网的方式越来越多，DDN 专线以其性能稳定、扩充性好的优势成为普遍采用的入网方式。DDN 方式的连接在硬件的需求上是简单的，仅需要一台路由器、代理服务器即可，但对许多网络管理人员来讲，系统的配置是一个比较棘手的问题。

利用代理服务器方式访问互联网资源，其优点是可以利用代理服务器提供的 Cache 服务来提高互联网的访问速度和效率，比较适合工作站较多的单位使用，其缺点是需要专门配备一台计算机作为代理服务器，增加了运营成本。

下面介绍局域网的接入方法，设备连接方法如图 2-45 所示。

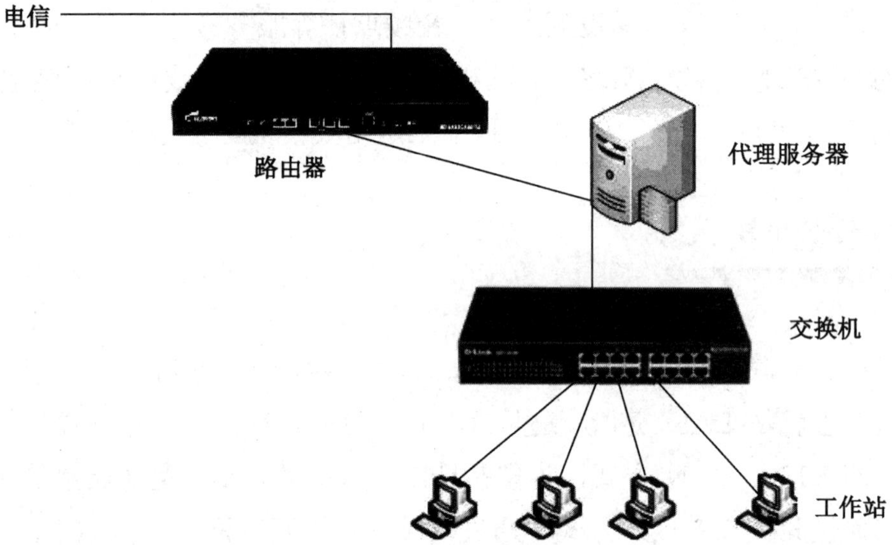

图 2-45　设备连接方法

代理服务器中需要安装 Windows 10 操作系统，并安装两块网卡：一块用于连接内部网，设置内部私有地址；另一块用于连接路由器以太口，设置电信分配的合法地址。将设备连接好后，还要对路由器、代理服务器、工作站进行相应的设置。设置完成后，所有的工作站即可访问互联网。

2.3.2 路由器的配置

将路由器控制线一端接入计算机的 COM 口，另一端接入路由器的 Console 口，依次单击“开始”→“附件”→“通信超级终端”选项，启动超级终端程序，新建连接进入路由器设置界面，并输入以下命令：

```
en
config
int e0/0
ip address 222.174.13.41 255.255.255.252
exit
（设置以太口的 IP 地址）
interface s0/0
ip address 222.174.13.25 255.255.255.252
exit
（设置广域网端口的 IP 地址）
ip route 0.0.0.0 0.0.0.0 222.174.13.26
（设置动态路由，并激活路由）
end
wr
（保存设置）
```

2.3.3 代理服务器的设置

在计算机中打开浏览器，依次单击“工具”→“Internet 选项”选项，如图 2-46 所示。在弹出的“Internet 选项”对话框中单击“连接”选项卡，在该选项卡中单击“局域网设置”按钮，如图 2-47 所示。

在弹出的“局域网（LAN）设置”对话框中勾选“为 LAN 使用代理服务器”（这些设置不用于拨号或 VPN 连接）复选框，其上的“自动检测设置”和“使用自动配置脚本”复选框无须勾选，单击“确定”按钮，如图 2-48 所示。输入代理服务器的 IP 地址，端口默认为 80。

在 IP 地址和端口输入完成后单击“确定”按钮，这样就可以访问外网了。

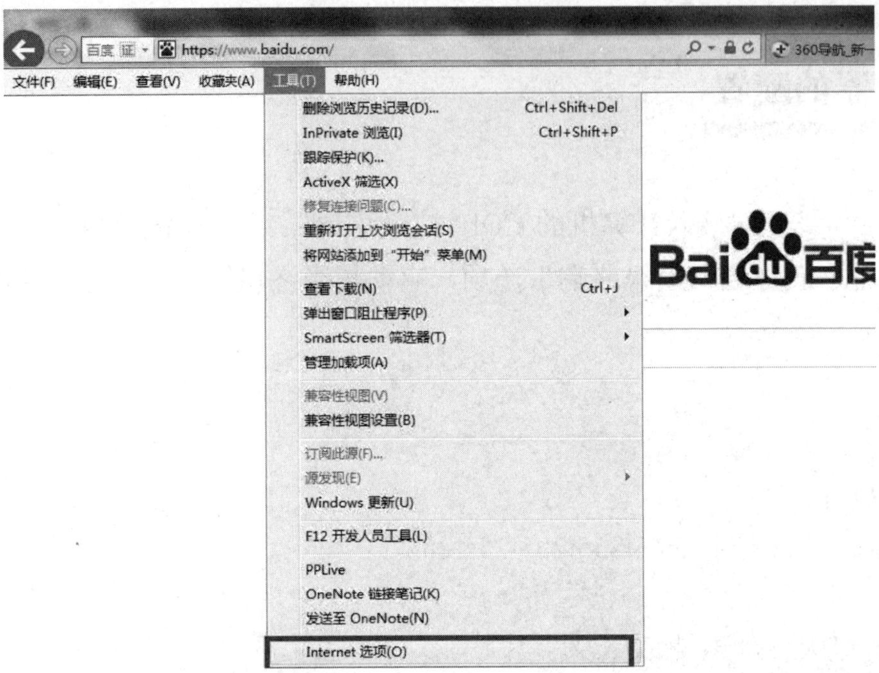

图 2-46 单击“Internet 选项”选项

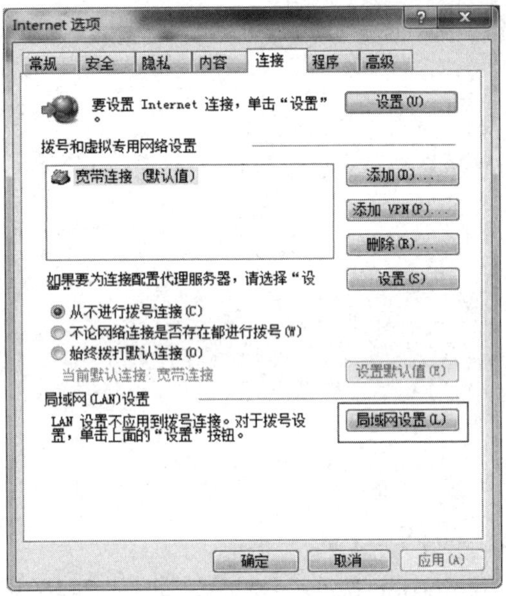

图 2-47 “连接”选项卡

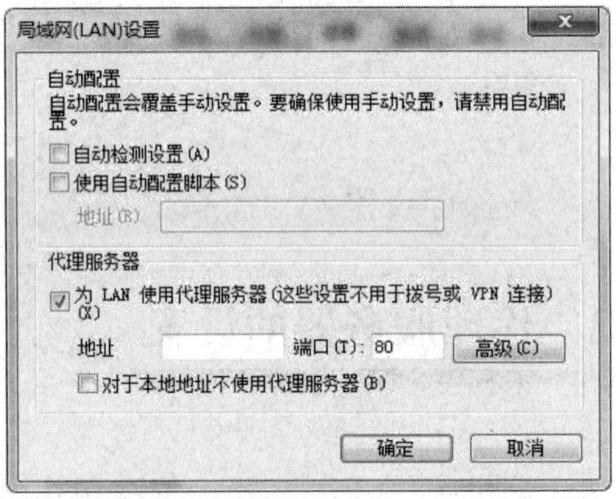

图 2-48 局域网设置窗口

2.3.4 工作站的设置

工作站的 IP 地址配置如下：

IP 地址：192.168.0.2～192.168.0.254

子网掩码：255.255.255.0

默认网关：192.168.0.1

首选 DNS 服务器：202.116.32.4

备选 DNS 服务器：202.116.32.8

配置完成后还要启用“外部网卡”的 Internet 连接共享，允许其他网络用户通过此设备来连接网络。单击外部网卡“属性”→“高级”选项，启用 Internet 连接共享功能就可以了。

2.4　常见的网络故障与排除

由于网络协议和网络设备的复杂性，在网络维护中经常会遇到各种各样的网络故障，如无法上网、局域网不通、网络堵塞，甚至网络崩溃。在解决故障时，首先必须确切地知道网络到底出现了什么问题，然后再利用各种诊断工具找到故障发生的原因、对症下药，最终排除故障。

2.4.1　网卡故障与排除

如果网卡在工作中出现了问题，那么可知网络连接肯定不正常。一般可考虑以下方法解决问题。

（1）检查网卡的驱动程序是否安装正确，如果不正确则需要重新安装。

（2）检查网卡是否和其他设备有冲突，特别是和 Modem、显卡这类设备，如果存在冲突，则需要手动调节以避免冲突。

（3）检查网卡的通信协议是否安装正确。大多数的网络都采用 TCP/IP 进行通信，因此首先要保证对该协议已进行了正确的配置，其次再考虑安装其他的通信协议。

（4）检查网卡本身的质量问题，如是否存在网络接口内断线、网卡芯片损坏等现象。

2.4.2　Modem 故障与排除

如果 Modem 不能正常工作，则可以使用以下方法解决问题。

（1）检查 Modem 的驱动程序是否安装正确，若不正确，则需要重新安装 Modem 的驱动程序。

（2）检查 Modem 是否和其他设备有冲突，特别是网卡、显卡这类设备。若存在冲突，则需要手动调节以避免冲突。

（3）检查 Modem 的通信协议是否安装正确。大多数网络都采用 TCP/IP 进行通信，因此首先要保证对该协议进行了正确的配置。

（4）检查 Modem 本身的质量问题，如是否存在网络接口内断线、Modem 芯片损坏等现象。

2.4.3 双绞线连接故障与排除

双绞线连接不当是最容易造成线路不通的，此类问题是由操作者插拔不到位、水晶头压制时芯线压制不牢等造成的。尤其是在计算机挪动、线路受外力拉扯、接口重新插拔过程中最容易出现此类情况。通常在外力的作用下，对双绞线线路的人为损坏，可能直接造成线路中断或出现混线，从而影响计算机的正常通信。

在这种情况下，用户可首先检查双绞线水晶头线序是否正确，然后借助网线测试仪测试双绞线的连通性。如果存在线序错误或断线，则重新制作水晶头即可。

2.4.4 交换机故障与排除

交换机是局域网中使用频率较高的设备。一般情况下，它们为用户查找网络故障提供了方便，如可通过观察交换机连接端口的指示灯是否亮，来判断网络连接是否正常。对于 10/100Mb/s 自适应集线器（或交换机）而言，还可通过连接端口指示灯的不同颜色来判断被连接的计算机是工作在 10Mb/s 状态下，还是 100Mb/s 状态下。

2.4.5 代理服务器故障与排除

当无法通过局域网软件代理服务器（如 WinGate、SyGate）访问互联网时，可能的原因有以下几点。

（1）服务器端代理软件问题。例如，当出现相应服务端口被其他软件占用的问题时，可通过改变端口值解决。当服务权限没有交给用户，或者根本就没有配置相应的服务或限制某些服务时，对软件重新配置即可。当出现代理软件过期或版本太低等问题时，可上网下载高版本软件，并对软件进行注册。

（2）客户端浏览器本身有故障或配置不正确，可尝试其他浏览器或重新配置。当出现客户端软件过期或版本太低，或者客户端局域网连接等故障时，应参照前面的说明解决。

思考与实训 2

一、填空题

1．按照 T568B 标准把网线剥开，将双绞线芯线按________、________、________、________、________、________、________和________的颜色顺序一字排列，再放入水晶头中。

2．________是网络的中枢和信息化的核心，具有高性能、高可靠性、高可用性、I/O 吞吐能力强、存储容量大、联网和网络管理能力强等特点。

3．DDN 专线是一种利用________、________或________等数字传输通道和数字交叉复用设备组成的数字数据传输网，它具有传输质量好、速率高、网络时延小等特点，广泛应用于计算机主机之间、局域网之间、计算机主机与远程终端之间的大容量、多媒体、中高速通信。

4．目前智能手机常用的上网方式有两种，一种是通过________；另一种是通过________。

5．调制解调器是一种接入设备，将计算机的________信号转译成能够在常规电话线中传输的________信号。调制解调器在发送端调制信号并在接收端解调信号。

二、分析如下故障情况，说出故障处理的方法

故障 1：某单位新购进 5 台台式计算机，为了安放新机器，将单位原来的旧机器调换了位置。所有机器安排好以后重新开机，发现以前正常运行的 5 台机器中有 2 台无法上网，而且网卡的指示灯也不亮。

故障 2：学校局域网中所有的计算机在“网上邻居”上都互相看不见。

故障 3：浏览网页的速度较慢。

故障 4：计算机能正常上网，但总是时断时续的。

故障 5：局域网上可以 Ping 通 IP 地址，但 Ping 不通域名。

设备 3

打印机——办公信息的打印

实训 4　安装使用打印机

任务引领

公司新购买了一台 HP LaserJet P1008 激光打印机，公司指派小张负责安装该打印机，并使其能正常工作。

任务分析

- 掌握打印机的安装方法
- 能使用打印机打印文稿

任务操练

（1）确保打印机在未接通电源的前提下，将激光打印机 HP LaserJet P1008 数据线接入打印机背面的数据接口，将另一端连接到计算机上，如图 3-1 所示。

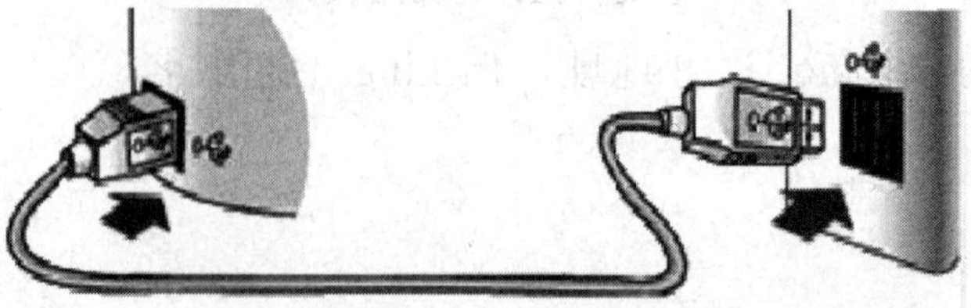

图 3-1　打印机与计算机连接

（2）将打印机驱动程序光盘放入计算机的光驱中，运行驱动程序安装文件 setup.exe，如

图 3-2 所示，弹出打印机安装向导。

图 3-2　运行光盘上的安装文件

（3）单击“下一步”按钮，打开“最终用户许可协议”对话框，如图 3-3 所示，单击“是”按钮接受许可协议。

（4）选择打印机型号为 HP LaserJet P1008，如图 3-4 所示，单击“下一步”按钮，显示驱动程序安装路径。

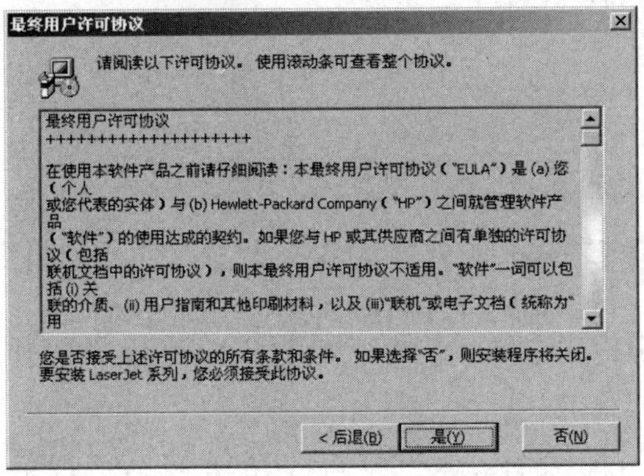

图 3-3　“最终用户许可协议”对话框

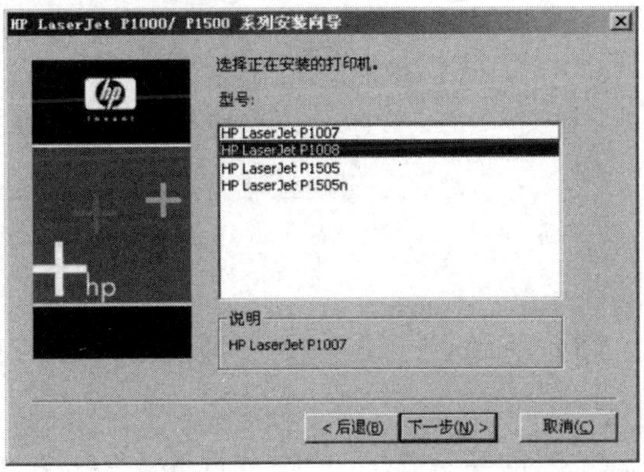

图 3-4　选择打印机型号

（5）单击“下一步”按钮，开始复制文件。复制完成后，弹出如图 3-5 所示的界面，此时将打印机数据线另一端插入计算机 USB 接口，打开打印机电源，系统自动找到该设备并继续进行安装。

（6）在弹出的“打印机名称”窗口中，输入打印机名称，并将该打印机设置为“默认打印机”。

（7）单击“下一步”按钮，弹出如图 3-6 所示界面，选择“不共享这台打印机”。

（8）单击“下一步”按钮，弹出打印测试页窗口。选择“是”，开始打印测试页，最后再单击“完成”按钮，打印机驱动程序的安装过程至此结束，此时新安装的打印机将出现在“打印机和传真”窗口中，如图 3-7 所示。

（9）启动 Word 文档处理程序，输入文本“我的打印机安装成功了！”并设置字体、字号等。

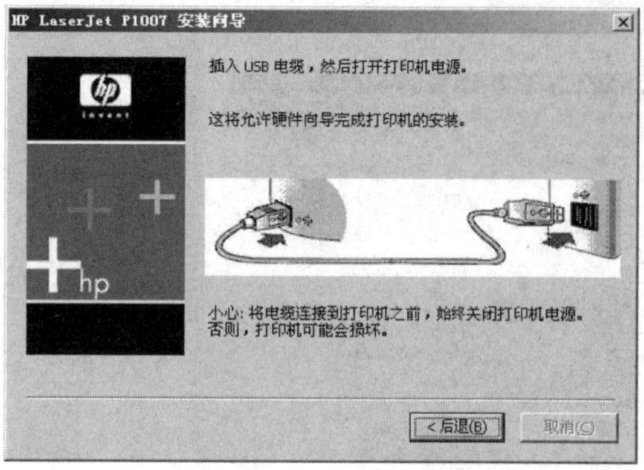

图 3-5 打印机安装向导

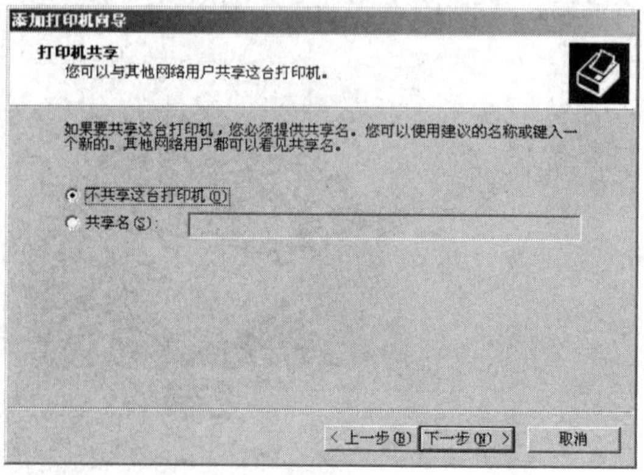

图 3-6 打印机共享设置

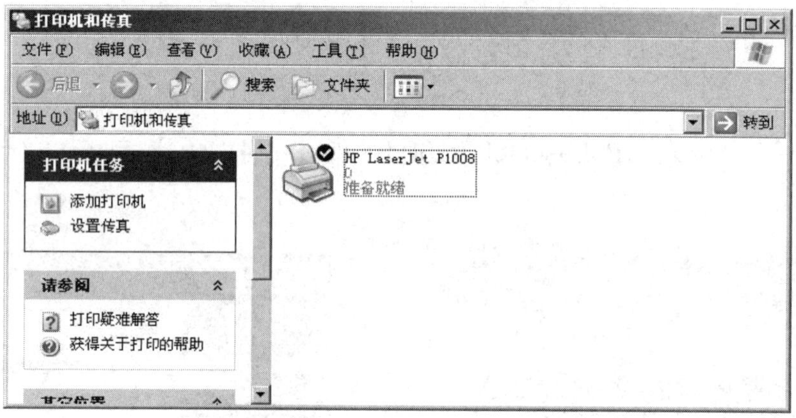

图 3-7 “打印机和传真”窗口

（10）将 A4 打印纸放入 HP LaserJet P1008 打印机的主纸盒中，如图 3-8 所示，打开打印机电源。

（11）单击“文件”→“打印”选项，打开“打印”对话框，在打印机“名称”列表中选择“HP LaserJet P1008”，如图 3-9 所示，单击“确定”按钮后打印机开始打印文稿。

图 3-8 放置打印纸

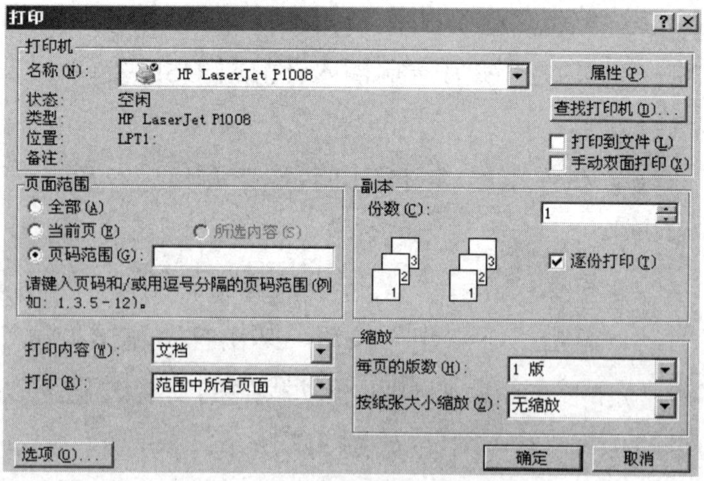

图 3-9 “打印”对话框

执行任务后思考

打印机驱动程序的安装方法很多，除上述方法外，也可以使用“添加打印机向导”来安装打印机。同时，Windows 系统本身也自带了部分打印机的驱动程序，可直接安装使用。

任务拓展

随着计算机网络技术的发展，在办公室局域网内实现打印机共享是在工作中经常遇到的情况，其解决方案如图 3-10 所示。直接连接打印机的计算机被称为“主机”，而局域网内其他需要和主机共享打印机的计算机被称为“客户机”。下面以 Windows 10 系统的计算机设置共享打印机为例。

1．主机设置“共享”

（1）在主机上安装打印机及驱动程序，方法同“实训 4”。打印机型号为 Lenovo M7450F Printer，如图 3-11 所示。

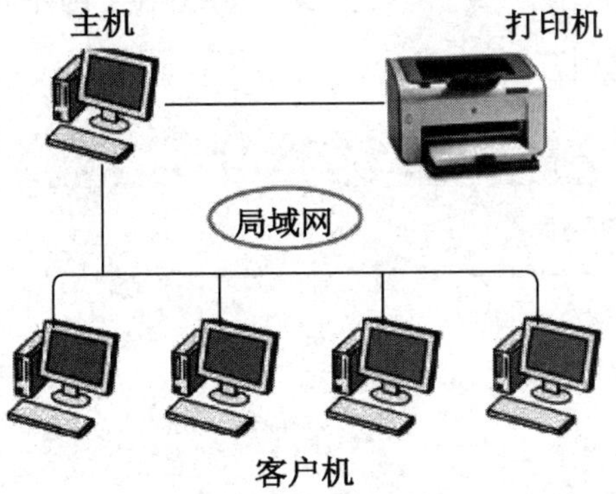

图 3-10　共享打印机解决方案

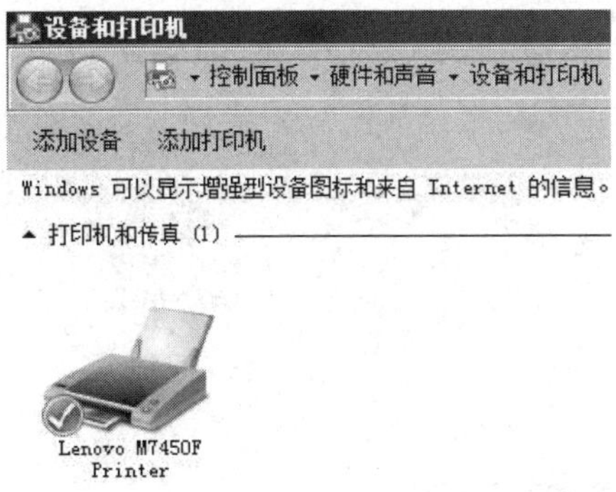

图 3-11　安装打印机

（2）在打印机窗口中，右击打印机图标，在弹出的快捷菜单中单击“打印机属性”选项，弹出如图 3-12 所示的对话框。

在打印机属性对话框中切换至“共享”选项卡。选择“共享这台打印机”，并在“共享名”输入框中填入需要共享的打印机名称（例如 M7450F），如图 3-13 所示，单击“确定”按钮即可完成共享的设置。

注意： 如果希望局域网内其他版本的操作系统在共享主机打印机时不再需要费力地查找驱动程序，我们可以在主机上预先将这些不同版本的操作系统对应的驱动程序安装好，只要单击“其他驱动程序”按钮，选择相应的操作系统版本，单击“确定”按钮后即可进行安装。

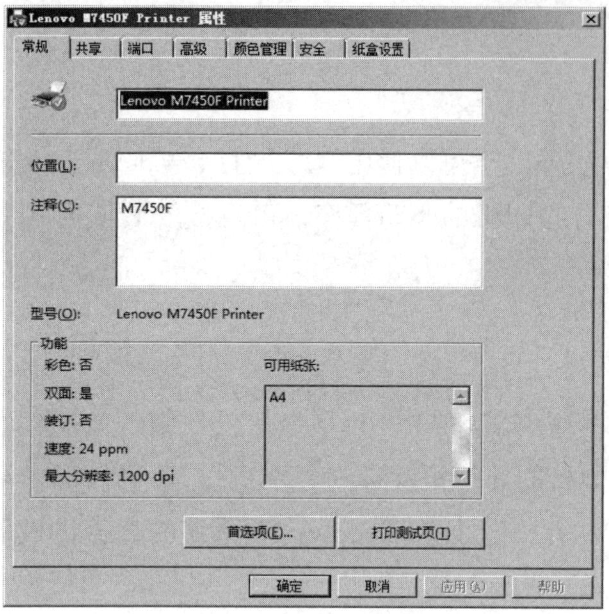

图 3-12　设置打印机属性

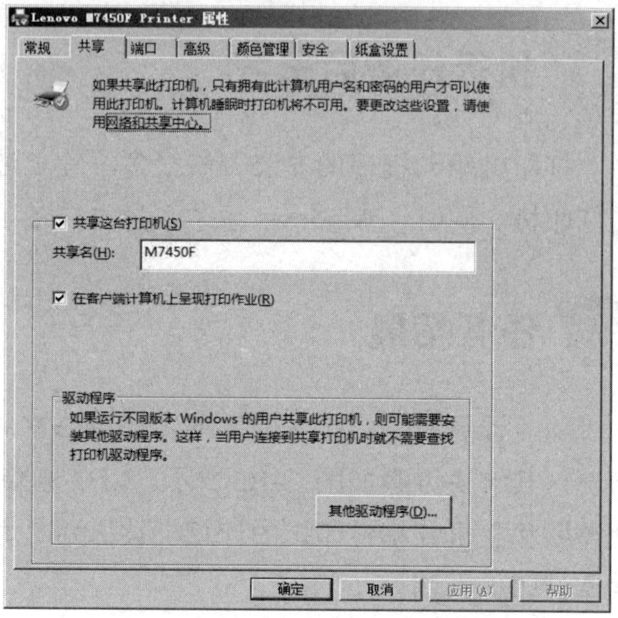

图 3-13　设置共享打印机

2. 主机配置协议

（1）在桌面上右击“网络”，在弹出的快捷菜单中单击“属性”选项，如图 3-14 所示。在打开的“网络和共享中心”窗口单击打开“本地连接”，如图 3-15 所示。

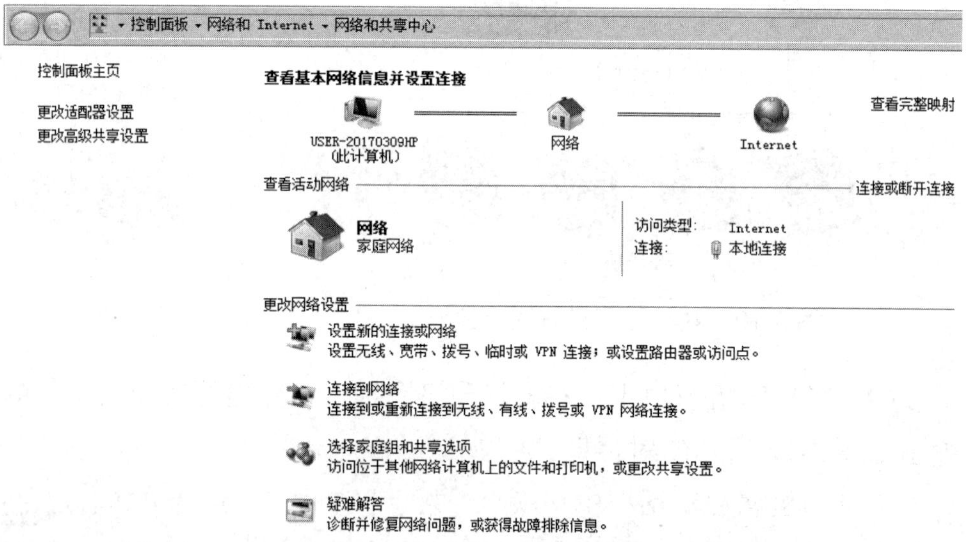

图 3-14　网络“属性”

图 3-15　“网络和共享中心”窗口

（2）在“本地连接 状态”对话框中，单击“属性”按钮，如图 3-16 所示，打开“本地连接 属性”对话框，如图 3-17 所示，选中“Microsoft 网络的文件和打印机共享”，最后单击“确定”按钮。

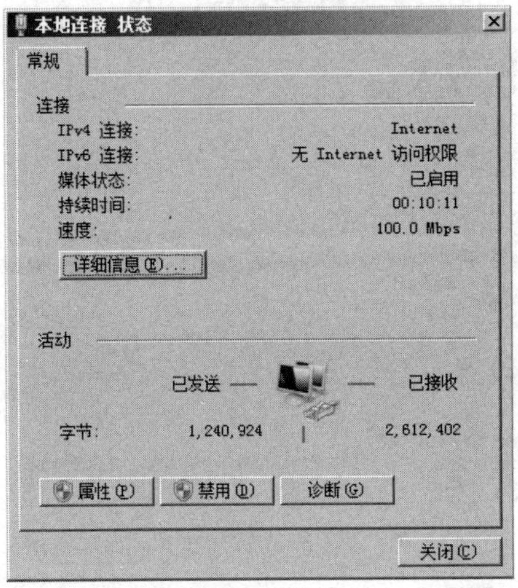

图 3-16 “本地连接 状态”对话框

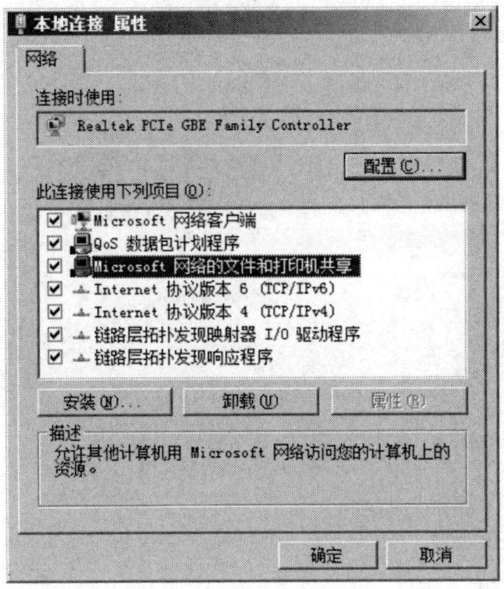

图 3-17 “本地连接 属性”对话框

3. 主机设置“Windows 防火墙”

通过设置防火墙开启“文件和打印机共享”：打开“控制面板”，在按“类别”查看方式下选择“系统和安全”，然后选择“允许程序通过 Windows 防火墙”，如图 3-18 所示。在“允许程序通过 Windows 防火墙通信”的列表中勾选“文件和打印机共享”，如图 3-19 所示。实际上，正常情况下，这个选项默认状态下是选中的。

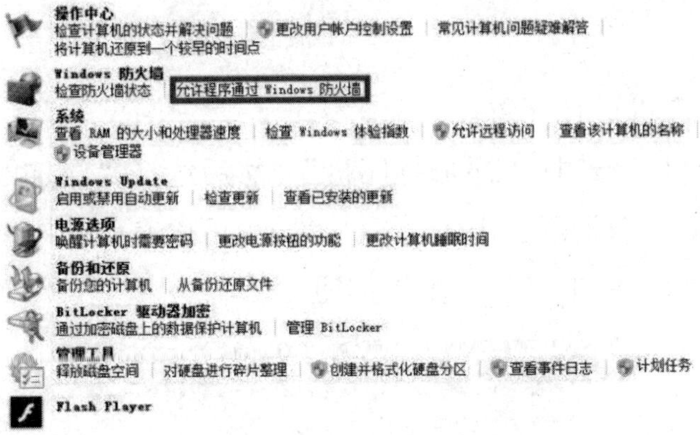

图 3-18 “系统和安全”设置

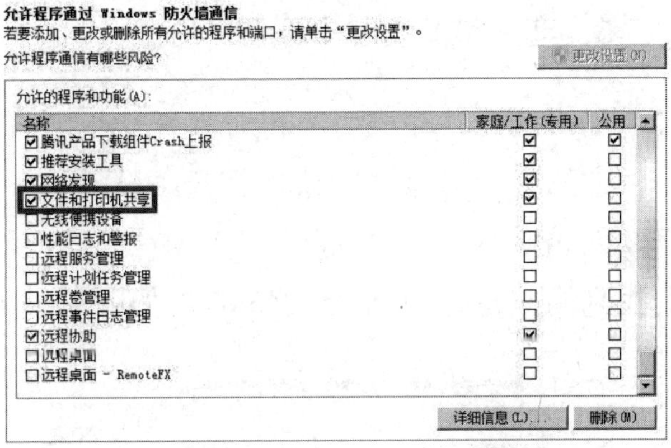

图 3-19 Windows 防火墙设置

4. 主机“更改高级共享设置”

打开“控制面板”，在按“类别”查看方式下单击“网络和 Internet”分类中的“选择家庭组和共享选项”，如图 3-20 所示。在更改家庭组设置中，选择“更改高级共享设置”，如图 3-21 所示。

在“针对不同的网络配置文件更改共享选项”中，勾选“启用网络发现”“启用文件和打印机共享”“关闭密码保护共享”选项，如图 3-22 所示，其余选择保持默认设置即可。

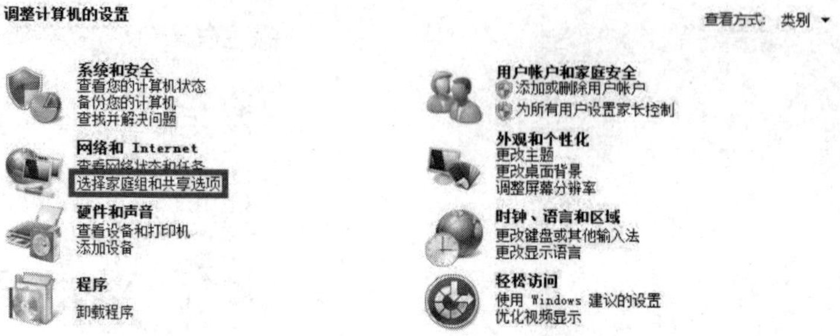

图 3-20　调整计算机设置

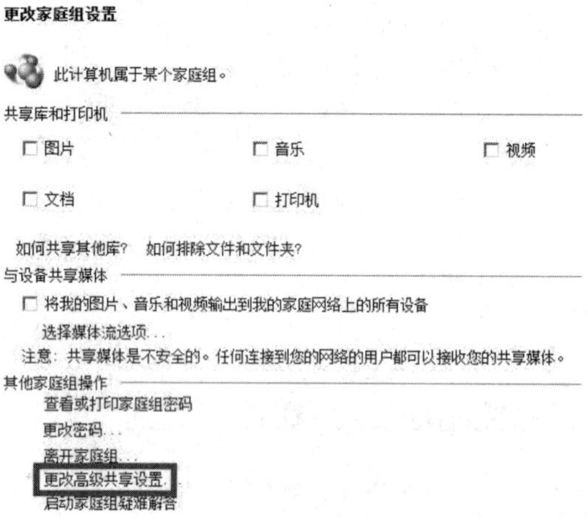

图 3-21　更改家庭组设置

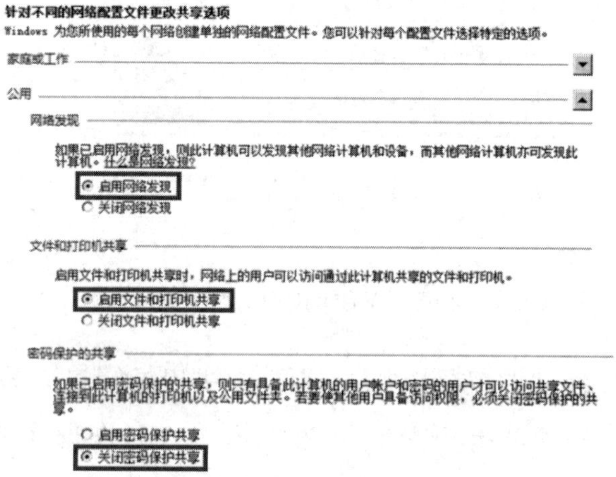

图 3-22　更改共享选项

5. 客户机的安装与配置

主机的配置完成后，再对共享打印机的客户机进行配置。

方法一：通过开始菜单打开“设备和打印机”，选择“添加打印机”，然后选择“添加网络、无线或 Bluetooth 打印机”，如图 3-23 所示。在搜索可用的打印机界面，可以看到在网络上找到的共享打印机“m7450f”，如图 3-24 所示，单击“下一步”按钮。

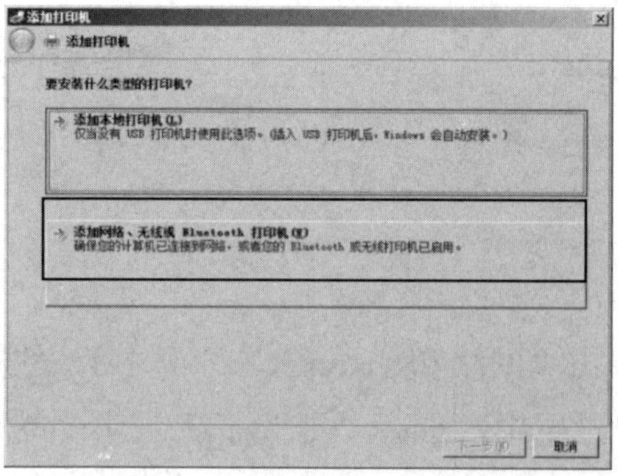

图 3-23　选择打印机类型

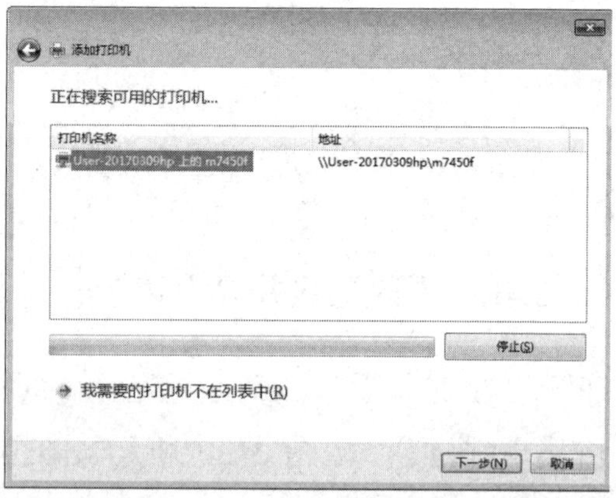

图 3-24　搜索打印机

可以看到已经成功添加共享打印机的提示，如图 3-25 所示，单击“下一步”按钮，会提示添加成功，如图 3-26 所示，单击“完成”按钮即可。

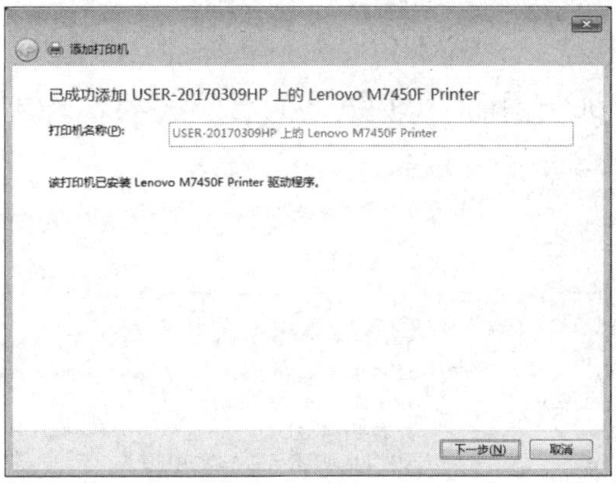

图 3-25　添加打印机

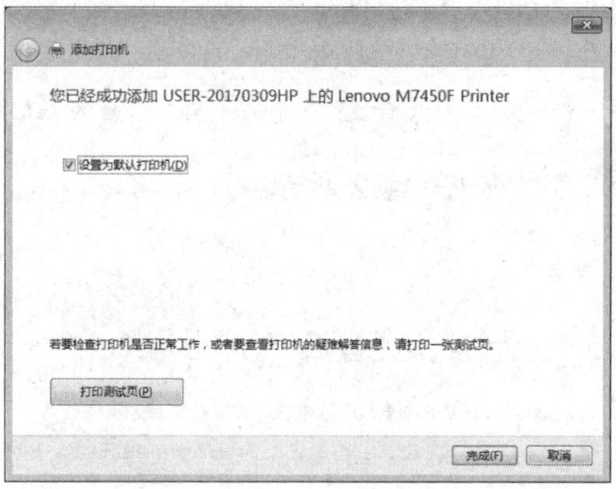

图 3-26　打印机添加成功

注意： 如果在图 3-24 中未自动搜索到共享的打印机，就选择“我需要的打印机不在列表中”。然后手动输入主机名称和共享打印机名称，如图 3-27 所示。另外，如果主机设有密码，在共享过程中还会提示输入用户名和密码，如图 3-28 所示。

图 3-27　指定共享打印机

图 3-28　输入主机用户名和密码

方法二：打开“开始”菜单，在“运行”输入框内输入共享的主机名称，如“\\user-20170309hp”，如图 3-29 所示，然后按回车键。屏幕上会出现该主机在网络上的共享打印机“M7450F”，如图 3-30 所示。

图 3-29　输入主机名称

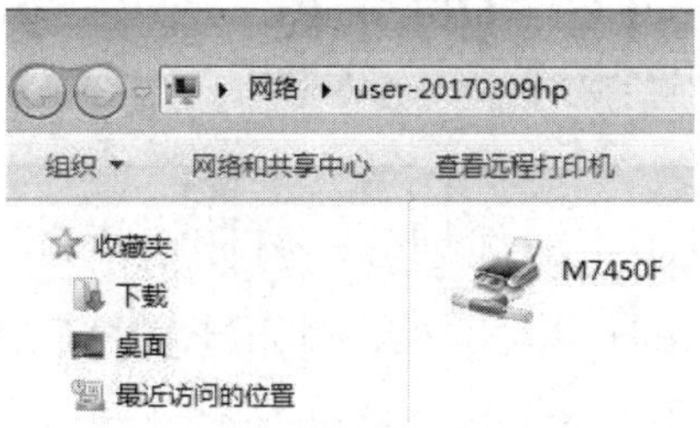

图 3-30　网络共享的打印机

双击共享打印机图标，将自动配置共享，在“设备和打印机”中就会看到安装好的网络打印机，如图 3-31 所示。

注意： 如何查看主机名称：在桌面右击“计算机”图标，单击“属性”选项，即可查看计算机名。如图 3-32 所示。

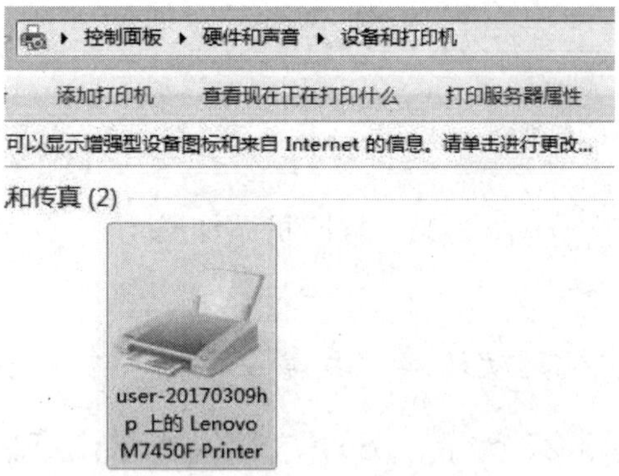

图 3-31　共享打印机添加成功

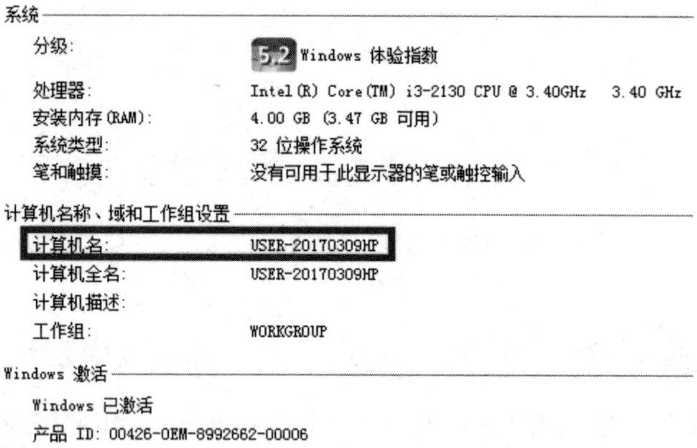

图 3-32　查看计算机名

在这个“系统”对话框里面，还可以看到计算机的处理器（CPU）型号及主频、安装内存、安装类型等信息。

知识支撑

3.1　打印机简介

打印机是现代办公中必不可少的设备之一，在各行各业中的应用都非常广泛。日常办公中用户可以用它打印文稿、报表、账单、信函，还可以打印照片等图片。

3.1.1　打印机的分类

按照印字方式划分，打印机主要可以分为击打式打印机和非击打式打印机。击打式打印机利用机械作用印字，例如针式打印机。非击打式打印机利用光、电或化学方式印字，例如喷墨打印机、激光打印机、多功能一体机等。

1. 针式打印机

针式打印机的工作原理是根据所接收到的点阵图信号，通过打印头中的打印针击打色带，在纸上打印相应的点，从而组成相应的文本或图像。根据打印头决定使用打印针数量，针式打印机分为 9 针、24 针打印机，如图 3-33 所示。

图 3-33　针式打印机

作为一种传统的打印机，针式打印机具有价格和打印成本都很低的优点。对于医院、银行、邮局、彩票、保险、餐饮等行业用户来说，针式打印机曾是他们的必备产品之一，因为只有通过针式打印机才能低价快速地完成各项单据的复写，为用户提供高效的服务，这是其他打印机无法替代的。但它的打印质量较低，打印速度较慢，工作噪声大，无法适应高质量、高速度的商用打印，在普通家庭和办公应用中已逐渐被喷墨打印机和激光打印机所取代。

2. 喷墨打印机

喷墨打印机是目前使用广泛的打印机类型之一，如图 3-34 所示。其工作原理是带电的喷墨雾点经过电极偏转后，直接在打印纸上形成所需的字形。其优点是组成字符和图像的印点比针式点阵打印机小得多，因此字符点的分辨率高，印字质量高且清晰。

由于喷墨打印机体积小、价格低廉、打印噪声小，许多家庭也在选用。将拍摄的照片存储在计算机后，使用彩色喷墨打印机打印，其清晰度几乎可以与冲洗的照片相媲美。

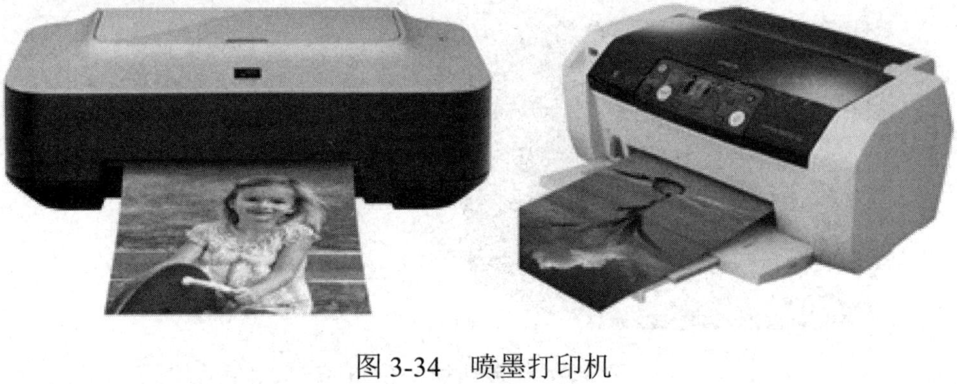

图 3-34　喷墨打印机

3．激光打印机

激光打印机则是近年来高科技发展的一种产物，如图3-35所示。无论在打印品质、打印速度还是噪声大小等方面都远优于针式打印机，目前在打印机市场上占有很大的份额。激光打印机的打印原理是利用光栅图像处理器产生要打印页面的位图，然后将其转换为电信号等一系列的脉冲送往激光发射器，在这一系列脉冲的控制下，激光被有规律地放出。与此同时，反射光束被接收的感光鼓所感光。激光发射时就产生一个点，激光不发射时就是空白，这样就在接收器上印出一行点来。然后接收器转动一小段固定的距离继续重复上述操作。当纸张经过感光鼓时，鼓上的着色剂就会转移到纸上，印成页面的位图。最后当纸张经过一对加热辊后，着色剂被加热熔化，固定在纸上，就完成了打印的全过程，整个过程准确而且高效。

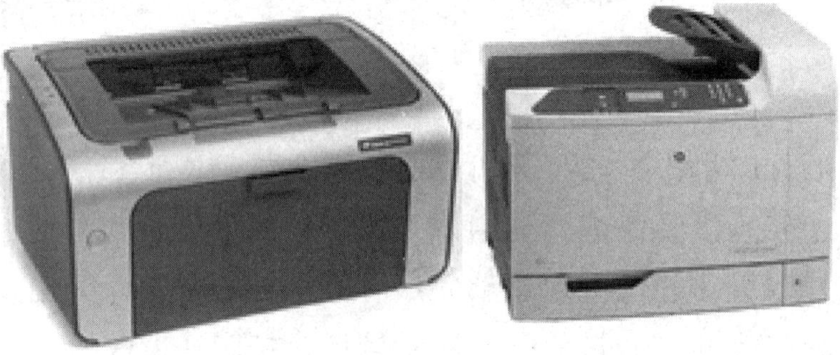

图3-35　激光打印机

激光打印机的主要优点是印字质量高、分辨率高、噪声低、速度快、色彩艳丽，缓冲区大，占用主机的时间相对少。缺点是价格高，打印成本较高，不能打印多层介质。随着科技的发展，激光打印机的打印速度快、打印品质高的优点越来越突出。

4．多功能一体机

随着打印机技术的发展，打印机不再只有打印的功能，还兼有复印、扫描、传真等功能，我们称为多功能一体机，如图3-36所示。它在人们的日常工作中越来越受到青睐，目前已成为主流的办公设备。

图3-36　多功能一体机

3.1.2　打印机的无线连接——打印手机里的文件和图片

把手机和打印机连接起来，可以实现手机文件及图片的在线打印操作。具体操作过程如下。

1．准备工作

计算机和手机同时登录 QQ，而且计算机上已正确安装打印机及驱动程序，如图 3-37 所示。需要注意：在计算机上登录 QQ 后，QQ 的“我的设备”界面里看不到打印机。

图 3-37　计算机上安装打印机

2．在手机上进行如下操作

在手机 QQ 上切换到“联系人”列表，展开“我的设备”项，从中单击“我的打印机”选项，如图 3-38 所示。

在打开的“我的打印机”界面中，可以选择“打印文件”或者“打印照片”，在此以打印文件为例，单击左下角的“打印文件”按钮，如图 3-39 所示。

选择需要打印的文件，单击“确认”按钮，如图 3-40 所示。

图 3-38　选择设备

图 3-39　选择打印类型

图 3-40　选择打印内容

在打开的“打印选项”界面中，选择要使用的打印机型号及打印份数，单击“打印”按钮，如图 3-41 所示。

选中的文件将自动被送到打印机进行打印输出，如图 3-42 所示。打印完成后，出现“打印完成”的提示，如图 3-43 所示。

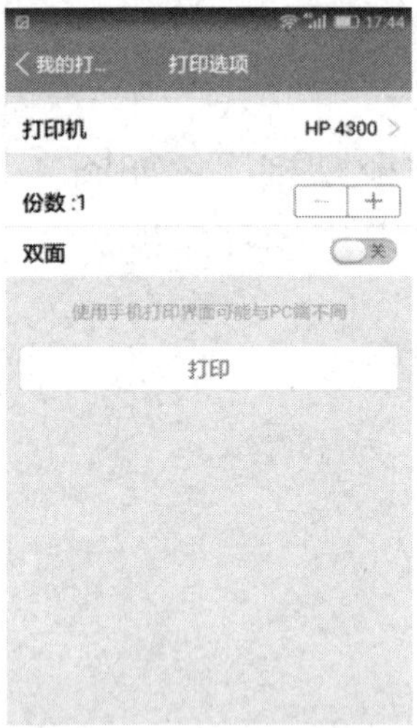

图 3-41　选择打印机和份数

图 3-42　正在发送打印文件

图 3-43　打印完成

小知识

无线 Wi-Fi 打印机

无线 Wi-Fi 打印机是新型打印机，市场上有无线 Wi-Fi 激光打印机、无线 Wi-Fi 喷墨打印机、无线 Wi-Fi 多功能一体机（打印、复印、扫描）等多种机型。下面以联想黑白激光无线 Wi-Fi 多功能一体机为例，其外观及主要功能如图 3-44 和图 3-45 所示。

图 3-44　无线 Wi-Fi 多功能一体机

图 3-45　主要功能

无线 Wi-Fi 打印机与计算机相连可以不用连接线，驱动程序的安装方式和类型与普通打印机相似，如图 3-46 和图 3-47 所示。

图 3-46 驱动程序安装方式

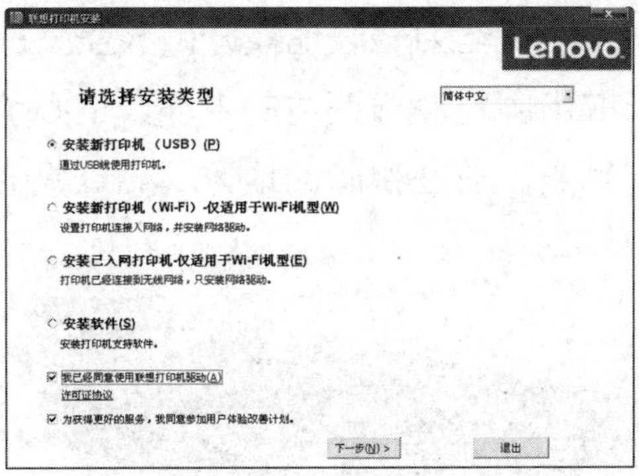

图 3-47 驱动程序安装类型

实训 5 更换打印机墨粉

任务引领

公司的一台 HP LaserJet P1008 激光打印机使用一段时间后，打印出来的字模糊不清，颜色变淡，需要更换鼓粉盒，由于鼓粉盒（硒鼓与墨粉盒是一体的）是一次性消耗品，所以很多用户直接更换一个新的鼓粉盒，这样就造成一定的浪费。为了节约成本，可以只加入新墨粉，而不更换硒鼓，就能使打印机正常工作。

任务分析

- 掌握打印机鼓粉盒的拆卸、安装方法
- 掌握添加打印机墨粉的方法

任务操练

1．准备工作

准备适合该打印机型号的激光打印机专用墨粉和激光打印机硒鼓加粉用的工具，包括螺丝刀、斜口钳（尖口钳）、棉花、毛刷、皮老虎（或电吹风）等。

2．取出鼓粉盒

将打印机断电，打开上盖，取出鼓粉盒，如图 3-48 所示。

3．拆卸硒鼓

找到打印机硒鼓盖上的固定螺钉，用螺丝刀拆卸固定硒鼓盖的螺钉，并将螺钉收好。再用“一”字螺丝刀轻轻地撬开硒鼓盖上的卡扣，随后打开硒鼓盖，如图 3-49 所示。用螺丝刀和钳子取出固定硒鼓两边的卡环，小心地取出硒鼓。注意，不要触摸其表层，然后用一张 A4 纸卷起硒鼓，放在黑暗的地方（硒鼓见光会破坏其光敏涂层）。

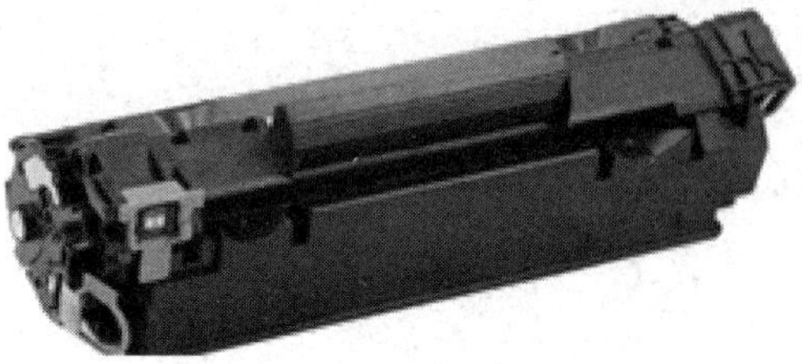

图 3-48　鼓粉盒

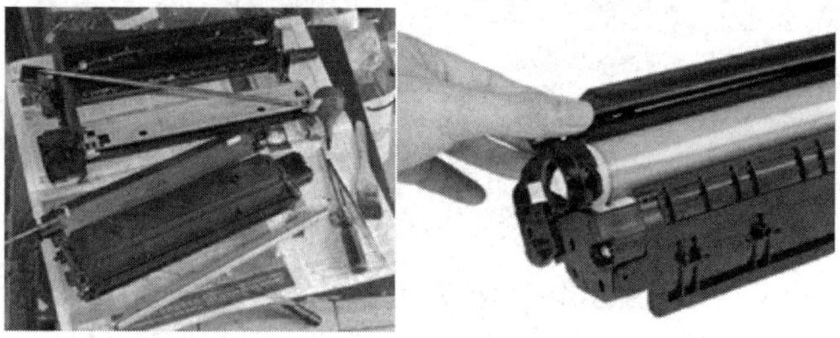

图 3-49　拆卸硒鼓

4．清理硒鼓里残留的墨粉

清理时，先将墨粉倒干净，然后用毛刷轻轻地去除残留在墨粉盒边缘的墨粉。毛刷清理不到的地方可以用皮老虎或电吹风清理干净。最后用毛刷清扫墨粉盒周围、充电辊、磁辊上的墨粉，如图 3-50 所示。

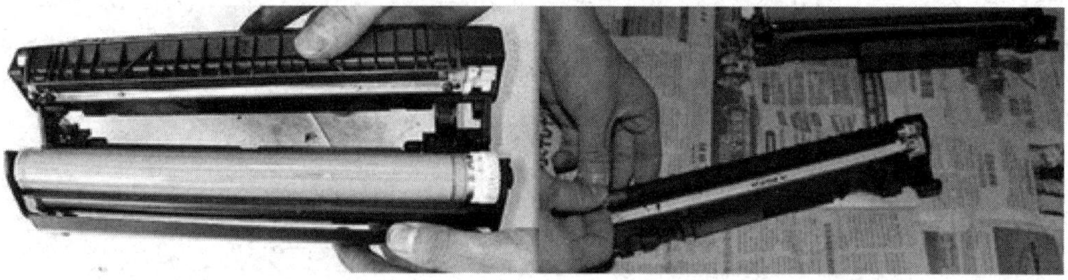

图 3-50　清理硒鼓里残留的墨粉

5．为硒鼓添加新墨粉

去掉墨粉盒旁边的螺丝（分开的那边），取出固定部件，可以看见一个盖子，打开盖子，便可以往里补充墨粉了，如图 3-51 所示。硒鼓放入打印机之前，先用手左右摇动硒鼓，使硒鼓中的墨粉分布均匀，保证能正常打印。

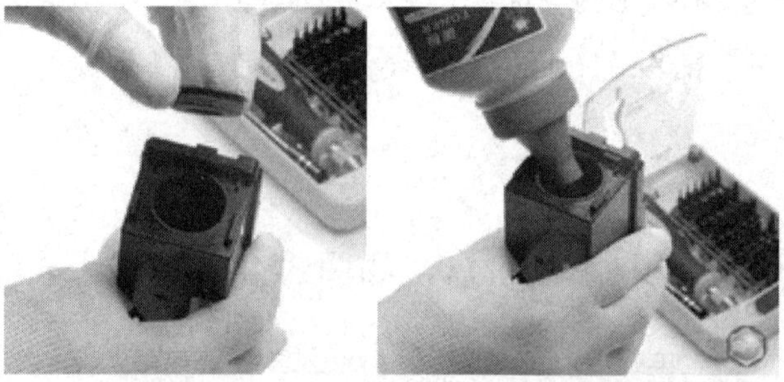

图 3-51　为硒鼓添加新墨粉

6．安装硒鼓并测试

将加粉后的硒鼓安装到激光打印机里，进行硒鼓加粉后的打印效果测试，如图3-52所示。运行自检打印程序打印几张即可。

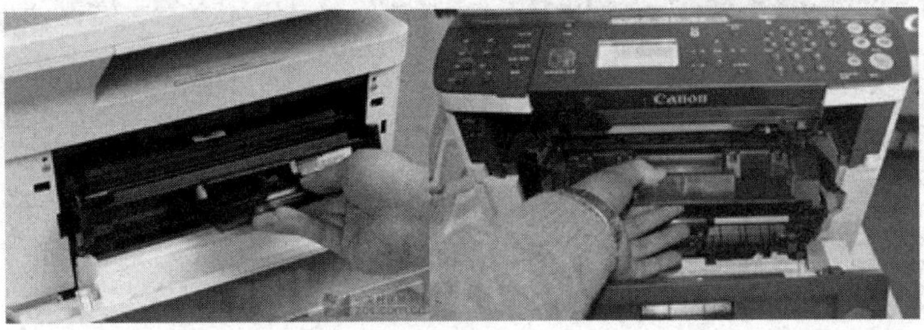

图3-52 安装硒鼓

执行任务后思考

不同类型打印机的硒鼓装置结构不一样，更换墨粉的操作步骤也不相同，在日常生活中需要多观察、多思考、多尝试。

任务拓展

打印机硒鼓额定寿命一般在6000～10000张纸，在经过多次加墨粉的长期使用后，发现输出的稿件图像浅淡，有严重的黑斑条纹，无论怎么保养修补也无济于事的时候，硒鼓的生命算是真正到了终点，这时就需要进行更换了。

针式打印机的色带寿命更短，更换更频繁。下面简单介绍一下针式打印机色带的更换步骤。首先取出色带架，如图3-53所示。打开色带架上盖，如图3-54所示。

图3-53 取出色带架

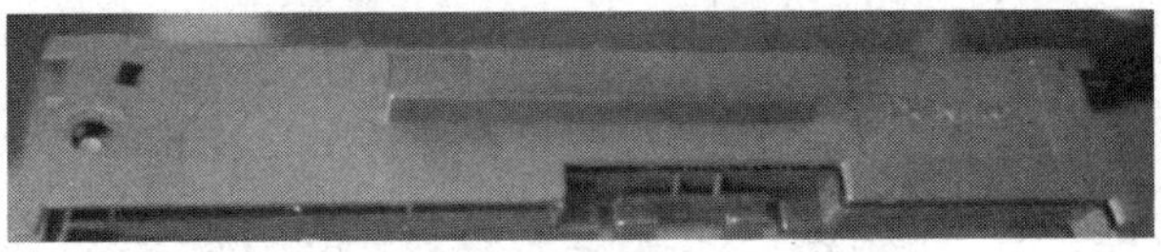

图3-54 打开色带架上盖

取出色带架里面的旧色带，如图3-55所示。然后放入新色带，如图3-56所示。最后盖上色带架上盖，把色带架放入打印机。

图 3-55　取出旧色带

图 3-56　放入新色带

知识支撑

3.2　打印机的日常维护与保养

1．针式打印机的维护与保养

（1）装纸时要放正纸张，否则就会形成折皱，轻则浪费纸张，重则造成断针。

（2）打印不同厚度的纸张时，要调整纸张厚度调节杆，使打印头与胶辊的距离和纸张厚度相适应。

（3）连续打印时，要将打印纸两边的纸孔与送纸器的齿轮配装好，将打印机纸放在合适的位置以免卡纸。

（4）更换色带时，一定要将色带理顺，防止色带无法转动，甚至损坏打印针。

2．喷墨打印机的维护与保养

（1）打印时，关闭打印机前盖，防止灰尘或其他坚硬的物品进入机内，阻碍打印机工作，引起不必要的故障。

（2）确保使用环境的清洁。使用环境灰尘太多，容易导致字车导轴润滑不好，使打印头的运动在打印过程中受阻，引起打印位置不准确或撞击机械框架造成死机。

（3）墨盒未使用完时，最好不要取下，以免造成墨水浪费或打印机对墨水的计量失误。

（4）关机前，让打印头回到初始位置（打印机在暂停状态下，打印头自动回到初始位置）。这样做一是避免下次开机时打印机重新进行清洗打印头操作浪费墨水，二是因为打印头在初始位置可受到保护罩的密封，使喷头不易堵塞。

（5）换墨盒时一定要按照操作手册中的步骤进行，特别注意要在电源打开的状态下进行上述操作。墨盒在长期不使用时应置于阴凉位置避免日光直射。

（6）在插拔打印机电源线及打印电线时一定要在关闭打印机电源的情况下进行。

3. 激光打印机的维护与保养

（1）激光打印机依靠静电工作，能够强烈地吸附灰尘，因此要特别注意防尘，不要使用粉尘较多和质量不好的纸张。

（2）更换硒鼓时，先轻摇粉盒，使墨粉均匀地分布，有助于取得较好的打印效果。

（3）装纸前要注意放掉纸上的静电，并将纸张抖开，以免影响正常的进纸和打印质量。

（4）对于其他传输部件，例如搓纸轮、传动齿轮等，不需要特殊的维护，只要保持清洁即可。

3.3 打印机的常见故障与排除

打印机的常见故障很多，下面以黑白激光打印机为例，介绍常见故障及排除方法。

1. 卡纸

激光打印机最常见的故障是卡纸。出现这种故障时，操作面板上指示灯会闪烁，并向主机发出一个报警信号。排除故障只需打开机盖，取下被卡的纸即可。但要注意，必须按进纸方向取纸，绝不可反方向转动任何旋钮。如果经常卡纸，就要检查进纸通道了。搓纸轮是激光打印机最易磨损的部分。当纸盒内纸张正常，而无法取纸时，往往是搓纸轮磨损或压纸弹簧松脱，压力不够，不能将纸送入机器。此时需要更换搓纸轮。此外，纸盒安装不正，纸张质量不好（过薄、过厚、受潮），也都可能造成卡纸或不能取纸的故障。

2. 打印的内容有垂直排列的白色条纹

安装在感光鼓上方的反射镜上如果有脏物，激光遇到镜子上的脏物时被吸收掉，不能到达感光鼓上，从而在打印纸上形成一个窄的白条纹。仔细观察激光传输通道，将通道清理干净，即能解决问题。转印辊装在打印纸通道下方，也会吸引灰尘和纸屑，有的部分会变脏或被污染，从而阻止墨粉从硒鼓转移到打印纸上，也会造成在打印纸上形成一个窄的白条纹。墨粉盒失效，通常会造成大面积区域字迹变淡。取下墨粉盒轻轻摇动，使盒内墨粉均匀分布，如果仍然改进不大，就应该更换墨粉盒。

3. 输出字迹偏淡

墨粉盒内的墨粉较少、显影辊的显影电压偏低或墨粉未被极化带电而无法转移到感光鼓上，都会造成打印字迹偏淡现象。取出墨粉盒将其轻轻摇动，如果打印效果仍没有改善，就应该更换墨粉盒或请专业维修人员进行处理。此外，有些打印机的墨粉盒下方有一个开关，用来调节激光的强度，使其与墨粉的感光灵敏度很好地匹配。

4．打印机不进纸

打印机不进纸可能是纸张未正确装入或卡纸造成的。轻按并松动控制面板按钮，打印机再次尝试送入纸张。若不成功，尝试下一步。从纸盒中取出纸张，重新对齐，再装入打印机，确保导纸板松紧适度地夹住纸张，使纸张居中。或者取出硒鼓，检查是否卡纸。如果有卡纸就应该及时清除，重新装入硒鼓并合上端盖。

思考与实训 3

一、填空题

1．按照印字方式，打印机主要可以分为________打印机和________打印机。

2．要实现票据的多层打印机，建议使用________打印机。

3．________打印机由于速度快、品质高等优点，是目前主流的办公设备。

4．非击打式打印机利用________、________或化学方式印字。

5．非击打式打印机一般包括________、________和________三种打印机。

6．多功能一体机具有的功能包括________、________、________、________。

7．爱普生 Stylus CX5100 多功能一体机包括________、________、________三种功能。

8．激光打印机一般通过________接口与计算机相连。

9．针式打印机一般通过________或________与计算机相连。

10．针式打印机的耗材为________。

11．喷墨打印机的耗材为________。

12．打印机驱动程序的安装文件名一般为________。

13．激光式打印机的耗材为________。

14．针式打印机更换色带时，一定要将色带理顺，防止色带无法转动，损坏________。

15．喷墨打印机的墨盒未使用完时，最好________（不要取下/取下）。

二、分析如下故障情况，说出故障处理的方法

1．打印字符不全或字符不清晰或字迹偏淡。

2．激光打印机在打印纸上出现黑点或黑道，并且换纸后仍出现在同一个位置上。

3．一台激光打印机图像明显一边黑、一边白。在更换硒鼓、部件全部清洁以后故障仍然存在。

4．激光打印纸输出变黑。

5．喷墨打印机打印字符不全或字符不清晰。

三、实训操作

在 Windows 系统下安装一台打印机，并将该计算机设置为共享主机，把另外一台计算机设置为客户机，并打印测试页。

设备 4

复印机——办公材料的复印

实训 6　复印身份证

任务引领

办公室主任交给小张两项工作：一是复印身份证，单位要为今年新入职的员工建立人事档案；二是复印八份工作简报。

任务分析

- 掌握复印机的基本操作方法
- 掌握身份证复印的方法

任务操练

1. 准备工作

打开复印机电源开始预热。

2. 在纸盒中放置纸张

（1）小心拉出纸盒，按下纸盒托盘。将纸盒托盘向下按压，直到听到“咔嗒”声后不再抬起，如图 4-1 所示。

（2）移动侧导板，如图 4-2 所示。

（3）根据纸张尺寸调节侧导板，如图 4-3 所示。

（4）将 A4 纸张复印面朝上放入纸盒，如图 4-4 所示。

注意：在将纸张放入纸盒前，充分抖开，否则可能会发生多张供纸的现象。

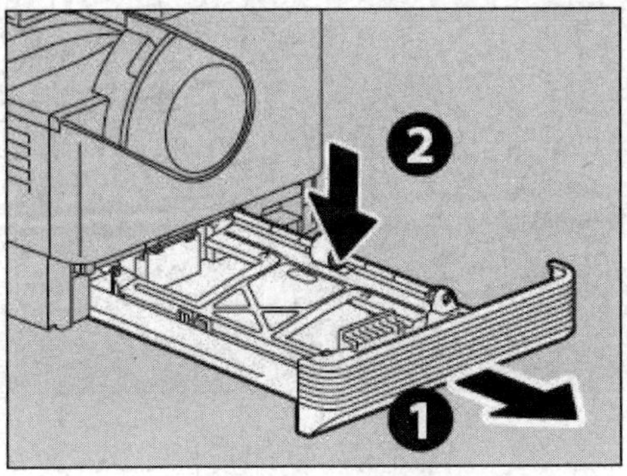

图 4-1 拉出纸盒

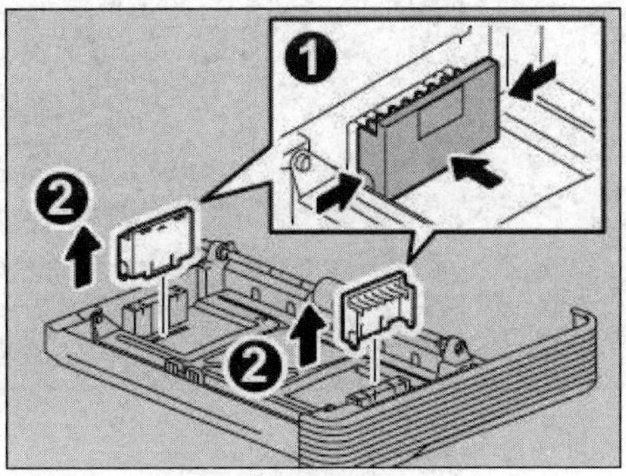

图 4-2 移动侧导板

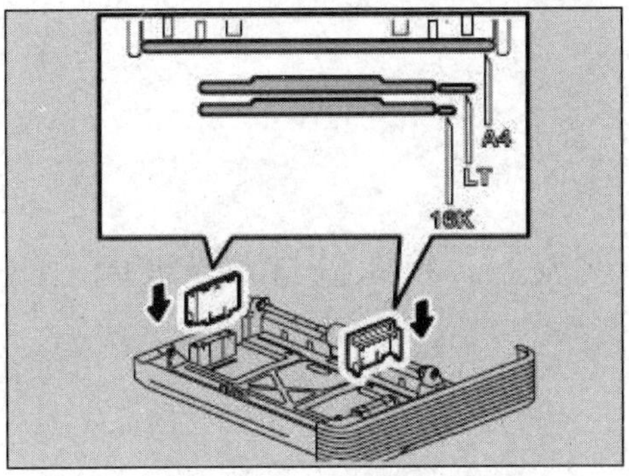

图 4-3 调节侧导板

图 4-4 放入纸张

图 4-5 放纸后调节导板

（5）将末端导板移至纸张尾端，同时按箭头方向推动下部，如图 4-5 所示。

（6）径直将纸盒轻轻推入设备，直到停止不动，装纸工作完毕。

3. 复印身份证

（1）复印机默认设置是使用 A4 纸、纵向，如果使用其他尺寸的纸张，就需要在复印机上另行设置。

（2）按下“身份证复印键”，功能指示灯亮起，启用“身份证”复印功能，该功能可以将身份证的正反两面复印在同一张纸上，如图 4-6 所示。

（3）将身份证正面朝下放在曝光玻璃上，身份证上端朝向复印机内侧放置，如图 4-7 所示。按下“开始”键。

（4）30 秒内，将身份证反面朝下放在曝光玻璃刚才正面放置的位置，身份证上端朝向复印机内侧放置，如图 4-8 所示，再次按下“开始”键。

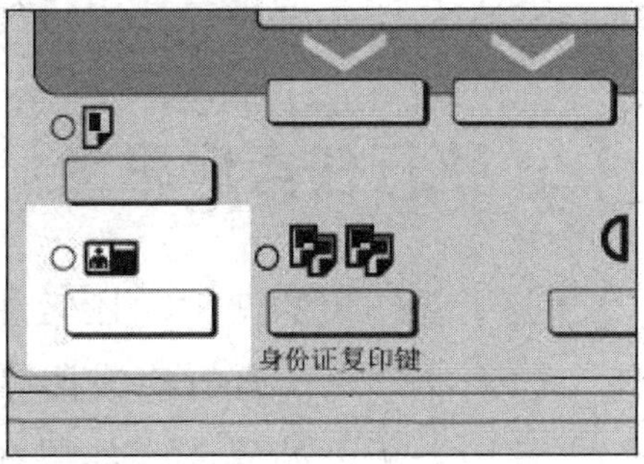

图 4-6 启用“身份证”复印功能

图 4-7　复印正面

图 4-8　复印反面

正面复印之后，若 30 秒内未进行反面复印，身份证复印功能自动终止。

4．复印工作简报

（1）放置原稿。

抬起复印机盖板，将原稿复印面朝下放置在曝光玻璃上。将原稿与曝光玻璃上的左上角对齐并放下稿台盖板，如图 4-9 所示。

（2）按数字键输入复印份数，如图 4-10 所示。

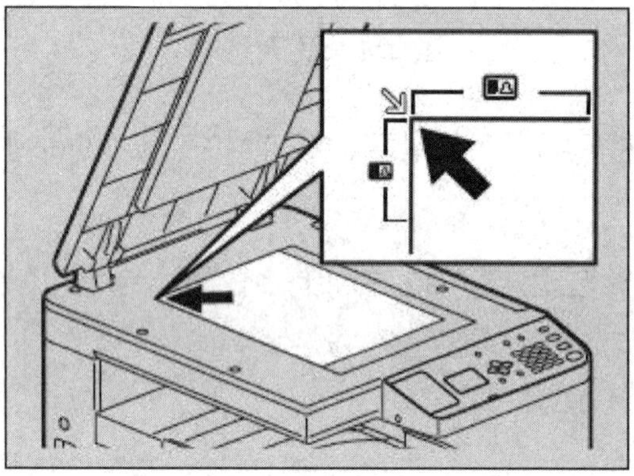

图 4-9　放置原稿

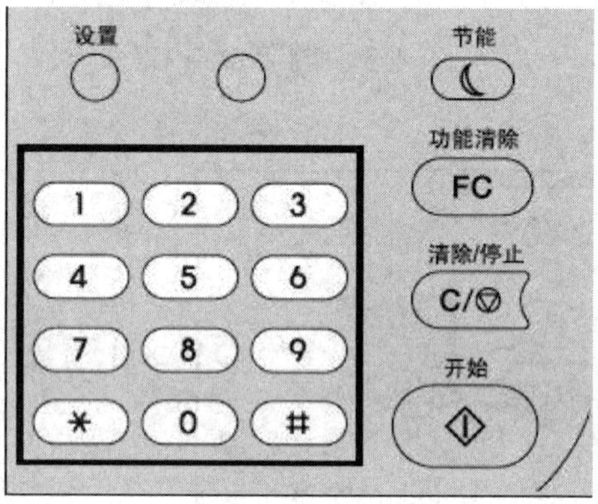

图 4-10　设置复印份数

按下“8”键作为复印份数后按“开始”键开始复印。

（3）复印完成后，按下“功能清除”键清除所选设置并返回基本屏幕（复印状态）。

执行任务后思考

关于复印机的使用，还应注意以下两点。

（1）如果原稿有折痕或褶皱，就应该先抚平折痕或褶皱，然后再将其放置于曝光玻璃上，盖上稿台盖板开始复印。如果在抚平折痕或褶皱后，复印件上依旧留有印迹，就可以调整曝光度或使用“背景消除”功能来消除。

（2）在复印过程中，按下“清除/停止”键可以停止或者恢复复印，然后再根据 LCD 屏所显示的信息按下“确定”键或“取消”键。

任务拓展

复印机的功能特别多，除了正常复印原稿和身份证双面复印以外，比较常见的操作还有：放大或缩小复印、分页复印、双面复印等。

1．放大或缩小复印

缩放分为手动缩放和定值缩放两种方式，现以手动指定缩放倍率加以说明，如图 4-11 所示。

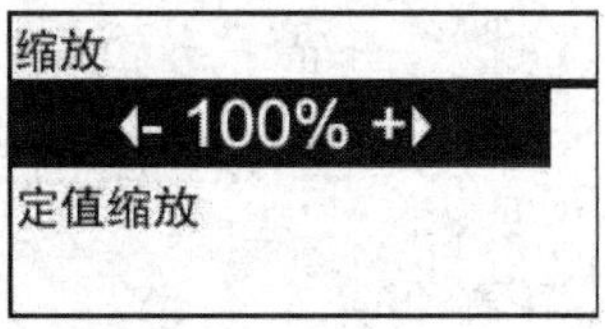

图 4-11　选择缩放方式

（1）按“▽”或“△”键在 LCD 屏上单击“缩放”选项，然后按“▷”键。

（2）按“▽”或“△”键选择手动缩放设置项。

（3）按“▽”或“△”键增加或减少缩放倍率，然后按“确定”键。持续按键可快速调整缩放倍率。

2．分页复印

复印机可以按照与原稿相同的页序，对多份复印件自动进行分页。目的是方便装订、节省时间、提高效率，如图 4-12 所示。

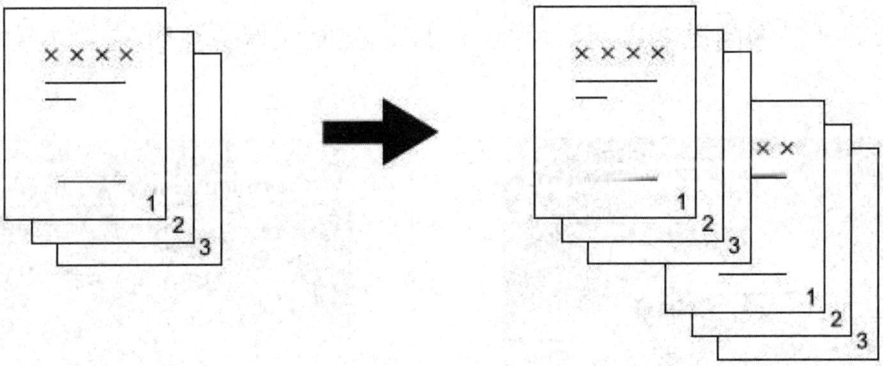

图 4-12　分页复印

选择分页功能后，复印机将按与原稿相同的页序，对复印件进行分页，然后以相同的方向输出所有的复印件。现在假设原稿是连续的三页，操作如下。

（1）按“分页键”，如图 4-13 所示。

（2）使用数字键输入所需要的复印份数，如图 4-14 所示。

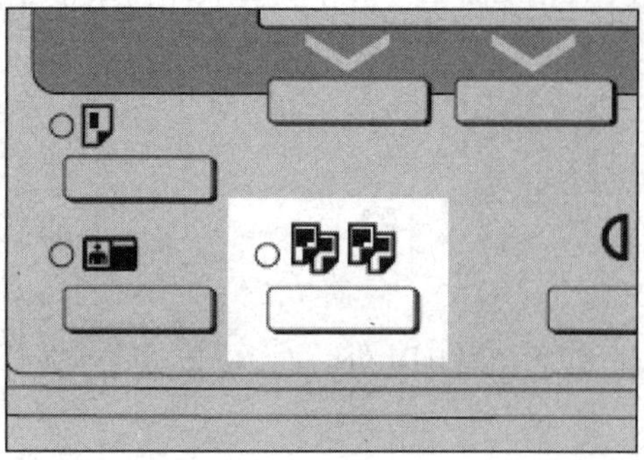

图 4-13　按“分页键”

图 4-14　设置复印份数

（3）在曝光玻璃上放置原稿，第一张原稿扫描完成后，LCD 屏幕显示“下一页原稿？”。选择“扫描下一页”，在曝光玻璃上放置下一页原稿，按“确定”键或“开始”键。

（4）当所有原稿扫描完成后，选择“完成”，然后按“确定”键或“开始”键，开始复印已扫描的原稿。

3．双面复印

双面复印既可以节约纸张，又可以控制复印文本的厚度，一举两得，但是一些复印机上是没有自动双面复印功能的，下面介绍如何手动双面复印。

（1）把需要复印的材料按照奇数页和偶数页分离好。

（2）先把奇数页的材料正面朝上放到自动进纸器上，等待复印机“嘀”的一声响后，就可以直接按下“开始”键进行复印，如图 4-15 所示。

（3）把复印好的材料按照顺序依次翻到背面，再次放入复印机纸盘中。注意放置文字材料的方向，纸张的上端朝向进纸盘箭头所指方向，以防复印偶数页时文字位置颠倒，如图 4-16 所示。

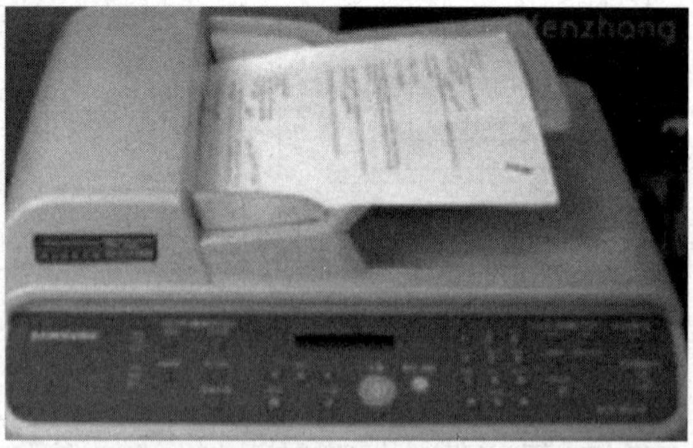

图 4-15　复印奇数页

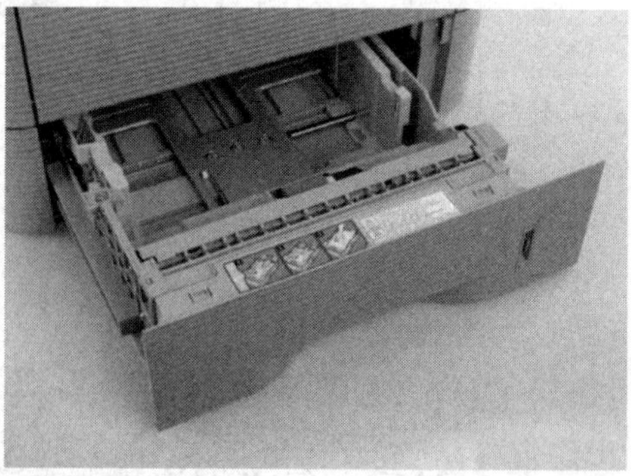

图 4-16　重新放置纸张

（4）把偶数页的材料正面朝上放到自动进纸器上，按下“开始”键，就可以复印另一面了，如图 4-17 所示。

图 4-17　复印偶数页

知识支撑

4.1　复印机简介

复印机是从书写、绘制或印刷的原稿得到等倍、放大或缩小复印品的设备。复印机复印得速度快、操作简便，与传统的铅字印刷、蜡纸油印、胶印等方法的主要区别是无须经过其他制版等中间环节，而能直接根据原稿获得复印品。

1．复印机的种类

（1）复印机按工作原理分类，可以分为模拟复印机、数码复印机两大类。

① 模拟复印机。

模拟复印机也叫作静电复印机，是通过曝光、扫描将原稿的光学模拟图像通过光学系统直接投射到已充电的感光鼓上产生静电潜像，再经过显影、转印、定影等步骤，完成复印过程的复印机产品。

模拟型产品由于诞生和应用的时间已经比较长了，因此技术上较为成熟，性能也比较稳定，并且在价格上有一定的优势。

静电复印方式有间接式和直接式两种。

● 间接式静电复印的步骤如下。首先通过高压电晕放电使感光体表面在暗处充满静电荷，然后对原件进行曝光，曝光部分静电荷消失，其余部分静电荷保留，形成肉眼看不见的静电潜像；再用显影剂将静电潜像显影成可见的墨粉图像；将墨粉图像转印到普通纸上，加热墨粉使其熔化而定影在纸上，即得到复印件。

● 直接式静电复印的感光体为氧化锌纸，最终的图像直接定影在该纸上，不需转印和清洁。

② 数码复印机。

数码复印机也叫数字式复印机，是指首先通过电荷耦合器件传感器对通过曝光、扫描产生原稿的光学模拟图像信号进行光电转换，然后将经过数字技术处理的图像信号输入到激光调制器，调制后的激光束对被充电的感光鼓进行扫描，在感光鼓上产生静电潜像，再经过显影、转印、定影等步骤，完成复印过程。

数码复印机的主要优点如下。

- 整洁、清晰的复印质量。有文稿、图片、复印稿、低密度稿、浅色稿等五项模式功能。
- 一次扫描，多次复印。数码复印机只需对原稿进行一次扫描，便可复印 999 份甚至更多的文件。因为减少了扫描次数，所以减少了扫描器产生的磨损及噪声，同时减少了卡纸的机会。
- 电子分页。一次复印，分页可达 999 份。
- 先进的环保系统设计。无废粉、低臭氧、自动关机节能，图像自动旋转，减少废纸的产生。
- 强大的图像编辑功能。可以对图像进行自动缩放、单向缩放、自动启动、双面复印、组合复印、重叠复印、图像旋转、黑白反转、25%～400%缩放倍率等操作。

（2）复印机还可以根据不同的分类方法进行以下分类。

- 根据复印速度分为低速、中速和高速复印机。
- 根据复印的幅面分为普及型复印机和工程复印机。
- 根据使用的纸张分为特殊纸复印机和普通纸复印机。特殊纸一般指可感光的感光纸。
- 根据复印机可复印的颜色分为单色、多色及彩色复印机。

2. 复印机的结构

（1）数码复印机的结构介绍如下（不同品牌，产品会略有不同）。

① 复印机前、右、内侧结构如图 4-18 所示。

② 复印机的左侧结构如图 4-19 所示。

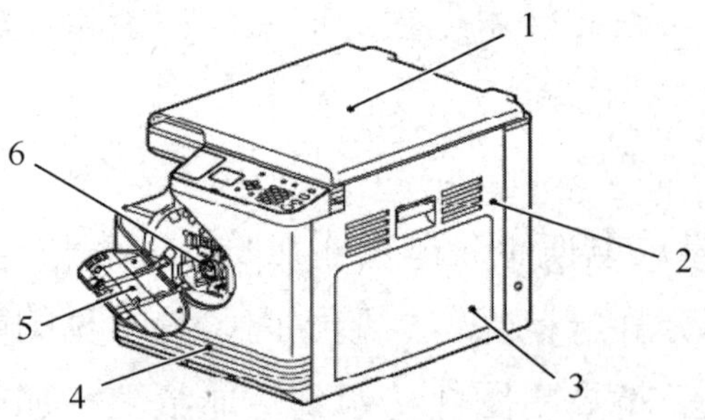

1—稿台盖板；2—侧盖板；3—旁路托盘；
4—纸盒；5—前盖板；6—墨粉盒

图 4-18　复印机的前、右、内侧结构

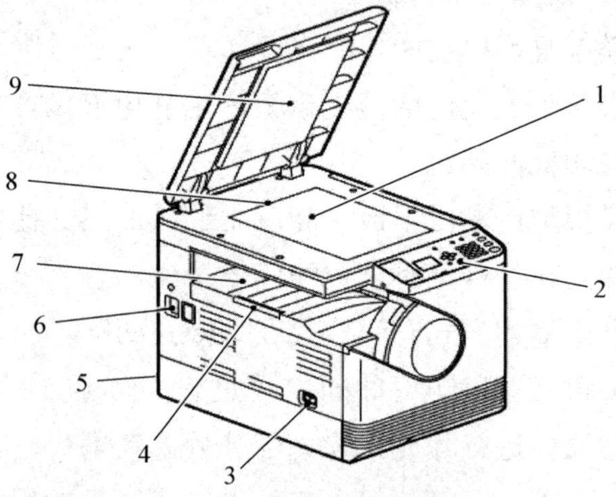

1—曝光玻璃；2—控制面板；3—电源开关；
4—出纸限位块；5—AC-IN终端（背面）；6—USB终端；
7—接纸盒；8—原稿标尺；9—稿台白板

图 4-19　复印机的左侧结构

③ 复印机的控制面板结构如图 4-20 所示。

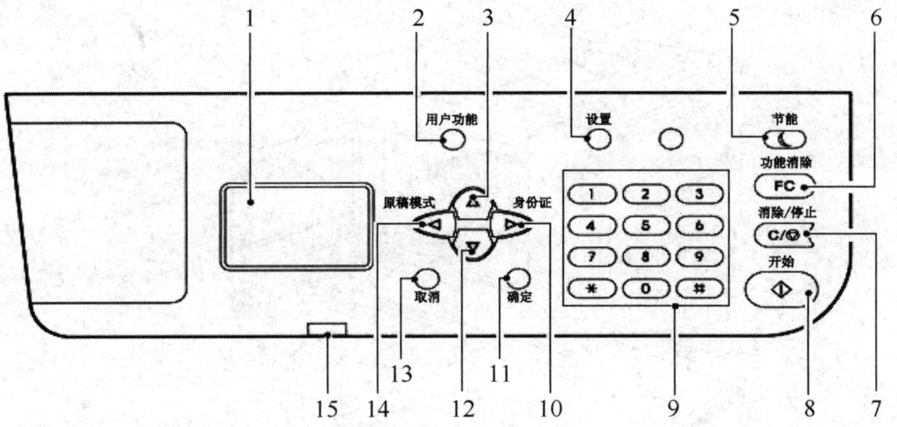

1—LED屏幕；2—“用户功能”键；3—“△”键；4—“设置”键；5—“节能”键；
6—“功能消除”键；7—“消除/停止”键；8—“开始”键；9—数字键；10—“▷”键；
11—“确定”键；12—“▽”键；13—“取消”键；14—“◁”键；15—警告灯

图 4-20　复印机的控制面板结构

（2）一体化速印机的结构（不同品牌，产品会略有不同）。

① 一体化速印机的外部结构如图 4-21 所示。

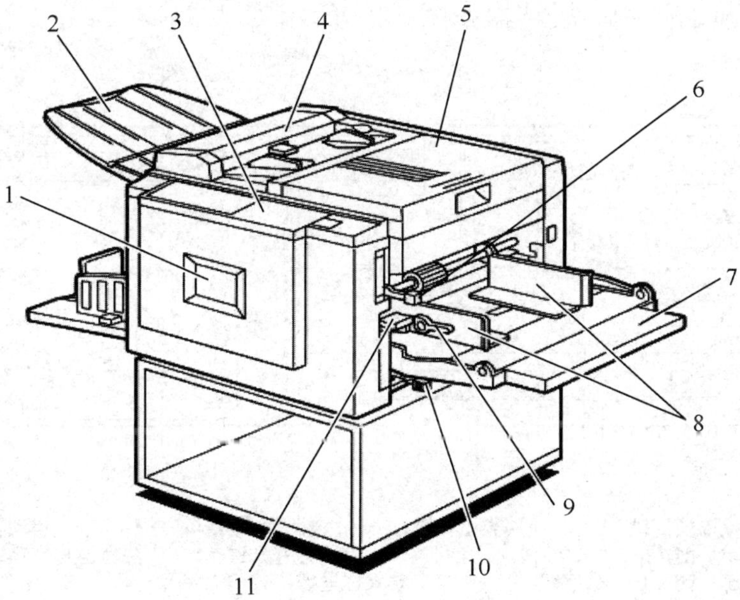

1—前门；2—原稿输出托盘；3—控制面板；4—送稿器盖；
5—右侧盖；6—搓纸辊压力杆；7—进纸盘；8—进纸侧导向板；
9—进纸侧导向板锁定杆；10—分离压力杆；11—进纸盘调整杆

图 4-21　一体化速印机的外部结构

② 一体化速印机的内部结构如图 4-22 所示。

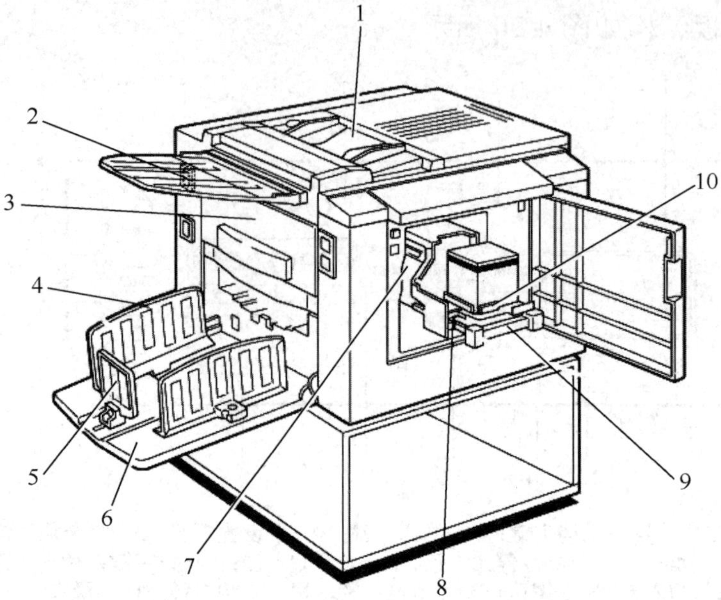

1—送稿器；2—主开关；3—版纸排出盒；4—纸张输出侧导向板；
5—纸张输出尾部挡板；6—纸张输出托盘；7—印筒单元；8—墨盒托架锁定杆；
9—印筒单元锁定杆；10—墨盒托架

图 4-22 一体化速印机的内部结构

③ 一体化速印机的控制面板结构如图 4-23 所示。

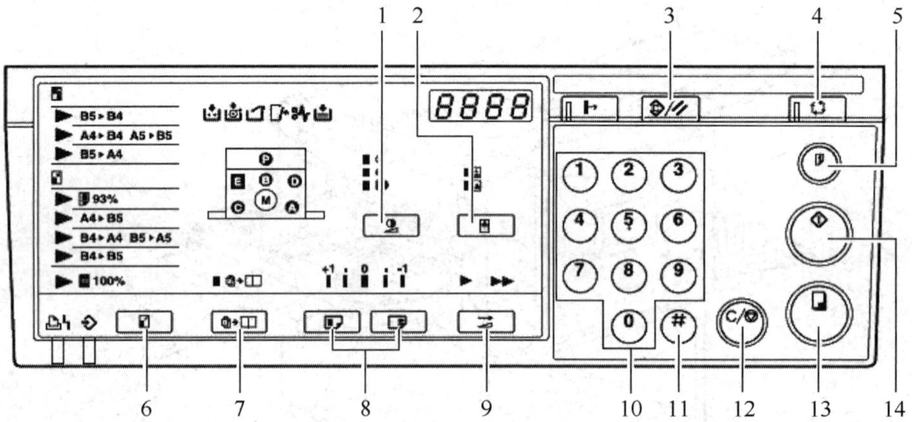

1—“图像浓度”键；2—“原稿类型”键；3—“消除模式/清除”键；4—“自动循环”键；
5—“试印”键；6—“放大/缩小”键；7—“原稿合并”键；8—“图像位置”键；
9—“调速”键；10—数字键；11—“#”输入位置键；12—“消除/停止”键；
13—“印刷启动”键；14—“制版”键

图 4-23 一体化速印机的控制面板结构

4.2 复印机的安装与连接

在使用复印机之前，首先要进行连接硬件和安装软件的工作，连接硬件主要是连接复印机与计算机，以及连接复印机与电源。安装软件是指在计算机上安装复印机的驱动程序。

1．连接计算机

复印机一般采用 USB 线连接计算机，B 端插入复印机，A 端插入计算机，如图 4-24 所示。

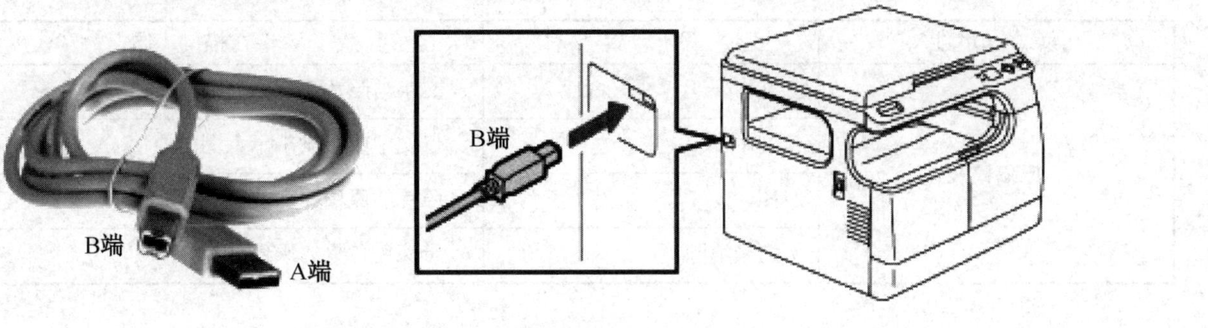

图 4-24　用 USB 线连接复印机

2．安装复印机

安装驱动程序前，请先用 USB 线连接设备与计算机，在此阶段先不要打开设备电源。

打开驱动程序光盘，双击“setup.exe”程序，单击“下一步”按钮，根据屏幕提示继续操作，如图 4-25 所示。

提示安装完成，如图 4-26 所示，然后再打开复印机电源。

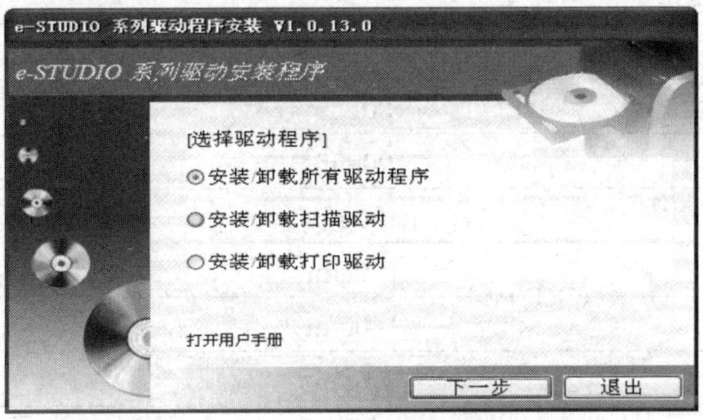

图 4-25　安装复印机驱动程序

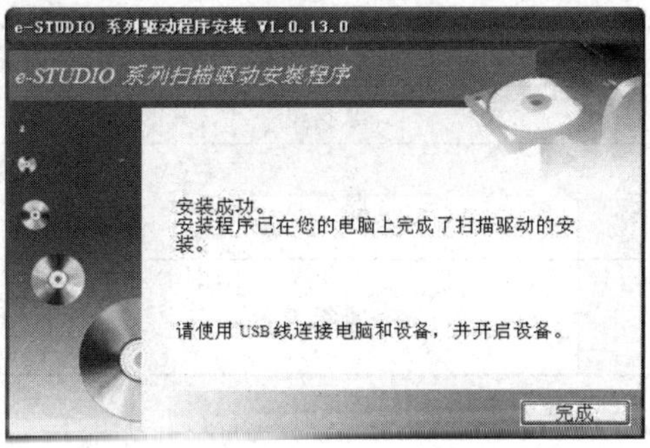

图 4-26　提示安装完成

3．复印参数的设置

在复印功能菜单中可以根据需要进行基本的复印参数设置。

（1）调整复印浓度。

一般可以在“−4”到“+4”的 9 级范围内更改浓度，加深或减淡复印效果。自动曝光（自动浓度）设置代表中等浓度状态的复印图像。手动曝光设置可以根据原稿的颜色深浅和复印要求手动调整复印浓度，如图 4-27 所示。

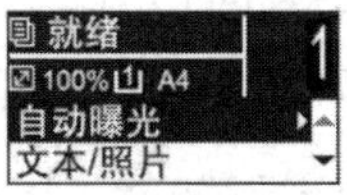

图 4-27　调整复印浓度

按"△""▽""◁""▷"键可以进一步选择，按"取消"键退出。

（2）选择原稿模式。

实际操作时可以根据需要选择合适的原稿模式，见表 4-1。

表 4-1　选择原稿模式

菜单功能	设　置	描　述
原稿模式	文本/照片	文字与照片混合的原稿
	文本	仅文字或有微小示意图的原稿
	照片	照片的原稿
	背景消除	带深色背景的原稿

（3）选择纸张来源。

根据所需纸张尺寸及纸张类型选择合适的纸张来源。

纸张尺寸的选择包括两个尺寸需要选择，一个是原稿尺寸，另一个是输出稿尺寸。输出稿尺寸的选择在屏幕主界面上可以看到。原稿尺寸一般不用调整，因为复印机会自动识别。常见纸张大小有 A4=210mm×297mm、A3=297mm×420mm、B5=182mm×257mm。纸张的名称与厚度对照见表 4-2。

表 4-2　纸张的名称与厚度对照

纸张的名称	厚　度
普通纸	80g/m^2
厚纸 1	90g/m^2
	100g/m^2
厚纸 2	120g/m^2
	160g/m^2
描图纸	75g/m^2

不要使用以下纸张，否则可能导致卡纸。

- 潮湿的纸张。
- 有折痕的纸张。
- 褶皱或易卷曲的纸张。
- 表面特别平滑或粗糙的纸张。

默认情况下纸盒（纸盘）作为纸张来源，如图 4-28 所示。

图 4-29 是将旁路供纸托盘作为纸张来源，仅仅当纸张被放置在旁路供纸托盘上时可用。"××"代表纸张尺寸。旁路托盘供纸是用来在特殊纸张上进行复印或打印的，例如厚纸、透明胶片或描图纸。

图 4-28 选择纸张来源

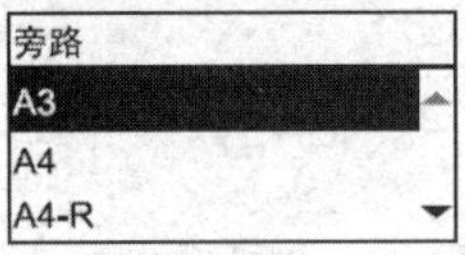

图 4-29 选择纸张尺寸

在旁路托盘上放置纸张后，纸张来源将自动从纸盒切换至旁路供纸托盘。LCD 屏幕会自动显示旁路供纸托盘上纸张的尺寸及类型，以方便及时确认。复印结束后，将纸张从旁路供纸托盘取走。纸张来源将自动切换至纸盒。

4．复印操作技巧

（1）预防卡纸小技巧。

要经常清洁保养复印机，定期用脱脂棉擦拭搓纸轮，这样可以有效地避免卡纸。使用时优先选用距离感光鼓近的纸盒，这样复印走纸过程就比较短，可以减少卡纸的概率。

正确放置复印纸张，可以有效地消除复印机卡纸现象，方法如下。

首先，应该使用优质的复印纸。

其次，将复印纸放置到进纸盒中时，要注意位置的平整性，并且确保纸张不要放得太厚。

最后，进纸盒的导轨应该调到与纸一样宽。

（2）提高复印质量小技巧。

要复印的稿件有时候色调深浅不一，一般情况下复印件颜色浅的地方不容易看清楚。这就要根据实际情况，调节曝光量来获得最佳的复印效果。通常是以较浅的字迹为标准减小曝光量，加大显影浓度。而对于图片等色调深的稿件则应该减小显影浓度，加大曝光量。具体的做法是：将曝光窄缝板抽出，把光缝调宽，即可减小显影浓度。相反，光缝调小可以加大显影浓度，如图 4-30 所示。

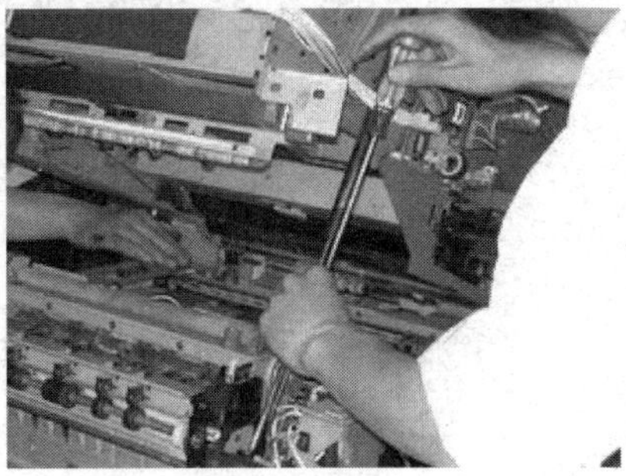

图 4-30 调整显影浓度

（3）复印双面稿件小技巧。

有时候需要复印的是双面稿件，但复印时会把反面的图案也透射到前面复印出来，造成复印件的失真。要解决这个问题最简单的办法就是在复印的时候，在原稿的上面再覆盖一张深色的纸张，这样就可以避免光线透射过去，将背面的图案也复印出来。

（4）开机和关机小技巧。

无论是插拔电源还是排除卡纸故障等，都应该先关闭复印机的电源再进行操作，否则会缩短复印机的使用寿命，造成故障。

为了节省功耗，当距离设备最后一次使用的时间到达指定时间段时，设备将自动进入节能模式。也可以按“节能”键手动切换，如图 4-31 所示。

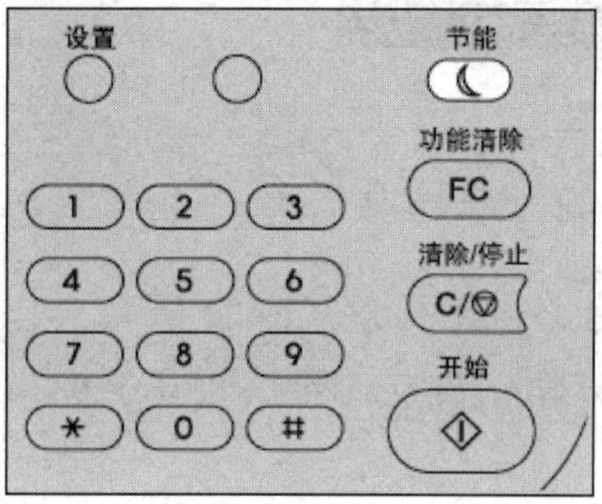

图 4-31 设置节能状态

由于复印机每次开机时，往往会花费很长时间来启动，在不用复印机时，选择直接关闭复印机还是让复印机处于节能模式的标准是：

- 正常情况下，一小时内没有复印任务，应该将复印机电源关掉。
- 如果在一小时内还有复印任务，建议让复印机处在节能模式，因为复印机工作在这种模式时，预热启动的时间将会大大地缩短，而且能够有效地避免因频繁启动对复印机光学元件的损害。

（5）正确放置复印纸张。

要使用平整的高质量的复印纸。一次最多可放置 250 张纸，纸张的堆叠高度不应超出侧导板和尾端导板内侧的指示线。纸盘内的纸不能超过复印机所允许放置的厚度。如果使用的纸张不标准或者厚度过厚，就容易出现一次进多张纸、不进纸或卡纸的现象，严重时会损坏内部的进纸装置。

4.3 复印机的日常维护与保养

1. 复印机的日常维护

（1）光学系统的清洁。

- 用皮老虎把光学元件表面的灰尘及墨粉吹去。
- 用软毛刷把嵌在各个缝隙中的灰尘除去。
- 用光学脱脂棉或镜头纸，轻轻擦拭光学元件的表面。
- 用光学脱脂棉蘸取清洁液擦去油污、手指印等污渍。

（2）防止或减少卡纸。

- 严格选择、裁切和保管复印用纸。
- 加强设备的日常保养和定期检修。
- 一旦发现卡纸故障，要及时处理，找出原因，排除隐患。
- 认真按操作规程要求进行操作。

（3）复印机的放置。

- 不要放置在潮湿、湿润或多尘的区域。
- 不要放置在阳光直射的区域。

- 不要放置在通风不良的区域。
- 不要放置在空调或加湿器等温度或湿度巨变的区域。
- 在复印机周边留出必要的空间以便于检修和通风。

（4）更换墨粉盒。

当“需要更换墨粉盒”指示灯亮起时，表明很快就需要更换墨粉盒了。当“需要更换墨粉盒”指示灯闪烁不停时，应更换墨粉盒才能重新开始复印。更换墨粉盒的操作步骤如下。

- 轻轻扶住前盖两侧，打开外盖，如图 4-32 所示。
- 轻按墨粉盒锁杆松扣，抽出墨粉盒，用左手在绿色标签位置托住墨粉盒将其抽出，如图 4-33 所示。

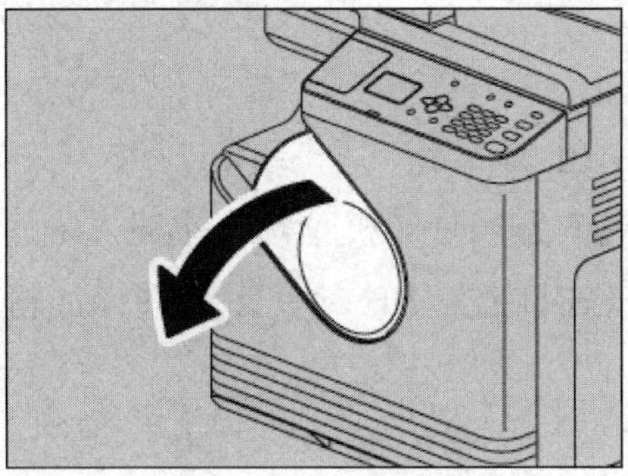

图 4-32　打开外盖

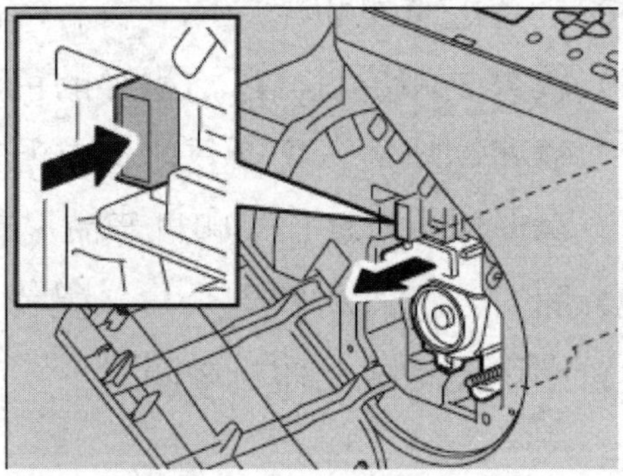

图 4-33　抽出墨粉盒

- 从包装盒中取出新的墨粉盒，抓住墨粉盒两边将其晃动十下之后，将密封带取下，如图 4-34 所示。

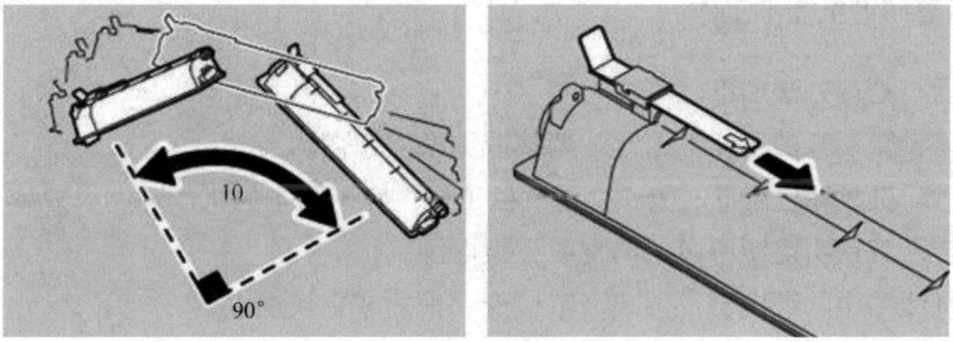

图 4-34　摇晃墨粉盒后取下密封带

- 将墨粉盒沿导轨轻轻插入，按住墨粉盒锁杆松扣，直到听到“咔嗒”声锁紧就位，如图 4-35 所示。
- 用手轻推前盖两侧关上前盖。

2. 复印机的保养

复印机主要由光学系统、机械系统、电路系统三个部分组成，其中最容易损坏的是机械

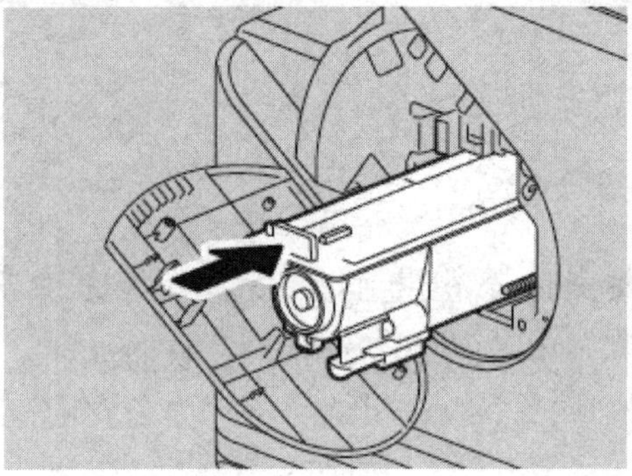

图 4-35 放入墨粉盒

系统。复印机的损坏除了正常的使用磨损外，还受到灰尘等外部因素的影响，所以必须经常进行定期清扫、整理等保养工作。

（1）工作前，查看电源的电压是否符合复印机的要求。

（2）室内环境、台板、桌面保持干净，空气清新。

（3）抖松当天需用的复印纸，避免复印时纸张贴合过紧，搓纸困难。

（4）揭开稿台盖板，清洁稿台玻璃。

（5）检查电晕丝和光导体是否有污渍或残粉。

（6）较大复印量后，清洁积存的色粉。

（7）复印完毕后，切断复印机电源，稍等散热后罩上外罩。

（8）合理预热对延长复印机寿命很有帮助，平时应该先把复印机预热半小时左右再使用。

（9）随时注意耗材的剩余量，墨粉量不够发出警告时应该及时对复印机进行加粉或更换墨粉盒否则可能造成复印机故障。

4.4 复印机的常见故障与排除

1．按下复印键机器不工作

故障原因与处理方法如下。

（1）复印键微动开关工作不正常：调整或更换按钮微动开关。

（2）主电动机故障，检查风机。如果风机工作，就说明主电机故障：调整或更换电主机。如果风机不转，就说明电源不通：调整或更换电源。

（3）控制线路中的继电器发生故障。检查、修复或更换继电器。

2．开始扫描但是光源不亮

故障原因与处理方法如下。

（1）导线接触不良：检修导线。

（2）灯管两端接触不良：清洁两端接头。

（3）灯管烧坏：更换灯管。

（4）保险丝（熔断器）烧坏：更换保险丝。

3．按复印键工作正常但是复印件不输出

故障原因与处理方法如下。

（1）搓纸电机不工作：检查线路及电机使之正常工作。

（2）搓纸轮老化或没有接触到纸张表面（压力不足）：更换搓纸轮，检查并修复搓纸轮，保证纸盒的第一张纸与最后一张纸都能保持接触。

（3）纸盒的压纸钩上下滑动不灵活：检查调整压纸钩使之灵活。

（4）纸张裁切毛边互相黏结（未搓开）：将复印纸取出重新反复搓动整理或重新更换复印纸。

（5）纸张走偏在输纸道中卡住：检查纸盒安装是否正确，检查输纸道中是否有异物。

（6）输纸离合器不工作：检查分离装置和控制线路，检查修复或调换离合器。

（7）纸张分离后走偏，未进入定影器：检查修复分离装置及输纸通道。

4．复印键按下后供纸不良

故障原因与处理方法如下。

首先观察搓纸轮是否转动，如果转动良好但不能搓纸，再进行以下检查。

（1）搓纸轮是否脏污、老化、摩擦力下降。如果脏污，那么可以用浓酒精擦洗。如果磨秃老化，应更换新搓纸轮。也可以采用“土办法”：剪一段橡胶指套，套到搓纸轮上，这种方法很有效。

（2）顶纸板弹簧顶力是否下降，如果下降，就进行调整或更换。

（3）纸的裁切宽度是否比纸盒标准尺寸宽。

如果搓纸轮不转，就说明供纸离合器以及供纸电路可能有问题，要进行相应的处理。

5．不进纸

故障原因与处理方法如下。

（1）输纸电机不工作：检查并排除线路及电机故障。

（2）搓纸轮不能与纸表面接触：调整搓纸轮的压力。

（3）搓纸轮老化或磨损：调换搓纸轮。

6．纸盒不能供纸

故障原因与处理方法如下。

复印机的搓纸轮大多数是靠电磁线圈的动作来控制的。检查时需要使机器处于有纸状态，可以用透明胶带将检测无纸盒的开关粘住，使无纸信号不出现，将一小块纸放在检测纸盒的光电传感器上，按下开始复印键，1～2 秒后，控制搓纸轮的电磁线圈上的磁铁应该有吸合动

作。如果无此动作，就应该检查电磁线圈与线路板之间的连线接触是否良好。如果有此动作，就应该考虑搓纸离合器内的弹簧是否损坏、生锈，必要时应该更换离合器。

7. 多张进纸

故障原因与处理方法如下。

（1）纸张毛边粘连：反复搓动纸张、重新装纸。

（2）纸张与纸盒的摩擦力太小：增加纸盒内部两侧的摩擦力。

（3）复印纸装反：调整纸的反正面。

（4）纸盒压纸角度不好：调整纸盒压纸角度。

8. 复印机不显示

故障原因与处理方法如下。

（1）检查电源保险管，判断是保险丝熔断还是短路故障造成的，然后进行相应的处理。

（2）检查各部分开关，然后进行相应调整或者处理。

（3）检查是否有其他情况，例如电源插头是否插牢、过流保护开关是否因故障而断开。如果是这两种原因，就重新插拔或者复位。

图 4-36　更换微动开关

9. 扫描停滞不前且振动声大

故障原因与处理方法如下。

（1）扫描移动丝绳松动：张紧钢丝绳。

（2）微动开关（MS）失灵：更换微动开关。如图 4-36 所示。

（3）终止垫陈旧：更换终止垫。

10. 无法扫描

故障原因与处理方法如下。

（1）主电机损坏：检修或更换主电机。

（2）控制线路失灵：检修控制线路。

（3）正程离合器失灵：检修或更换正程离合器。

（4）离合器电刷接触不良：检修或更换电刷。

11. 扫描不停止

故障原因与处理方法如下。

（1）复印数量控制板失灵：检修或更换复印数量控制板。

（2）正程开关和回程开关失控：检修或更换正程开关和回程开关。

12．光学扫描系统不前进

故障原因与处理方法如下。

（1）扫描移动轨道污脏、阻塞：清洁移动轨道。

（2）扫描驱动钢丝太松或太紧：调整钢丝的张力。

（3）扫描微动开关和离合器不工作：检查、更换微动开关和离合器。

（4）控制线路有故障：检查控制线路。

13．“复印”键按下后光学系统运动异常

故障原因与处理方法如下。

光学系统运动异常包括镜头不能到位、回位，扫描台不启动、不前进、不返回、停在半途不动等。遇到这种情况应首先检查光学系统保养注油情况是否良好，再检查光学系统各行程检测开关是否灵敏，最后检查各离合器以及供电是否正常，并进行相应的处理。

14．机器运转声音不正常或者电机温度升高

故障原因与处理方法如下。

（1）主传动链条过紧：调整张紧轮或弹簧。

（2）变速箱或联动轴有响声：找到原因并检修。

（3）主电机润滑脂不足：补充润滑脂。

（4）扫描钢丝绳过紧，造成主电机负载过重：调整或更换钢丝绳。

15．操作面板上的浓、淡按钮不起作用

故障原因与处理方法如下。

（1）显影机上的插头插座没接触好，偏压没引到显影辊筒上：调整后使偏压确实引到显影辊筒上。

（2）偏压板上的变压器引出头断线：重新焊接。

（3）操作板上电位器的线头脱落：重新焊接。

16．复印件褶皱

故障原因与处理方法如下。

（1）复印纸本身有褶皱：重新更换复印纸。

（2）纸盒放纸不正：调整放纸位置。

（3）分离装置工作不正常：调整分离装置。

（4）输纸机构变形或阻塞：检修输纸机构各部位。

（5）导向板因附着墨粉而污脏：清洁定影导向板。

（6）温度传感器未与定影辊表面正确接触：调整温度传感器到正确位置，使热敏电阻与定影辊接触。

（7）定影咬入量（热辊）左右宽度不均：检修和调整定影辊两端的压力。

（8）上、下定影辊左右压力不均或已达到使用张数限额：调整定影辊两端的压力，使之达到均匀。

（9）整个机器不平：调整安装位置。

17．电源开关打开后，操作面板指示灯都不亮，机器无任何动作

故障原因与处理步骤如下。

首先用万用表检查电源插座是否有 220V 交流电，如果正常，就再检查电源保险丝是否熔断，如果熔断就更换。如果更换新保险丝后，继续被烧断，就说明电源电路有短路的地方。这时，需要彻底检查电源电路，找出短路原因并进行处理。

18．电源开关打开后，只有升温信号，“复印”键指示灯始终不亮

故障原因与处理步骤如下。

（1）首先检查各门开关是否关好。

（2）将机器后盖板或前面板打开，观察定影加热灯是否工作，如果工作正常，就说明热敏电阻断路。如果不工作，那么可能是定影灯或热保险丝断了。如果没断，就再检查定影灯的供电电路。

（3）检查纸盒是否已经安插到位，纸张尺寸选择开关是否灵敏等。

19．操作面板上的纸盒选择开关不能选择上、下纸盒

故障原因与处理方法如下。

（1）检查纸盒插入是否到位，否则重新插入。

（2）检查供纸箱内纸盒尺寸的微动开关是否不灵敏或位置不当，否则更换或者调整位置。

（3）检查供纸箱内无纸检测传感器是否灵敏，否则更换。

20．升温完成，绿灯亮，但“复印”键按下不起作用

故障原因与处理方法如下。

应该检查操作面板上的绿色“复印”键是否灵敏，操作线路板是否有脏污、接触不良、

短路等情况使复印信号不能输入，然后进行清洁或者相应的处理。

21．电源开关打开后操作面板显示灯闪烁不定

故障原因与处理方法如下。

（1）主控板有问题，有些触发器模块可能坏了：维修或者更换。

（2）操作线路板显示电路可能有问题：维修或者更换。

（3）可能附近有诸如电焊机、电动机等大电器干扰：稍停再试。

（4）电源电压不稳：使用稳压电源。

22．操作面板指示灯亮一阵后全部熄灭

此种现象多发生在有自我保护功能的复印机上，故障原因与处理方法如下。

（1）电源电压极不稳定：使用稳压电源。

（2）附近有正在使用的大电器干扰：稍停再试。

（3）供电电路上的主要元器件稳定性能下降：更换主要元器件。

23．“复印”键按下后，主马达不停地转动，但是没有复印动作

故障原因与处理方法如下。

时钟脉冲发生器（又称编码器）的光电断路器光孔堵塞，或者光敏电阻器损坏，由此而不能产生时钟脉冲信号输入 CPU，致使不能进入复印控制程序：维修或更换。

24．维修保养指示灯亮

首先应该理解该机型维修保养指示灯的含义，再采取不同的处理方法。

（1）属于故障型维修指示灯，一般还显示故障代码，根据故障代码查找故障部位，如果有问题，就按说明书来检修消除。

（2）属于保养指示灯，最好对机器进行保养，然后将预置保养计数器归零，指示灯自然熄灭。

25．复印机预热不停止

开机后，操作面板上的预热信号很长时间不消失，使机器无法复印。

（1）检查热敏电阻，当热敏电阻阻值改变或短路时，则无法正确地感知定影辊温度，这时定影加热灯总是亮的，达到预热温度后也不熄灭。另外，热敏电阻与加热辊相对的表面感热面被油污、灰尘等糊住，或热敏电阻加热辊表面距离过长，也会使预热时间变长，甚至检测不到定影温度。应拆下用酒精清洁，安装时调整好与加热辊的距离。

（2）检查其他故障。机器因卡纸、墨粉用完、扫描部件故障等原因而出现故障信号且未

排除时，机器则不能继续使用，定影加热电路不能工作，必须在排除了这些故障后才能进行预热。

（3）检查定影加热灯。定影加热灯灯丝断开，不再发热发光，或加热灯接触不良，对此需要修复或更换。

实训 7　批量印制参展资料

任务引领

公司很多人最近都在忙于秋季订货会的准备工作，其中需要批量印制参展资料，完成该任务需要用到一体化速印机。

任务分析

- 熟悉一体化速印机使用前的准备工作
- 掌握标准印刷的基本方法

任务操练

1．一体化速印机使用前的准备工作

将纸张放入机器之前，先弄平卷曲部分。对于无法弄平卷曲的纸张，可使卷曲面向下将纸张摞放在一起，否则纸张可能会卷在印筒上或出现污点。应将纸张保存在不会导致卷曲或吸潮的地方，打开纸张包装后应尽快使用。只能使用前边角都为直角的纸张。距离前页边距 5mm 以内的页边区域不会被印刷。

（1）打开一体化速印机，向下压进纸盘调节杆，如图 4-37 所示。

（2）释放进纸侧导向板锁定杆，调整侧导向板使之与纸张尺寸匹配。如图 4-38 所示。

图 4-37　向下压进纸盘调节杆

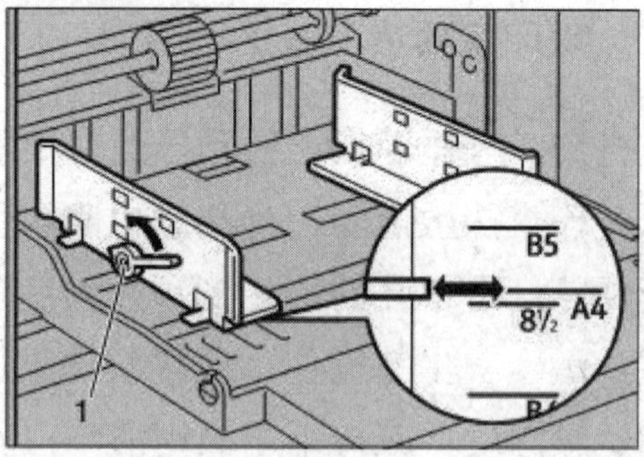

图 4-38　调整侧导向板

（3）将纸装入进纸盘，如图 4-39 所示。

注意务必让进纸侧导向板与纸张轻轻接触，如图 4-40 所示，将锁定杆移回到原来的位置。

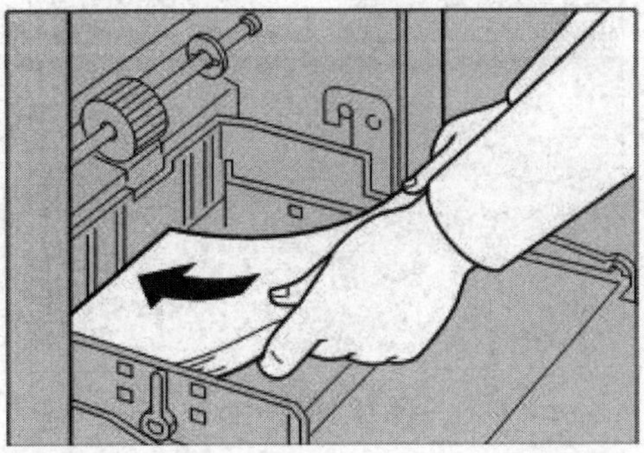

图 4-39　纸张放入一体化速印机进纸盘

图 4-40　调整一体化速印机导向板

将纸盘调节杆移到进纸位置。开始印刷前，进纸盘必须与进纸位置对齐。否则，可能会导致卡纸。

（4）准备纸张输出托盘。调节纸张输出侧导向板使之与纸张尺寸匹配，并调节纸张输出尾挡板，使之与纸张尺寸匹配。如图 4-41 所示。

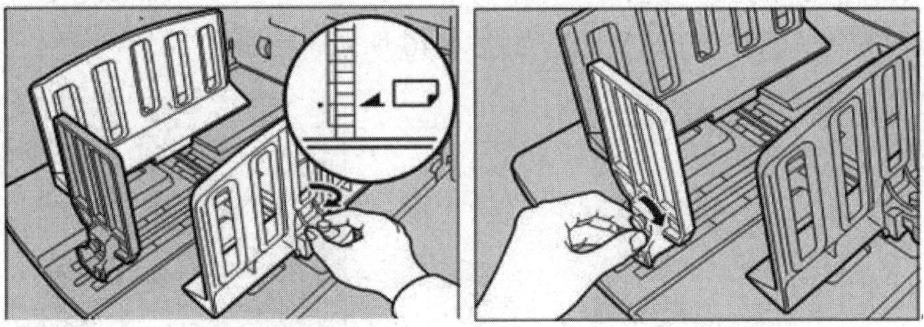

图 4-41　调整一体化速印机输出托盘

2．制版与试印

（1）将原稿正面朝下放入送稿器中。调整原稿侧导向板，使之与原稿尺寸相匹配。如图 4-42 所示。送稿器中一次只能放置一张原稿。

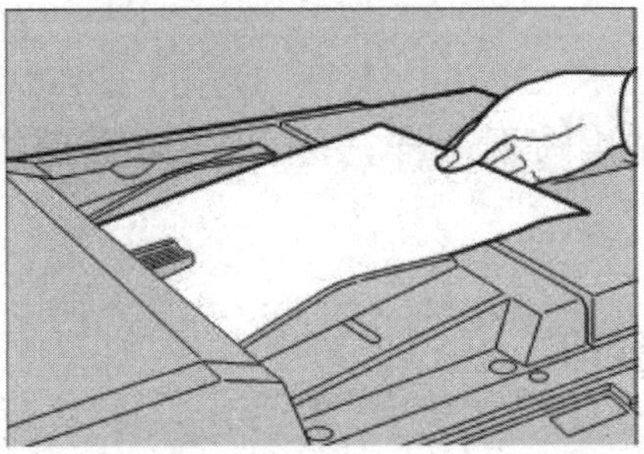

图 4-42　放入原稿

（2）按“制版”键，如图 4-43 所示，试印件被输出到纸张输出盘（接纸盘）。

（3）按“试印”键，如图 4-44 所示，并检查试印件上的图像浓度和图像位置。

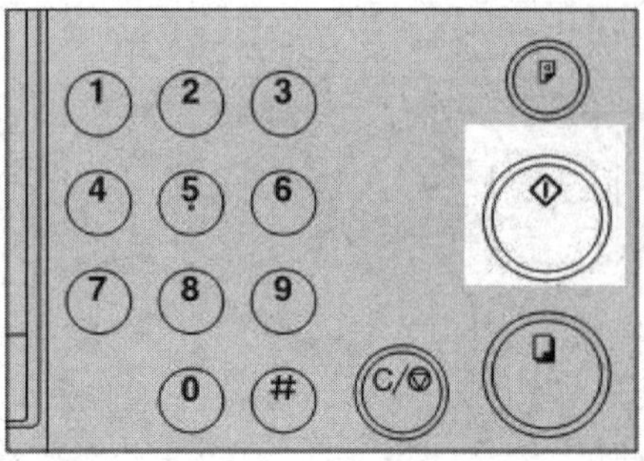

图 4-43　一体化速印机“制版”键

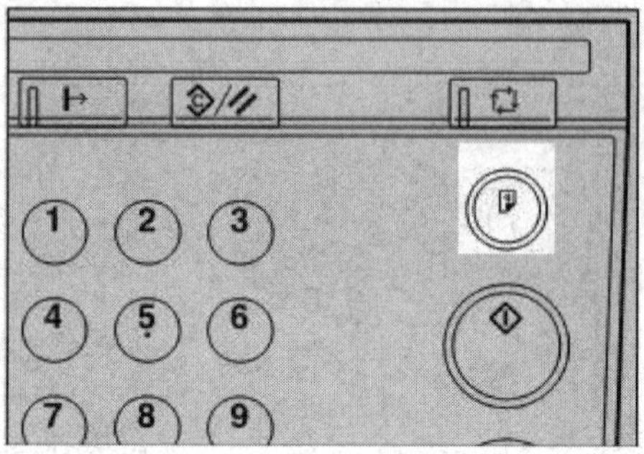

图 4-44　一体化速印机“试印”键

如果图像位置不正确，就可以用“图像位置”键进行调整。如果图像浓度偏深或偏浅，就可以用“图像浓度”键调整图像浓度。

3．速印

（1）用数字键输入所需的印刷数量：50，如图 4-45 所示。

如果要更改已输入的数字，先按“清除/停止”键，然后输入新数字。

（2）按“印刷启动”键开始复印，如图 4-46 所示。

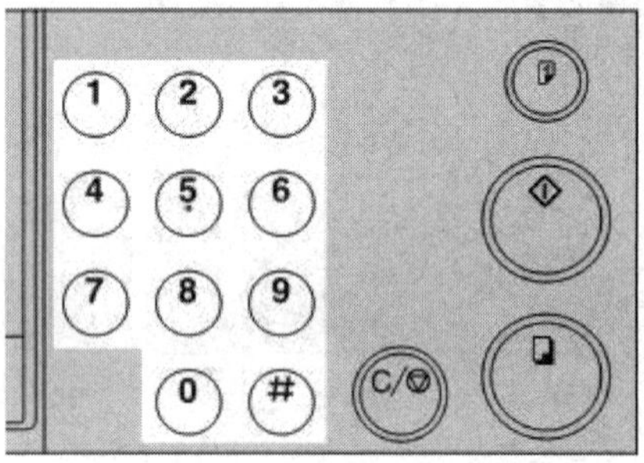

图 4-45　一体化速印机选择复印份数

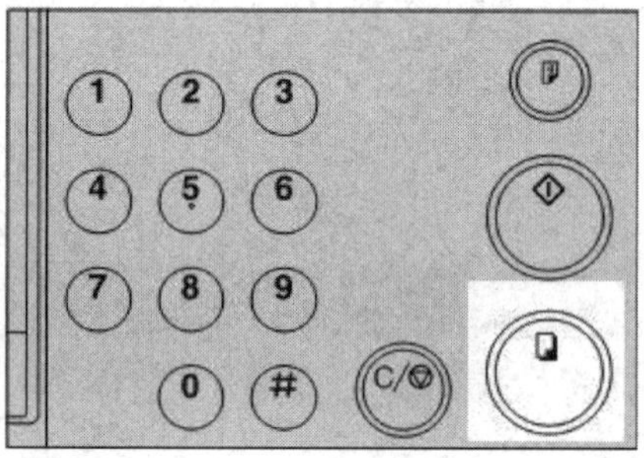

图 4-46　一体化速印机“印刷启动”键

在印刷完成之后，本次印刷数量将被作为下次印刷数量的默认设定值。

执行任务后思考

不同类型复印机的硒鼓装置结构不一样，因此更换墨粉的操作步骤也不相同，在日常生活中需要多观察，多思考。

1．如何先选择原稿类型再复印

实际操作时，可以从表 4-3 的模式中选择与原稿匹配的一种模式。

表 4-3 选择原稿模式

照片模式	使用该模式可以再现照片和图片的细致色调
文字模式	当原稿只有文字（而没有图片）时，请选择该模式
文字/照片模式	当原稿包含照片或带图片的文字时，请选择该模式

（1）按“原稿类型”键选择文字或照片模式，如图 4-47 所示。照片模式和文字模式的指示灯都亮灯时，则说明选择了文字/照片模式。

（2）按“图像浓度”键调整图像浓度。

（3）将原稿放入送稿器中。

（4）按“制版”键。

（5）检查试印件上的图像位置。如果图像位置不正确，就可以用“图像位置”键或通过移动纸张位置来调整。

（6）进行正式印刷。

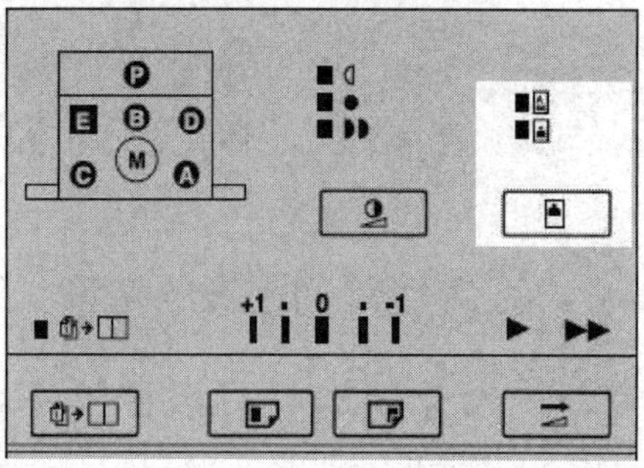

图 4-47　一体化速印机选择原稿类型

2．如何调整印刷图像的位置

检查试印件，可根据需要调整印刷图像的位置。有两种调整图像位置的方法。

（1）将印刷图像位置前移或后移，用“图像位置”键调整图像位置，如图 4-48 所示。

按“图像位置”左向键，则图像前移。按右向键，则图像后移。如图 4-49 所示。

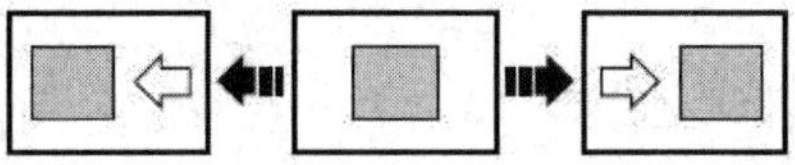

图 4-48　一体化速印机图像印刷的位置

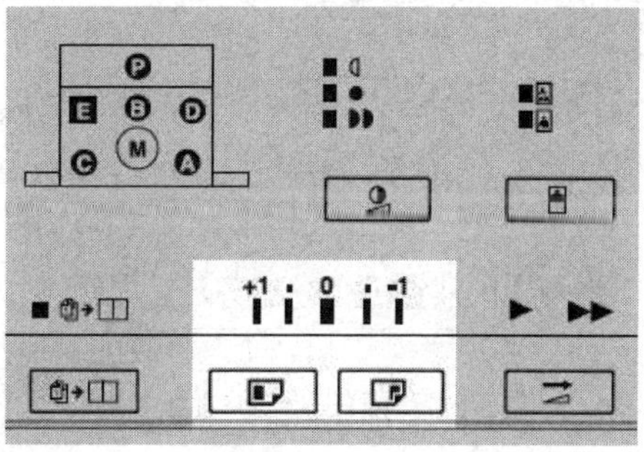

图 4-49　一体化速印机调整图像的位置

然后按“试印”键检查图像的位置。

（2）如果将图像右移，就将纸张移向机器前方，如图 4-50 所示。如果将图像左移，就将纸张移向机器后方，如图 4-51 所示。在每个方向上图像位置最多可移动 10mm。锁定进纸侧导向板，将进纸盘调节杆移回到进纸位置。然后再按“试印”键检查图像的位置。

图 4-50　一体化速印机图像右移

图 4-51　一体化速印机图像左移

3. 调整印刷图像的浓度

一体化速印机可以根据需要调整印刷图像的浓度。有以下两种调整图像浓度的方法：

（1）制作版纸之前，也就是在按“制版”键之前，按“图像浓度”键调整图像浓度，如图 4-52 所示。

（2）制作版纸之后，按“调速”键调整图像浓度，如图 4-53 所示。

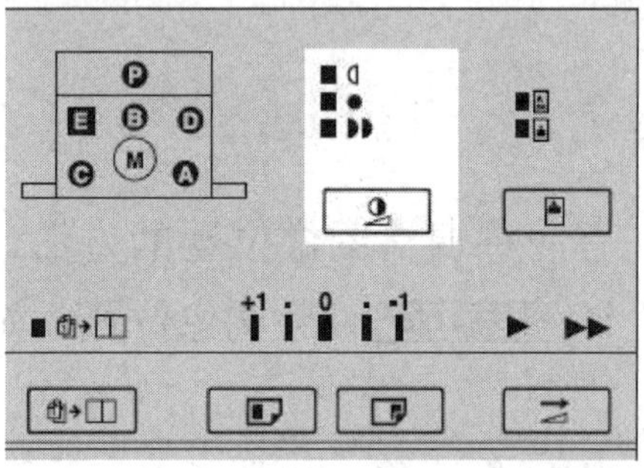

图 4-52　一体化速印机调整图像浓度

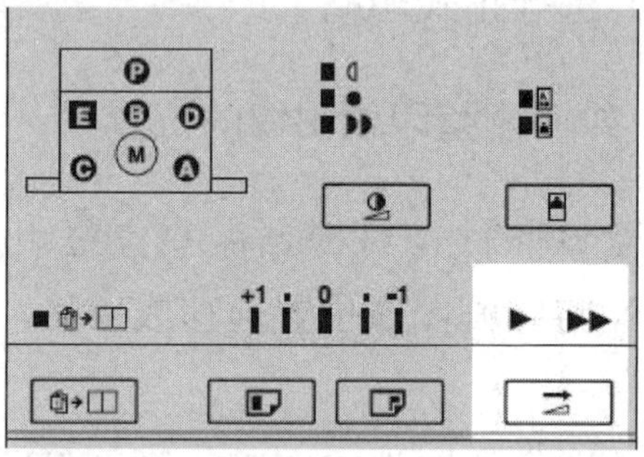

图 4-53　一体化速印机“调速”键

按“调速”键降低印刷速度。再次按该键则使印刷速度回到“快”。印刷速度越快，印刷浓度越低。如果想要较深的效果，就降低印刷速度。

4. 改变印刷速度

根据图像浓度和纸张类型，按“调速”键调整印刷速度。快：90 张/分钟；慢：60 张/分钟。默认设定值是“90 张/分钟”。当在非常厚或非常薄的纸张上印刷时，选择较慢的速度。

任务拓展

1. 利用预设比例缩小和放大

可以从 7 个预设比例（3 个放大比例，4 个缩小比例）中选择一个。选择某比例时，不必考虑原稿或印刷纸张的尺寸，如图 4-54 所示。

图 4-54　一体化速印机缩放

（1）使用“放大/缩小”键选择所希望的缩小或放大比例，如图 4-55 所示。

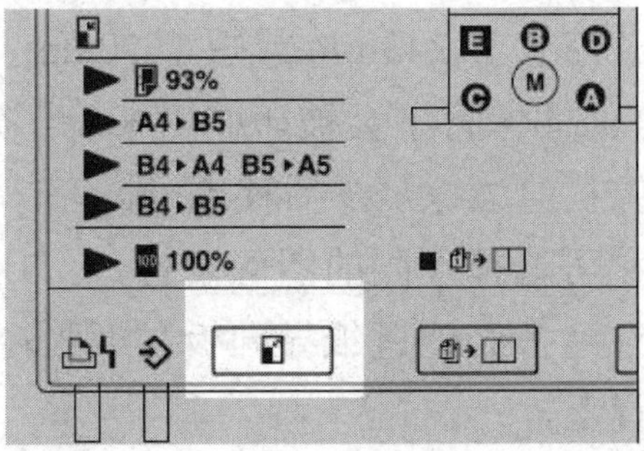

图 4-55　一体化速印机“放大/缩小”键

（2）确认原稿和印刷纸张的尺寸是否正确。

（3）将原稿放入送稿器，并指定印刷数量。

（4）按“制版”键。

（5）检查试印件上的图像位置。如果图像位置不正确，可以按“图像位置”键将印刷图像位置前移或后移，或通过移动纸张位置将图像位置右移或左移。

（6）最后按“印刷启动”键。

2．合并印刷（将两张原稿合并印刷到一张纸上）

可将两张独立的原稿印刷到一张纸上。如图 4-56 所示为可用纸张清单和方向。

（1）按“原稿合并”键，如图 4-57 所示。

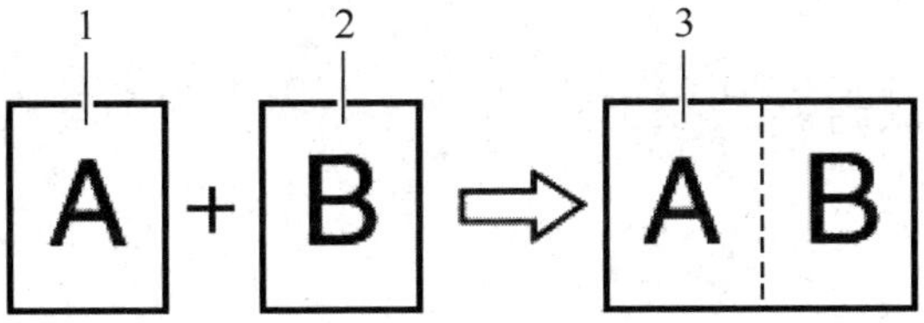

图 4-56　一体化速印机合并印刷

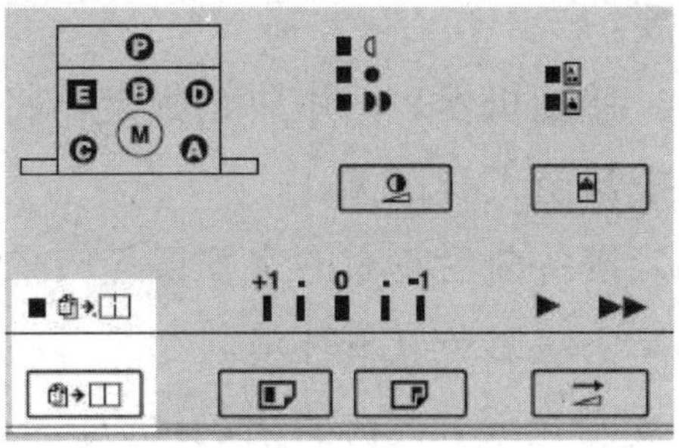

图 4-57　一体化速印机“原稿合并”键

（2）将第一张原稿正面朝下放入送稿器中。第一张原稿将被印刷在纸张的前半部分。

（3）指定复制比例，检查装入纸张的尺寸是否正确。

（4）按“制版”键◎。

（5）在储存好第一张原稿后，蜂鸣器会发出声音。然后将第二张原稿正面朝下放入送稿器中。

（6）按“制版”键◎。

（7）检查、调整试印件上的图像位置。

（8）用数字键输入印刷数量。

（9）按“印刷启动”键◎进行印刷。

特别需要注意的是：

● 如果第一张原稿的版纸长度长于 243mm 或短于 70mm，则禁用原稿合并模式。

● 原稿前边缘 5mm 内的任何图像将不会被印刷出来。当图像太接近前边缘时，可使用原稿的复印件，使复印件中的图像从前边缘至少后移 5mm。

● 对于第一张和第二张原稿可选择不同的图像设置。

● 当使用合并功能时，请注意务必让进纸导向板与纸张轻轻接触。否则，两张原稿图像将无法复制在印刷件的正确位置上。

知识支撑

4.5　一体化速印机的安装注意事项与连接

1．一体化速印机的安装注意事项

（1）使机器远离潮湿和灰尘。

（2）不要将机器放置在不稳定或倾斜的地面上。

（3）确保使用机器的房间通风良好、宽敞。当机器进行繁忙的工作时，良好的通风条件尤为重要。

（4）移动机器后，用脚轮固定器将其固定到位。否则，机器可能移动或倒下，从而造成机器受损甚至人身伤害。

（5）设备前后左右的水平误差应控制在 5mm 以内。

（6）还应避免以下环境。

● 受阳光或强光源直射的地方。

● 空调冷风或加热器热风直接吹到的地方。

● 机器可能经常受到剧烈振动的地方。

- 有腐蚀性气体产生的地方。

2. 一体化速印机的连接

一体化速印机连接时应注意以下问题。

（1）直接将电源线接入壁装插座，切勿使用延长线。

（2）只能将机器连接到使用手册中所描述的电源，例如 220～240V。

（3）请勿损坏或对电源线进行任何改动，请勿在电源线上放置重物，请勿使劲拉扯或过度弯曲电源线，这些操作都可导致电击或火灾。

（4）移动机器前，请先从壁装插座中拔出电源线。移动机器时，应小心避免电源线因压在机器下而受损。

（5）从壁装插座拔出电源插头时，拔插头而不要拖拽电线。

（6）插座应安装在机器附近，且易于接近。

（7）电压波动不得超过正常电压的 10%。

4.6　一体化速印机的日常维护与保养

1. 一体化速印机的日常维护

（1）确保一体化速印机工作在干净的环境中，让速印机远离灰尘、水，不要在复印机面板上放置太重的物品。

（2）不要让类似硬币、回形针或图钉之类的金属物品掉入速印机内以免这些金属接触到工作电路板，导致速印机内部电子元器件工作短路，从而损坏复印机。

（3）无论是插拔电源、线缆，还是排除卡纸故障等，都必须将速印机电源切断后，再进行操作。

（4）在清洁速印机时，不要使用化学溶剂，也不要使用质地比较硬的湿布来清洁复印机内部的灰尘、碎纸屑、污渍，更不要使用类似面巾纸之类的纸制品清洁复印机内部，以免将纸屑残留在复印机里。清洁送稿器和搓纸辊时，应该先用一块湿布擦拭，然后再用一块干布擦干净。

（5）开关电源要注意以下问题。

一般来说，如果在 1 个小时之内没有打印或复印作业，就应该将速印机的电源直接关掉。要是在 1 个小时之内还有作业需要处理时，应该启用速印机的节能模式，这样重新预热启动时间将会大大缩短，可以尽量保护好速印机内部的光学元器件，从而达到延长速印机使用寿命的目的。

（6）当添加油墨指示灯亮灯时则需要添加油墨，具体的操作步骤如下。

- 打开前门，如图 4-58 所示。

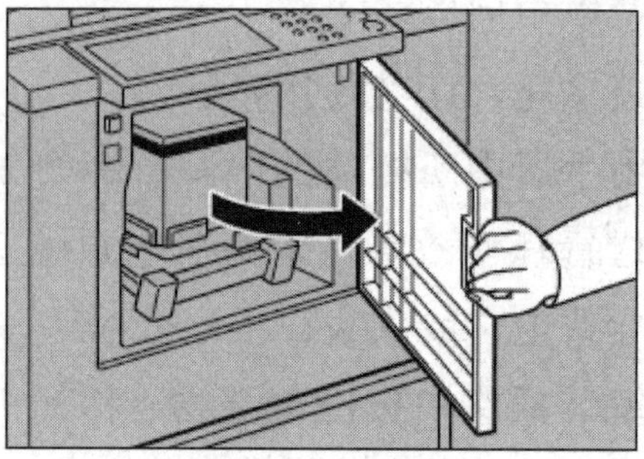

图 4-58　打开前门

- 释放墨盒托架锁定杆，拉出墨盒托架。取出用过的墨盒，如图 4-59 所示。
- 打开新墨盒盖，如图 4-60 所示。

图 4-59　取出用过的墨盒

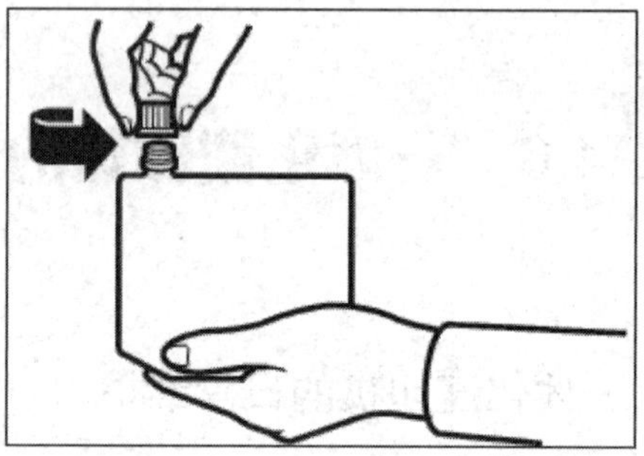

图 4-60　打开新墨盒盖

- 把新墨盒插入墨盒托架。如图 4-61 所示。将带箭头标记的部分稳固地插入导向板，如图 4-62 所示。

图 4-61　把新墨盒插入墨盒托架

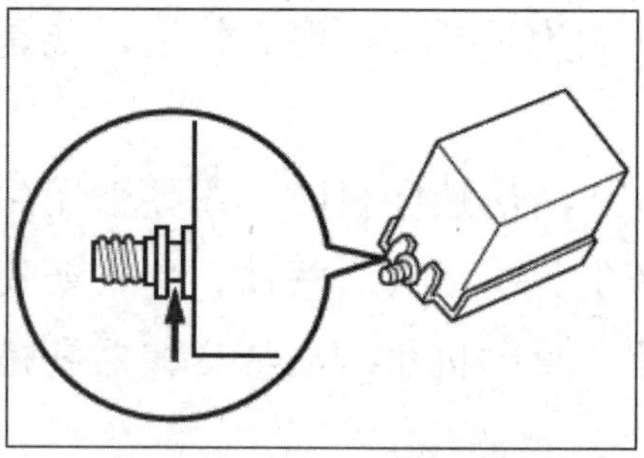

图 4-62　带箭头标记的部分

- 将墨盒托架单元重新滑入机器，直到听到“咔”的一声表示卡到位。
- 关上前门，机器会开始空转以便使油墨到达印筒，适量的油墨到达印筒后会自动停止。

2．一体化速印机的保养

一体化速印机的保养分为以下两个部分。

（1）打印功能的保养。

打印方面的保养比较简单，除了注意使用环境保持干净整洁外，最重要的就是注意不要用劣质的耗材避免损伤打印头。

（2）扫描功能的保养。

扫描器件的保养和环境有着很大的关系。在使用环境较差、灰尘较多的情况下，扫描功能往往不能正常工作，扫描效果模糊。最好是能够将扫描部分的元器件做定期清理，不要让灰尘累积。在清理的过程中，不要使用水或者其他液体来擦拭，否则会造成扫描图像异常。

除此以外，为了提高一体机的保养实效，还要注意以下问题。

（1）多用连续复印。

与普通机器不一样的是，一体化速印机在每次启动时，都需要进行重新预热。如果长期频繁启动一体机速印机，就很容易影响一体机内部光学器件的寿命。为了避免这种频繁启动现象，应该尽可能地集中作业，把需要复印的材料都集中起来，使用多功能一体机的连续复印功能，进行批量化操作，这样不但可以很好地延长一体化速印机的寿命，还能提高复印的速度。

（2）事先摆放好纸张。

一体化速印机处于连续工作状态时，最有可能影响效率的就是复印纸张出现问题，一旦纸张在传送过程中出现什么异常，例如一体化速印机不进纸、多页进纸或者卡纸，这样不但影响一体化速印机的正常工作，严重的话还能损坏一体机内部的纸张传送装置。复印纸摆放要正确，平整地放置在送纸器内，不要放得太满，并且将导轨调整到合适的宽度。

（3）使用“节省工作模式”节省耗材。

一体化速印机在工作过程中也需要消耗大量的纸张，新型的一体化速印机增加了“节省工作模式”功能，使用该功能可有效地节省耗材，所以在使用一体机之前，首先应该对一体机进行合适的设置，让一体化速印机工作在“节省工作模式”。

（4）保护感光鼓。

感光鼓对一体机最终的输出效果有很大的影响，要想得到理想的输出效果，对感光鼓的小心呵护是必须的。在一体化速印机需要更换墨粉或者检查故障需要拿出墨粉盒时，我们一定要避免感光鼓放在阳光下直接照射，也不能在室内灯光下放置超过10分钟。另外，还需要将墨粉盒放在一个干净、平滑的表面上，而且要避免用手触摸感光鼓，因为手指上的油脂往往会永久地破坏它的表面并会直接影响输出效果。在更换墨粉时，还要及时把废粉收集仓中的废粉清理干净，因为废粉堆积太多时，在输出的文稿上会出现麻点现象，严重的话还能损坏感光鼓。

4.7 一体化速印机的常见故障与排除

1. 文稿打印灰底严重

故障原因与处理方法如下。

工作时会出现文稿灰底重、颜色深浅不一的问题。这个时候可以在开机后看看控制面板上的绿色指示灯是否亮了，液晶显示屏是否显示“TONER EMPTY”信息。如果是，就说明主机工作正常，但墨粉已基本使用完，此时只需更换墨粉盒即可。

2. 复印有条纹或模糊

故障原因与处理方法如下。

对应位置的扫描玻璃盖板内侧沾有油污或灰尘，拆开玻璃盖板，并对其进行清洁即可。

3. 屏幕显示“Scanner Failure”（扫描失败）错误提示

故障原因与处理方法如下。

（1）将一体化速印机的上盖板掀开，并在一体机接通电源的情况下，仔细检查内部的扫描灯管能否正常发光发亮，自检扫描部分的扫描车能否正常自由移动。如果发现扫描灯管发出来的光是红色的或者根本就不亮，就表明一体化速印机的扫描灯管已经处于老化状态或者已经被损坏了，此时重新更换新的扫描灯管即可。

（2）扫描车无法正常自由移动或者不能正常复位，可能是扫描车的机械传动机构内部有异物堵塞，或者移动导轨比较干涩，阻碍扫描车的顺利移动。需要将机械传动机构内部的异物排除，或者为移动导轨添加一点润滑油，确保扫描车能够顺畅移动。

（3）若扫描灯管的亮度明显偏低，则可以将一体化速印机先开机预热20分钟，再将一体化速印机关掉并重新开机启动，看看是否能够顺利完成自检扫描操作，一体化速印机没有出现扫描失败的提示就证明先前出现的扫描失败故障是因为一体化速印机工作环境温度偏低，扫描灯管必须经过足够时间的预热才能正常工作。

4. 扫描头在原位异响，无法完成初始化扫描

故障原因与处理方法如下。

对扫描玻璃盖板内侧的基准白和基准黑以及扫描灯管、反射镜做清洁工作，若仍未解决则更换扫描头。

5．存在笔架左右撞击声或扫描头返回原位时有振动噪声

故障原因与处理方法如下。

笔架定位过程中经常可能产生左右端的撞击声，属于正常。低端机器采用接触式灯管的扫描结构，其扫描头在回程过程中不需要保证精度而加速返回，同时因为单一固定导轨装置也会导致一定程度的噪声产生，所以这些都属于正常现象。

6．开机后检测纸张和检测墨盒两个指示灯不停地闪烁

故障原因与处理方法如下。

当笔架移动过程中遇到异常阻力，例如，塑料上纸离合器挡片尖端断裂、异物阻挡、皮带过松或过紧等，都可能导致此类现象发生。如果是部件脱落阻挡笔架移动，就把部件装回原位，或通过皮带一端的紧固螺钉调整皮带的松紧度到合适程度。如果故障依旧或离合器挡片断裂就考虑更换。

7．开机后所有的指示灯一起闪烁

故障原因与处理方法如下。

此类报错表示一体化速印机遇到较大故障，可以重新开机或者把控制面板贴纸撕下来重新贴好再加电开机。

8．不加电

故障原因与处理方法如下。

机器本身的电源模块部分出现故障，可以更换密封胶帽、弹簧等部件。因为打印机芯部分机构的简化，这些部件遇到笔架撞击后，比较容易脱落，可以把脱落部件重新装回去。

9．供纸轮左端盘状光栅从传感器凹槽中跳出并伴有马达噪声

故障原因与处理方法如下。

有可能是振动或装配过程中的失误造成的：应该拆开机器，把盘状光栅复位，如果有严重变形，就申请更换导纸器。钢轮脱落通常是取卡纸操作不当，用力过猛所致。

10．有时机器内发出刺耳的塑料齿轮打齿的声音，随后可能会报错

故障原因与处理方法如下。

有些机器容易堆积残墨，以致影响连杆传动齿轮的旋转，导致齿轮间强制啮合产生噪声。这种故障只需拆机后对内部相关的部分进行清洁即可解决。

11．液晶屏报错“Media Mismatch”

故障原因与处理方法如下。

机器默认纸张尺寸设置错误：根据一体化速印机技术文档，恢复默认设置即可。

小技巧

节省墨粉的技巧

开机后，主机面板上的指示灯呈红色，且不停地闪烁报警，液晶显示屏显示“墨粉已用完”的信息。实际上当主机面板上的液晶显示屏显示“墨粉已用完”的信息时，盒内还有 1/6 至 1/5 的墨粉。其实只要该面板上的指示灯呈红色，且不停地闪烁，就说明这些墨粉仍可继续使用一段时间。

用两手小心地轻轻取下墨粉盒，可以看见在墨粉盒两侧各有一个带玻璃的小方孔，打印机就是利用这两个小孔来检测墨粉的。当墨粉盒中的墨粉使用到一定的程度时，盒中的墨粉就无法将玻璃孔挡住，使打印机内一侧的墨粉检测器接收到另一侧发光器发来的光线。此时激光一体机据此判断墨粉已经用完并报警。

这时可以将墨粉盒一侧的小玻璃孔用不透光的东西挡住就可以继续打印使用。当然，采用此法最多只可再打印 200 至 300 张纸。

小知识

身份证专用复印机

身份证专用复印机，是一种专门用于身份证复印的节能环保高效产品，可以完全满足银行、电信等行业对于身份证的高效复印需求。拥有占地面积小、复印速度快、成本低、节能环保等优点，如图 4-63 所示。

图 4-63　身份证专用复印机

产品的设计原理，打破了传统的硒鼓形式，采用模块化设计，扫描模块采用馈纸扫描方式，支持双面扫描。打印模块采用热转印打印方式，不会产生臭氧污染办公环境。

在实际操作中，身份证专用复印机具有免按键、免裁剪、复印速度快的特点。复印件非常清晰且可永久保存，便于用户存档管理，和普通复印机相比，能节省复印成本约 70%以上。

思考与实训 4

一、填空题

1．复印机使用前应该开机________。在长时间没有复印任务时，应该关掉复印机电源节省能耗，平时应该让复印机工作在________状态。

2．放大或缩小复印分为________和________两种方式。

3．复印机按工作原理分类，可以分为________和________两大类。

4．调整浓度实际上就是把自动曝光调整为________。

5．原稿模式包括文本/照片、________、________、背景消除。

6．正确放置________，可以有效地消除复印机卡纸现象。

7．通过调节曝光量可以获得最佳的复印效果，对于照片、图片等色调深的稿件应该减小显影浓度，________曝光量。

8．清洁光学系统时，应该用________把嵌在各个缝隙中的灰尘除去。

9．新的墨粉盒装入机器前，应该抓住墨粉盒两边将其________十下之后，再将密封带取下，然后装入机器。

10．使用一体化速印机时，如果图像位置不正确，那么可以用“________”键进行调整。

11．使用一体化速印机时，如果图像浓度偏深或偏浅，那么可以用“________”键调整图像浓度。

12．使用一体化速印机时，使用“调速”键可以调整印刷速度。印刷速度越快，印刷浓度________，反之亦然。

13．使用一体化速印机时，可以用“图像位置”键调整图像位置。按“图像位置”左向键，可以将图像________。

14．使用一体化速印机时，如果要在印刷完成后使机器返回到初始状态，就可以按“________”键。

15．使用一体化速印机时，如果指示灯呈红色，控制面板上的液晶显示屏显示“墨粉已用完”的信息时，就说明这些墨粉仍然可以________。

二、分析如下故障情况，说出故障处理的方法

1．按下复印机的复印键工作正常但是复印件不输出。

2．按下复印机的复印键后供纸不良。

3．复印时多张进纸。

4．使用一体化速印机时，屏幕显示“Scanner Failure”错误提示。

5．使用一体化速印机时，机器内发出刺耳的塑料齿轮打齿的声音，随后屏幕报错。

三、实训操作

安装一台复印机的驱动程序，并复印一张作息时间表。

设备 5

扫描仪——材料的电子化采集

实训 8　扫描历史照片

任务引领

单位举办 50 周年庆典，办公室需制作单位历史宣传册。办公室主任要求小张尽快将单位的一批老照片进行数字化处理，以便作为宣传册的材料。

任务分析

- 了解扫描仪的基本工作原理
- 掌握扫描仪硬件连接及软件安装的方法
- 会使用扫描仪扫描照片

任务操练

1．连接扫描仪

使用扫描仪附带的 USB 连线把扫描仪连接到计算机，连线的 A 端插入计算机的 USB 接口，B 端插入扫描仪的数据接口，如图 5-1 所示。

2．安装扫描仪

启动计算机，把扫描仪配套的光盘放入光驱，打开扫描仪电源（有些扫描仪没有电源开关，连接电源即可），弹出如图 5-2 所示的界面，单击“从列表或指定位置安装（高级）”选项，单击“下一步”按钮。

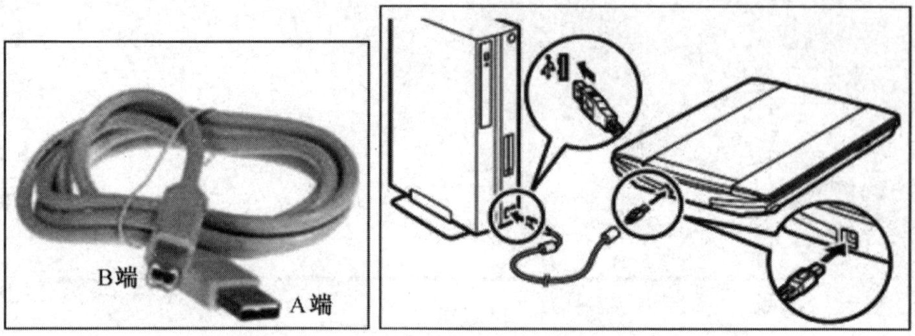

图 5-1　连接扫描仪

在“请选择您的搜索和安装选项”界面中单击“在这些位置上搜索最佳驱动程序”选项，如图 5-3 所示，通过“浏览”选择光盘盘符，单击“下一步”按钮，开始安装驱动程序。

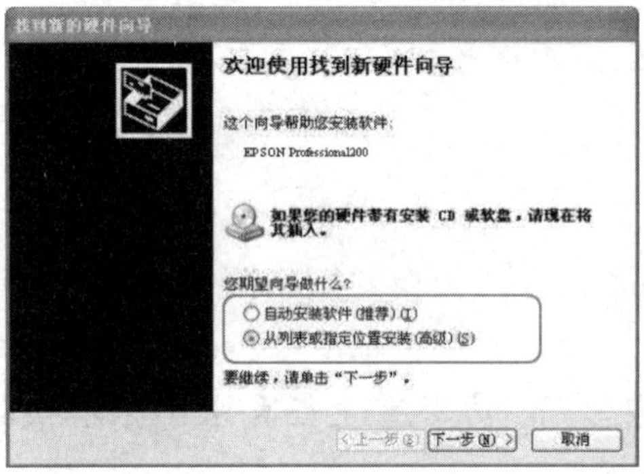

图 5-2　找到新硬件

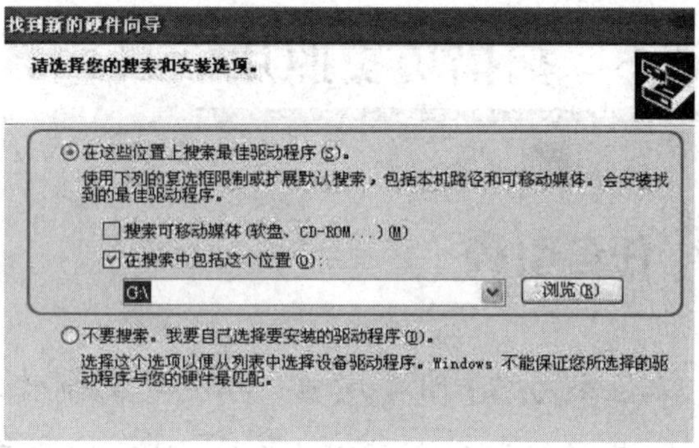

图 5-3　安装驱动程序

如果安装过程中出现如图 5-4 的提示框，就单击“仍然继续”按钮。安装完成后，弹出“完成找到新硬件向导”的界面，单击“完成”按钮，完成驱动程序的安装，如图 5-5 所示。

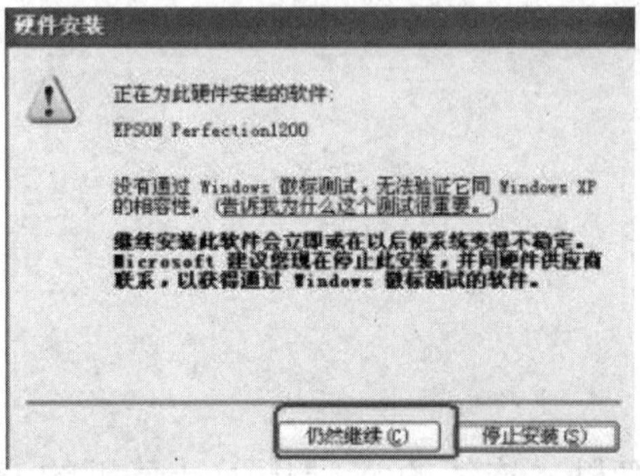

图 5-4　弹出提示框

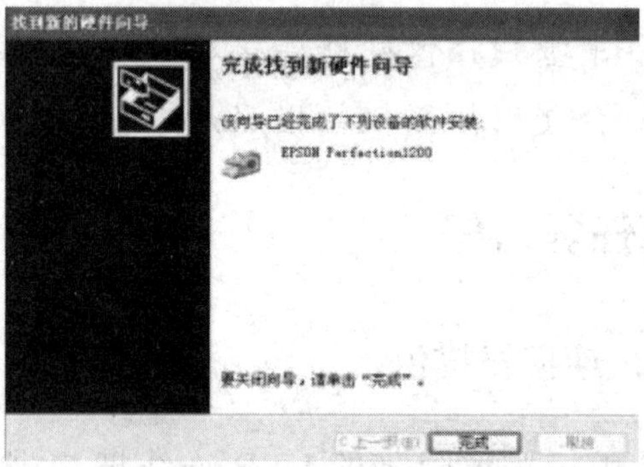

图 5-5　完成驱动程序的安装

为了方便对扫描后的照片进行编辑，还可以再安装 Photoshop 或者其他图像处理软件。

3. 扫描照片

（1）将照片放在文件玻璃上，并将其上端与对准标记对准，再关闭文件盖，如图 5-6 所示。

（2）启动 Photoshop 应用程序。

（3）单击“文件”→“输入”选项，选择扫描程序。如图 5-7 所示。

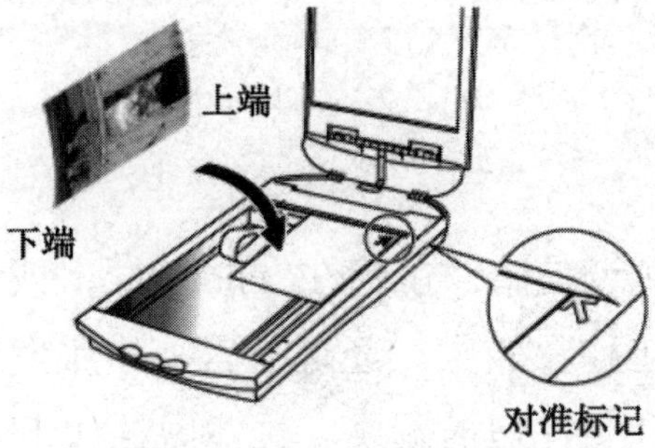

图 5-6　文件上端与对准标记对准

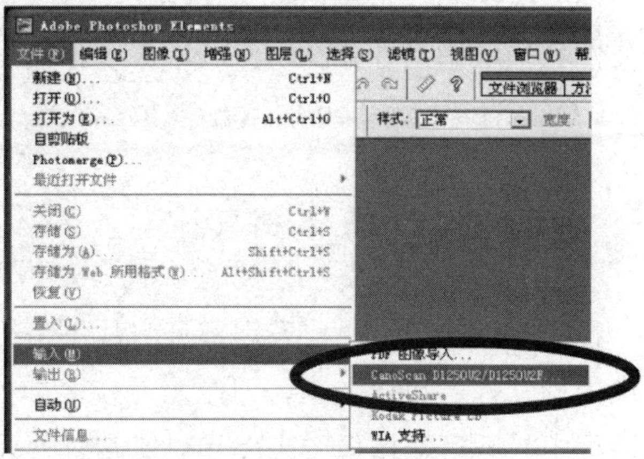

图 5-7　选择扫描程序

（4）单击“预览”按钮，此时开始预览扫描并逐渐显示图像，如图 5-8 所示。

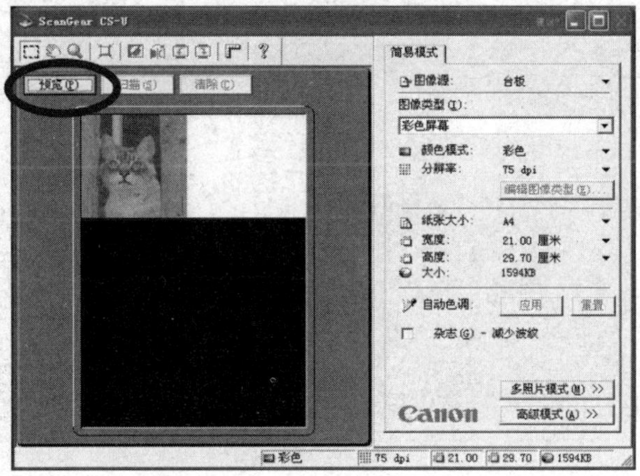

图 5-8　预览扫描

（5）对角拖动鼠标，选择扫描范围。

（6）单击“扫描”按钮，扫描仪开始工作。Photoshop 工作区内便会出现扫描的图像，一个扫描区域对应一个图像窗口，如图 5-9 所示。

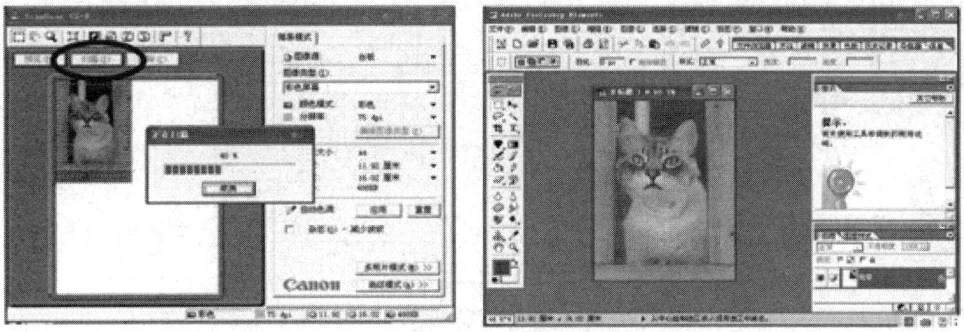

图 5-9　扫描

（7）关闭扫描仪，此时可以对图像进行后期处理。

（8）保存图像，单击“文件”→“存储为”选项，选择存储图像文件的目标文件夹，输入文件名并选择文件类型，然后单击“存储”按钮。

（9）关闭 Photoshop 程序。

执行任务后思考

将照片扫描后，小张发现部分照片不是很清晰，色调偏暗，虽然在 Photoshop 或者其他图像处理软件中可以处理，但是照片较多，处理起来工作量较大。经过摸索，小张发现在扫描过程中，即可对图像的亮度和对比度进行设置，提升照片扫描效果，具体做法如下。

在任务操练的第（4）步，单击“预览”按钮之后，若对图像效果不满意，则可以单击“高级模式”按钮微调图像亮度、对比度及色彩平衡，如图 5-10 所示。

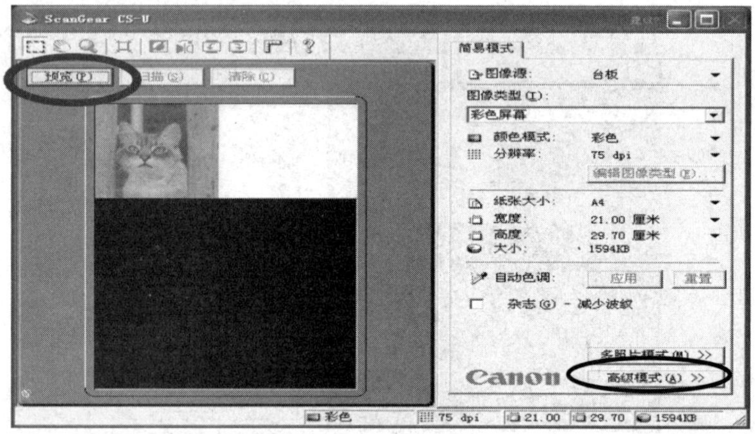

图 5-10　高级模式

“高级模式”的参数设置，对下一次扫描仍然有效，如图 5-11 所示。

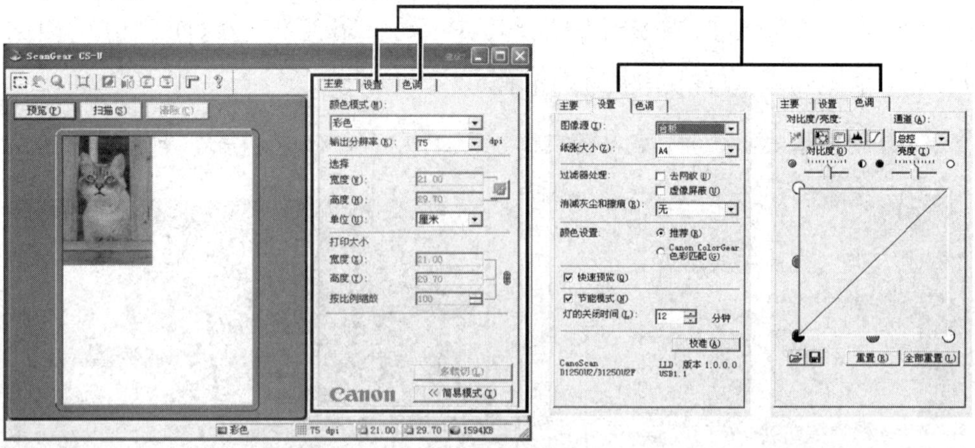

图 5-11　设置与色调

待达到满意的效果后，继续执行任务操练中的第（4）～（7）步即可。

任务拓展

对于一些留下胶片的老照片也可以用扫描仪进行胶片扫描，具体操作步骤如下。

1．拆下防护片

文件盖备有光源防护片，在胶片扫描之前需按箭头方向滑动防护片，再将其拆下，如图 5-12 所示。

需要注意的是，拆下防护片的过程要小心，不得使防护片弯曲、撕破。在无需扫描时，务必将防护片放回光源上方。

2．放置胶片

首先需将胶片放入胶片导向器内，然后将装载胶片的导向器放在扫描仪的文件玻璃上。

（1）从胶片导向器的槽内提起簧片，如图 5-13 所示。

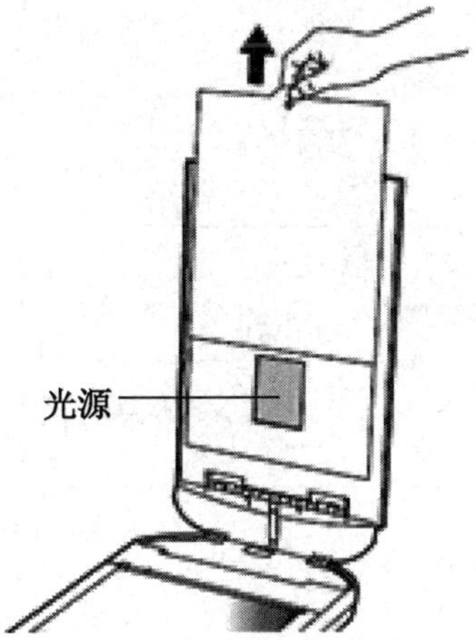

图 5-12　拆下光源防护片

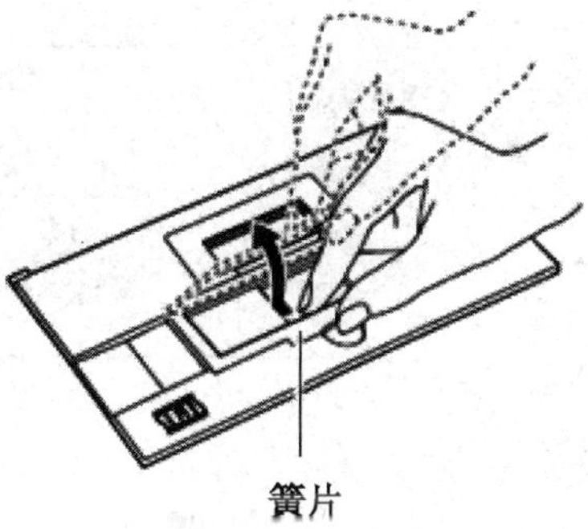

图 5-13　提起簧片

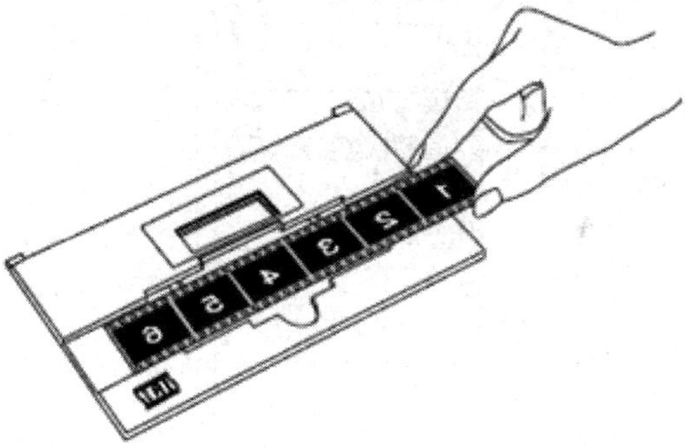

图 5-14　胶片放入导向器槽

（2）将胶片面向下放入胶片导向器槽内，如图 5-14 所示。

（3）放置簧片，使其对准胶片导向器的槽并按下，如图 5-15 所示。

（4）将装载胶片的导向器按正确位置放在文件玻璃上，如图 5-16 所示。

值得注意的是，放置胶片导向器时需要小心操作，若放置不准，则不能正确扫描图像，或者会显示错误信息。另外，需要保持胶片导向器的清洁，因为胶片导向器备有扫描仪用校准槽，可用于校准色彩平衡。若该槽受阻，则不能进行准确的色彩扫描。

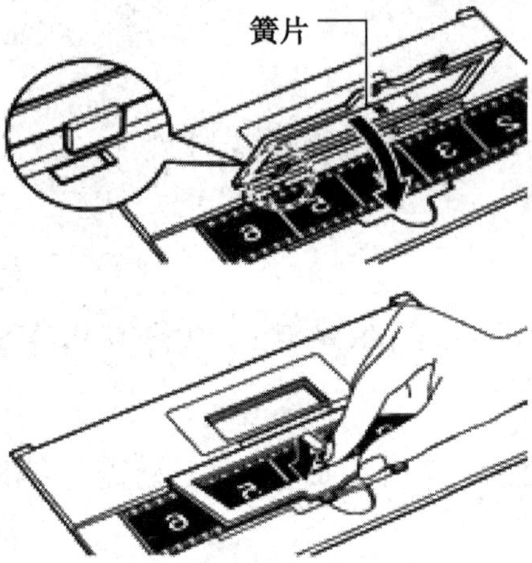

图 5-15　放置簧片

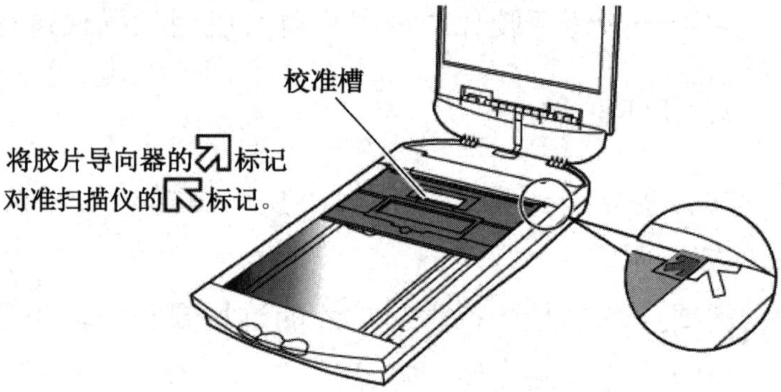

图 5-16　放置胶片导向器

（5）关闭文件盖。

3．扫描过程

（1）通过 Photoshop 启动扫描仪。

（2）在“图像源”分类中单击“胶片”选项，如图 5-17 所示。

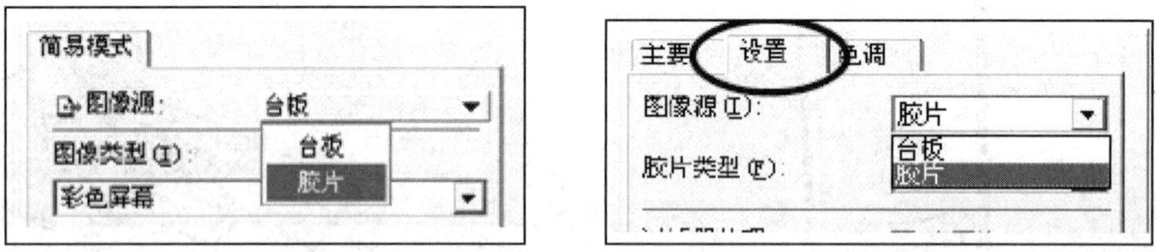

图 5-17　图像源选择

（3）在“胶片类型”分类中选择彩色或黑白，以及负片或正片，如图 5-18 所示。

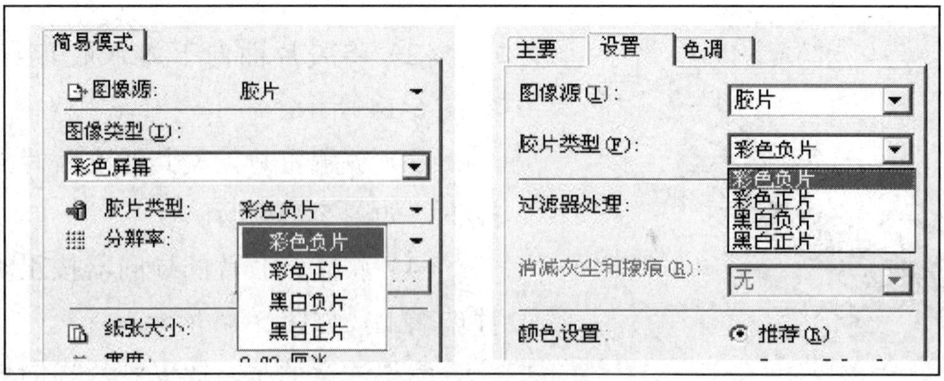

图 5-18　胶片类型的选择

（4）单击“预览”按钮。此时，可选择图像类型或根据需要调整色彩平衡。扫描胶片时，分辨率宜使用 600dpi。

（5）选择扫描范围，方法与扫描照片时一致。需要注意的是，扫描装载胶片时，在扫描图像的上端或者下端会出现条纹，此时宜选择能够避免条纹的扫描范围。

（6）单击“扫描”按钮。在关闭扫描程序之后，使用 Photoshop 软件可以编辑、保存或打印图像。

（7）关闭 Photoshop 软件。

知识支撑

5.1 扫描仪简介

扫描仪是一种集光、机、电为一体并将捕获图像转换成计算机可以显示、编辑、存储和输出数据的数字化输入设备。简言之，扫描仪可以将图片、文本页面、实物等输入计算机，配合图像处理软件、OCR 和传真软件可以实现图片输入、高速文字录入和传真等功能。

1. 扫描仪的种类

扫描仪种类繁多，根据基本构造及主要功能扫描仪可分为平板式扫描仪、便携式扫描仪和滚筒式扫描仪。除此之外还有馈纸式扫描仪、实物扫描仪、扫描枪、3D 扫描仪等。按照扫描原理，又可将扫描仪分为反射式扫描仪、透射式扫描仪和混合式扫描仪三种。

（1）滚筒式扫描仪是目前最精密的扫描仪器，它一直是高精密度彩色印刷的最佳选择。属于专业级的高档设备，价格昂贵。滚筒式扫描仪具有扫描清晰度高、彩色还原逼真、大幅面、超高分辨率等优良性能，并且能够生成提供印刷的 CMYK 四色文件，如图 5-19 所示。

图 5-19 滚筒式扫描仪

滚筒式扫描仪也叫作“电子分色机”，它的工作过程是将正片或原稿用分色机扫描存入计算机，因为“分色”后的图档是以 C、M、Y、K 或 R、G、B 形式记录正片或原稿的色彩信息，这个过程就称为“分色”或“电分”（电子分色）。

（2）平板式扫描仪又称平台式扫描仪、台式扫描仪，目前市面上大部分扫描仪都属于平板式扫描仪。平板式扫描仪的光学分辨率在 300dpi～8000dpi 之间，常见的是 600dpi 和 1200dpi 的产品。

色彩位数从24位到48位，现多为42位或者48位；扫描幅面一般为A4或者A3，其中A4幅面的产品较多。平板式扫描仪的优点在于其可以像使用复印机一样，只要把扫描仪的上盖打开，不管是书本、报纸、杂志、照片、底片都可以进行扫描，相当方便，而且扫描效果也是所有常见类型扫描仪中最好的，如图5-20所示。

（3）便携式扫描仪体积小、重量轻、便于携带，一般都可以扫描A4幅面，可以脱机扫描，存储分享都很方便。有的不需要外接电源，采用内置电池供电，直接依靠计算机内部电源供电，主要目的是与笔记本电脑配套，又称笔记本式扫描仪。现在国产品牌还出了一款带Wi-Fi无线传输功能的便携式扫描仪，如图5-21所示。

图5-20　平板式扫描仪

图5-21　便携式扫描仪

（4）另外，比较常用的还有馈纸式扫描仪。它的优点是体积小，能够自动进纸，可以批量扫描稿件，耗电量较低。缺点是馈纸式扫描仪多数采用CIS扫描技术，光学分辨率一般只有300dpi，扫描精度较低。

2．滚筒式扫描仪的基本结构

滚筒式扫描仪一般使用光电倍增管（Photo Multiplier Tube，PMT），因此它的密度范围较大，而且能够分辨出图像更细微的层次变化。

滚筒式扫描仪与平板式扫描仪的主要区别是它采用PMT光电传感技术，能够捕获到正片和原稿最细微的色彩。现在的滚筒式扫描仪可以很方便地与计算机相连接，扫描得到的数字图像可用Photoshop等软件做必要的修改和色彩调整，如图5-22所示。

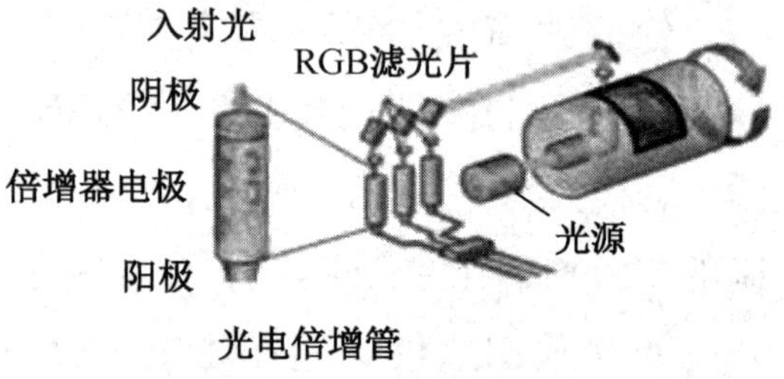

图5-22　滚筒式扫描仪的基本结构

3．平板式扫描仪的基本结构

平板式扫描仪使用的是光电耦合器件（Charged Coupled Device，CCD），其扫描的密度范围较小。CCD是一种以光为媒介传输电信号的电—光—电转换器件，由发光源和受光器两部分组成。平板式扫描仪把发光源和受光器组装在同一个密闭的壳体内，彼此之间用透明绝缘体隔离。发光源的引脚为输入端，受光器的引脚为输出端，常见的发光源为发光二极管，常见的受光器为光敏二极管、光敏三极管等。其基本结构如图 5-23 所示。

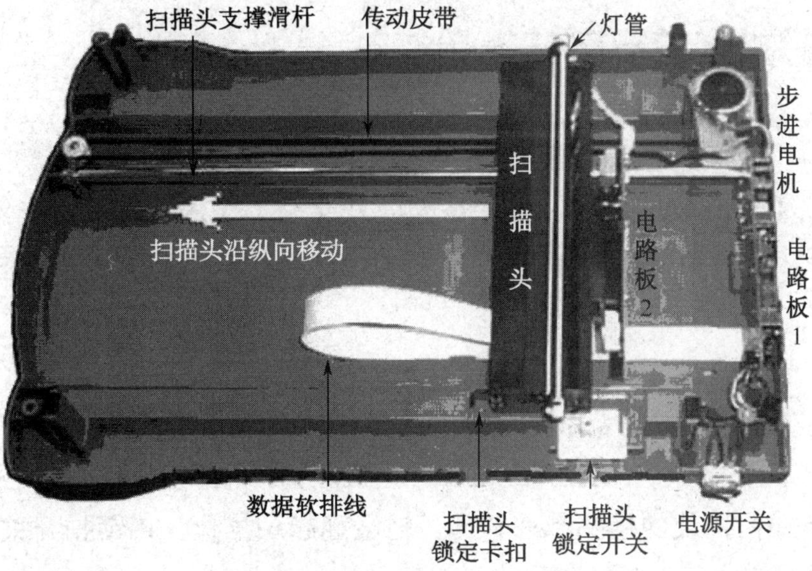

图 5-23　平板式扫描仪的基本结构

4. 便携式扫描仪的基本结构

便携式扫描仪属于高精度、高密度、高速度、全彩色扫描，能保证高质量的扫描数据。工作使用低压（16V）电源不需要使用高压电源，操作相对安全。使用时无须现场精度标定，开机即可使用，机体电路采用刚性固化结构，避免扫描运动机构不稳定或易损。采用高亮度 LED 白色冷光源，光源寿命长，且对眼睛相对安全，其基本结构如图 5-24 所示。

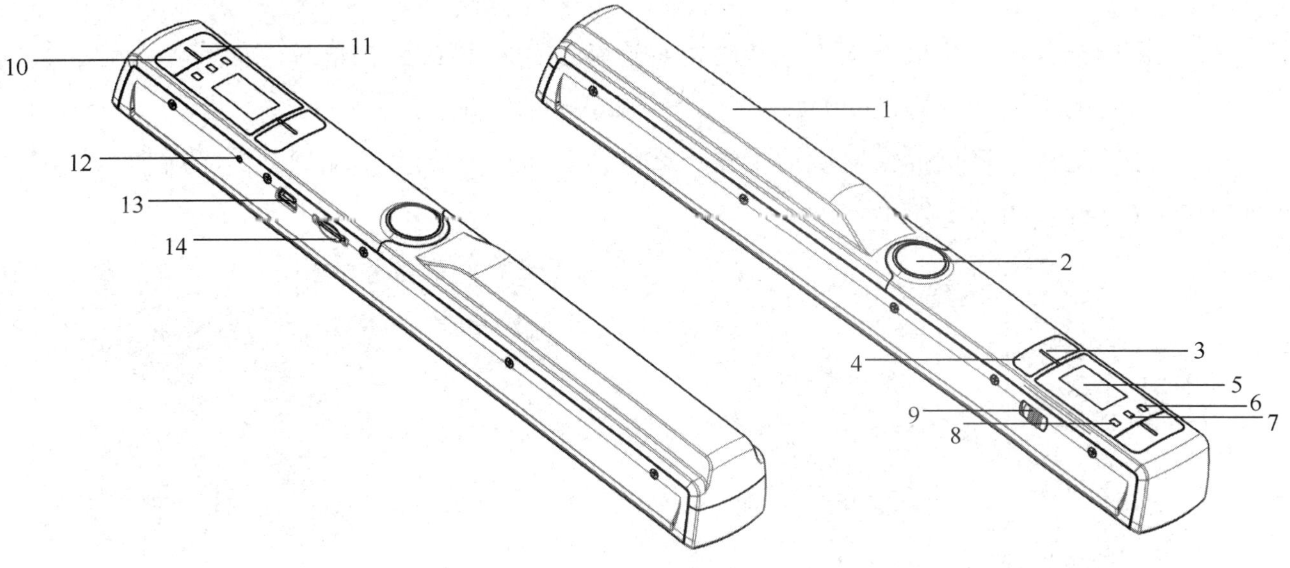

1—电池盒；2—电源/扫描按钮；3—格式化按钮；4—色彩选择；5—液晶显示屏；
6—操作错误LED提示灯；7—无线Wi-Fi提示灯；8—扫描LED灯；9—Wi-Fi网络开关；
10—分辨率；11—图片格式；12—时间设定；13—USB接口；14—TF存储卡插槽

图 5-24　便携式扫描仪的基本结构

5.2 扫描仪的安装与连接

使用扫描仪之前，首先要进行硬件连接和软件安装工作，硬件连接主要是扫描仪与计算机的连接，以及扫描仪与电源的连接。软件安装是指在计算机上安装扫描仪的驱动程序及扫描软件。

1. 连接到计算机

（1）打开扫描仪的解锁。扫描仪在连接计算机之前，需先解锁。否则可能会出现问题。一般情况下，平板式扫描仪的锁扣都在背面，轻轻翻起扫描仪，将锁扣开关推到开锁标记处，再把扫描仪放回水平位置即可，如图 5-25 所示。

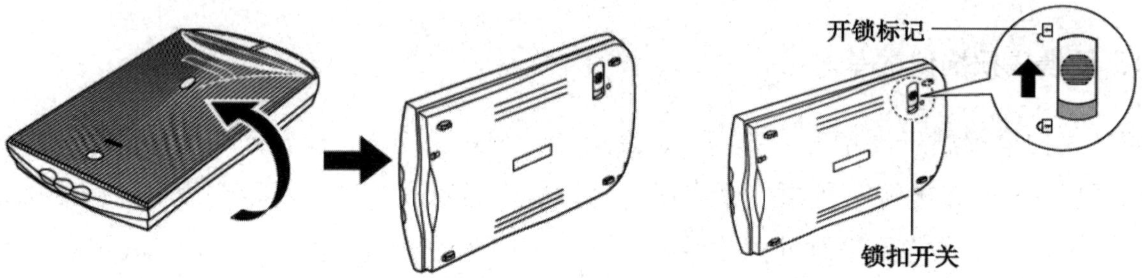

图 5-25 扫描仪的解锁

（2）将扫描仪与计算机连接。安装时需将连接线的一端接到扫描仪侧面或者背后的数据接口上，另一端连接到计算机的 USB 接口上，如图 5-26 所示。

（3）连接电源。将扫描仪电源适配器一端插入扫描仪电源接入端口，另一端插入插座，接通扫描仪电源，如图 5-27 所示。

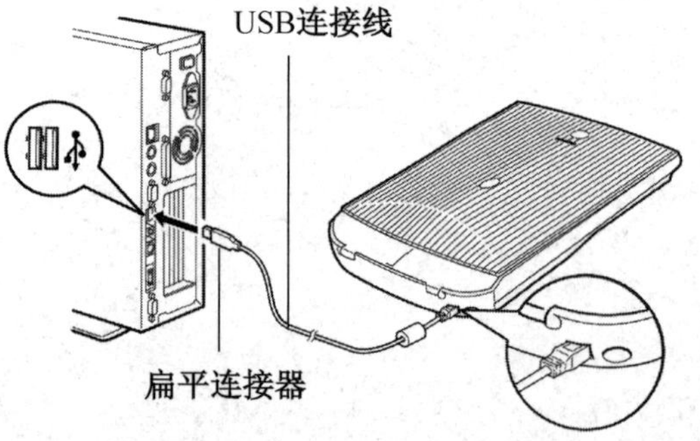

图 5-26 连接扫描仪与计算机（使用 USB 连接线）

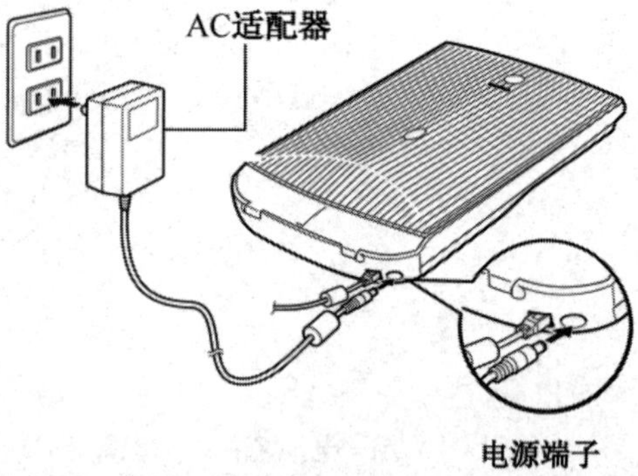

图 5-27 扫描仪电源适配器的连接

2．安装扫描仪所需软件

扫描仪软件安装的工作，包括驱动程序的安装和常用处理软件的安装两部分。驱动程序安装完成之后，可以根据需要安装扫描的应用软件（如文字自动识别软件 OCR）和其他应用程序（如 Photoshop 等图像处理软件）。

3．设置扫描参数

（1）扫描方式。

扫描仪能够提供的扫描方式有黑白、灰度、照片等，其中，黑白扫描方式适用于白纸黑字的原稿扫描或 OCR 识别，这种方式生成的文件是最小的。灰度扫描方式适合既有图片又有文字的图文混排稿样，该方式兼顾文字和具有多个灰度等级的图片，文件大小适中。照片扫描方式适用于扫描彩色照片，这种方式会生成较大的文件，彩色照片和实物扫描一般都选用照片扫描方式。

（2）分辨率。

很多用户在使用扫描仪时，常常会产生应采用多大分辨率扫描的疑问。其实，这是由用户的实际应用需求决定的。用超过扫描仪光学分辨率的精度进行扫描，对输出效果的改善并不明显，而且会大量消耗计算机的资源。一般来讲，分辨率越高得到的图像越清晰，但文件尺寸会随着分辨率的提高而增大。使用高分辨率扫描时，扫描和图像处理的时间将更长。

一般情况下，拟将扫描对象上传至网站或者在计算机监视器上观看时，可选择 100dpi。用于印刷的图片，其分辨率一般为 300～400dpi，因此要想将作品通过扫描印刷出版，至少需要用到 300dpi 以上的分辨率，当然若能使用 600dpi 则效果更佳。如果想将扫描后的作品通过打印机打印出来，则必须综合考虑打印机的分辨率，根据实际使用经验，一台打印分辨率为 1440dpi 的打印机，大约只需以 360dpi 的分辨率扫描图像即可。这是因为打印机与扫描仪的工作原理和分辨率的含义不同。

扫描文件时，根据实际经验，一号字、二号字、三号字的文稿推荐使用 200dpi，四号字、小四号字、五号字的文稿推荐使用 300dpi，小五号字、六号字的文稿推荐使用 400dpi。

（3）亮度和对比度。

扫描时应适当地调整好亮度和对比度，对识别率的影响很大，在进行扫描亮度和对比度的设定时，以扫描后的图像中文字的笔画较细、均匀，且没有明显断点为准。如果扫描后的文字图像存在黑点、黑斑或文字线条很粗很黑，分不清笔画，就说明亮度值太小，应该增加亮度值再重新扫描。如果文字线条凹凸不平，有断线甚至图像中汉字轮廓严重残缺时，就说明亮度值太大，应该减小亮度后再重新扫描。如果要扫描质量比较差的文稿，比如报纸，那么扫描出的图像可能会出现大量的黑点，而且在字体的笔画上也会出现粘连现象，为了获得较好的识别结果，必须仔细进行亮度和对比度的调整，反复多次扫描才能获得比较理想的效果。

4．扫描操作步骤

（1）评价原稿，明确扫描用途。
（2）将扫描原稿正面朝下放在扫描仪的稿台玻璃上。
（3）确定合适的扫描方式。
（4）预览。
（5）选择扫描区域。
（6）优化扫描仪分辨率。
（7）控制文件的大小。
（8）扫描后色调校准。
（9）使扫描图像色域最大化。
（10）使用锐化、去网技术。
（11）扫描并选择正确的文件格式对扫描文件进行保存。

小技巧

1．寻找平台扫描仪的最佳扫描区域

通常我们在摆放扫描文稿时，都是沿着扫描平板的边缘摆放，其实扫描平板的边缘并不一定是最佳的扫描区域，那么扫描平板上的什么位置才是最佳的扫描区域呢？这个最佳扫描摆放位置是经过多次测试和寻找得到的，寻找最佳扫描位置的方法如下。

首先，将扫描仪的所有控制设成自动或默认状态，选中所有区域，然后以低分辨率扫描一张空白、白色或有不透明块的样稿。用 Photoshop 打开该样稿，使用软件中的“色调均化”命令对样稿进行处理，如图 5-28 所示，处理后就可以看见在扫描仪上哪有裂纹、条纹、黑点。打印该文件，划出最好的区域（也就是最稳定的区域），放置扫描对象，即可得到最佳扫描效果。

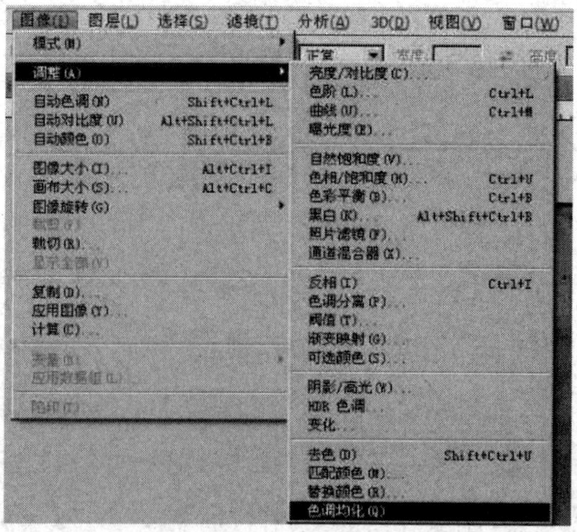

图 5-28　色调均化

2．预扫

许多用户在扫描尺寸较大的照片或者文稿时，为了节约扫描时间，会跳过预扫步骤。其实，在正式扫描前，预扫步骤是非常必要的，它是保证扫描效果的第一道关卡。预扫有两方面的好处，一是通过观察预扫后的图像，可以直接确定所需要扫描的区域，以便减少扫描后对图像的处理工序；二是通过观察预扫后的图像，大致看到图像的色彩、效果等，如果不满意就可以对扫描参数重新进行设定、调整之后再进行扫描。

实训9　文字处理

任务引领

单位50周年庆典的准备活动正在紧锣密鼓筹备中，小张在准备资料的过程中发现很多纸质文稿内容可以直接摘抄作为宣传册的内容。通过扫描仪的文字处理功能将纸质文字转变为电子文稿，就可以大大地提高工作效率了。

任务分析

- 掌握安装文字识别软件的方法
- 掌握使用文字处理软件和扫描仪处理文字的技巧与方法
- 熟悉传真机的基本维护方法

任务操练

1．安装识别软件

安装“尚书七号OCR”文字识别软件。

2．启动识别软件

在“开始”菜单里找到“尚书七号OCR”程序项并单击，启动识别软件，进入主界面。

3．扫描图像

（1）打开“文件”菜单的“选择扫描仪”选项，在弹出的“选择来源”界面中单击对应的扫描仪选项，并单击“选定”按钮，如图5-29所示。

（2）把原稿正面朝下放置在扫描仪的玻璃平台上，放端正，不要倾斜，原稿的左上角对应扫描仪的标志线。

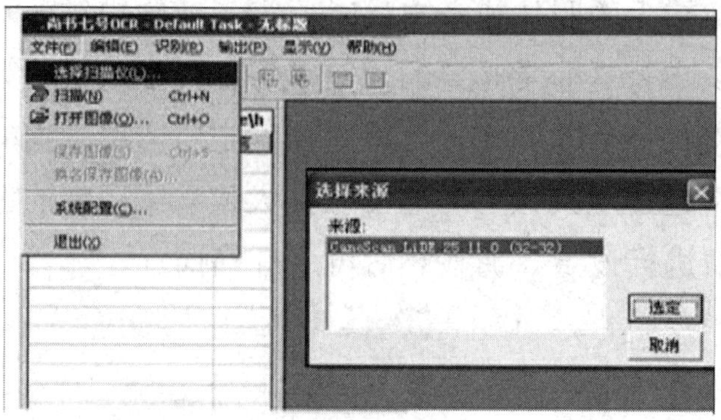

图 5-29　选择扫描仪

（3）单击“文件”菜单下面的“扫描”选项，系统会自动打开扫描仪的扫描界面。如图 5-30 所示。

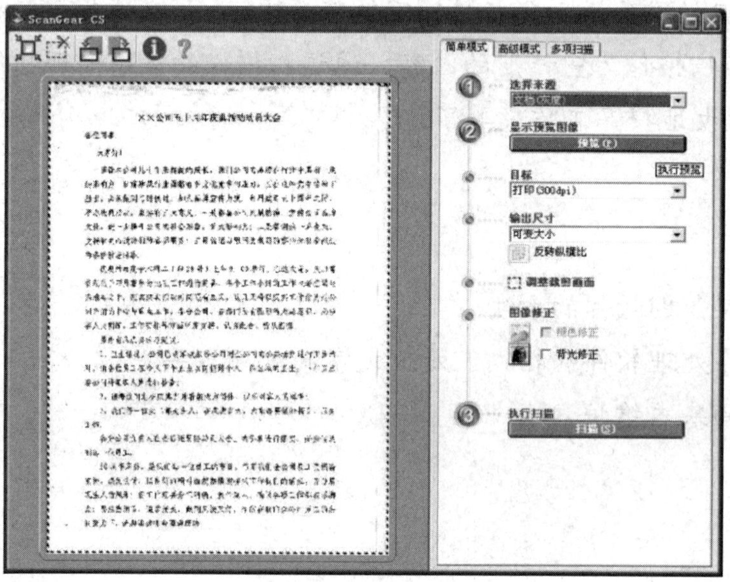

图 5-30　扫描界面

用户依次选择“选择来源”“目标”“输出尺寸”，如图 5-31 所示。

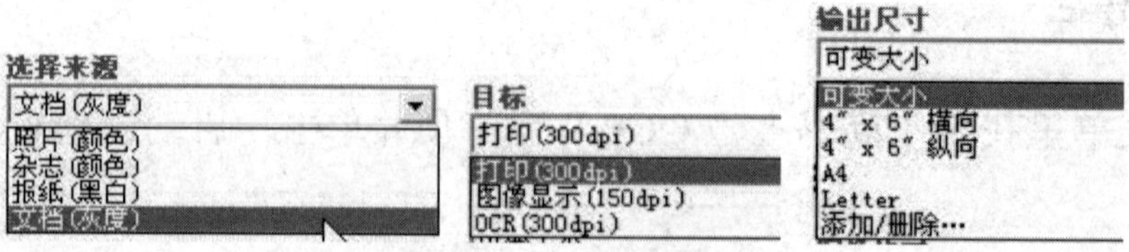

图 5-31　参数选择

还可以通过工具栏的“放大”“缩小”“擦除杂点/擦除图像”“识别区域/识别顺序”“旋转图像/倾斜调节”等按钮，调整图片至最清晰、最简洁的状态并选定识别区域。

（4）当完成“预览”操作后，设置需要扫描的范围，就可以单击“扫描”按钮，扫描仪将开始正式扫描。将扫描好的文件直接传递到尚书 7 号 OCR 默认的目录中。扫描完毕后，用户关闭扫描仪驱动程序。可以看到需要扫描的文件已经传递到尚书 7 号中，默认的文件名是 hw001.jpg。

4．识别

（1）自动倾斜校正。在尚书 7 号软件中依次单击“编辑”→“自动倾斜校正”选项，对扫描进来的图像做相应的旋转，以保证图像中的文字是水平排列而非倾斜。太过倾斜的文字，将影响到识别效果，如图 5-32 所示。

图 5-32　自动倾斜校正

（2）版面分析。倾斜校正完毕后，单击“识别”→“版面分析”选项，如图 5-33 所示。此时可以看到对应的文字块被识别框选择，如图 5-34 所示。

图 5-33　版面分析

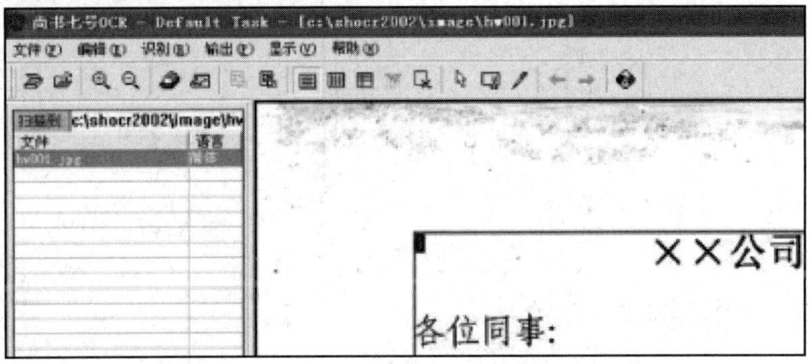

图 5-34　版面分析后

“修改栏属性”共有“图像”“横栏”“竖栏”“表格”四种情况，如图 5-35 所示，且分别用四种不同颜色的选框来表示。

图 5-35　修改栏属性

（3）识别。核对无误后，依次单击“识别”→“开始识别”选项。如图 5-36 所示。

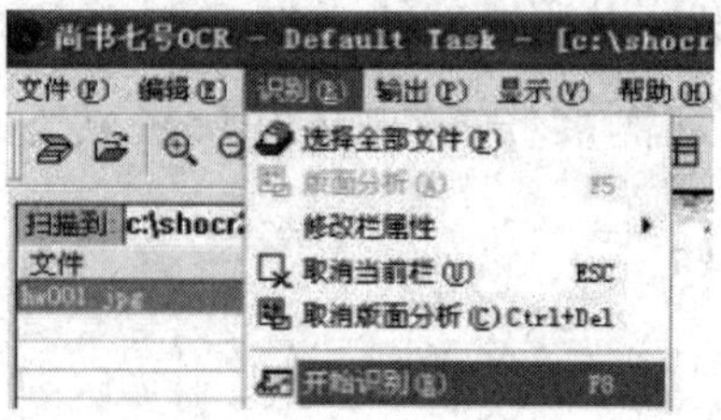

图 5-36　开始识别

识别后进入文字校对状态，如图 5-37 所示。

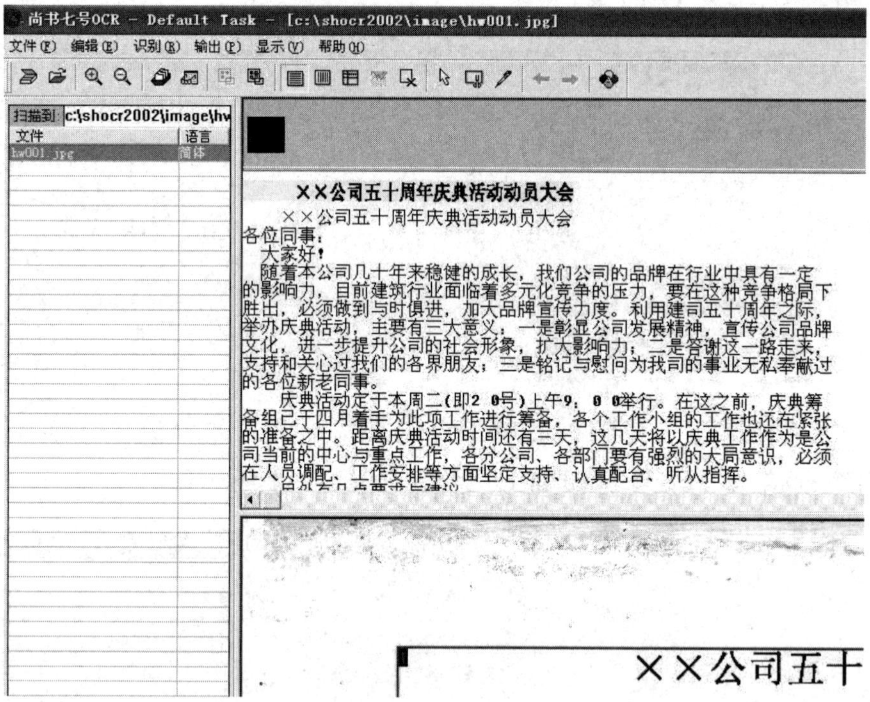

图 5-37　识别后

5．输出

校对完毕后，依次单击“输出”→“到指定格式文件”选项，如图 5-38 所示。

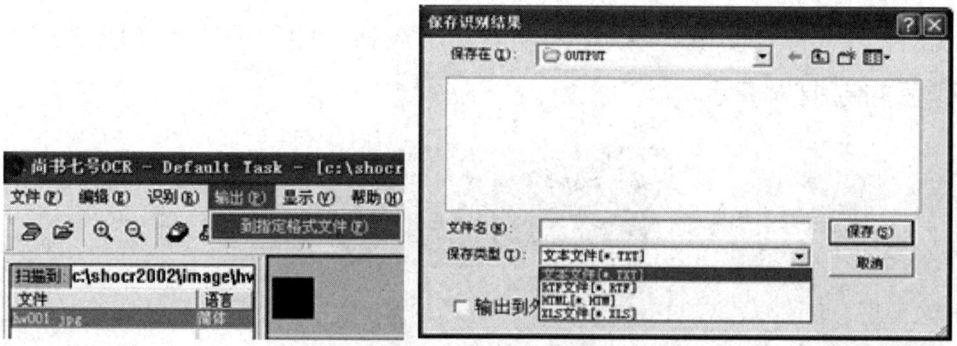

图 5-38　保存“到指定格式文件”

识别结果的保存类型有 TXT、RTF、HTM、XLS 格式可以选择。默认的输出目录是 C:\shocr2002\OUTPUT。

为了方便，可以单击“输出到外部编辑器”的选项，这样存盘的同时，尚书 7 号 OCR 会自动调出对应的编辑软件，例如，以“TXT”类型存盘可以自动调用 Notepad 软件，以“RTF”类型存盘将自动调用 Word 软件，以“XLS”类型存盘将自动调用 Excel 软件。

将保存的文件与原文档进行对比修改，并完善内容。

执行任务后思考

对于已经扫描为 PDF 格式的文档，如何实现自动识别？

Total PDF Converter OCR 软件可以将 PDF 转换为“.doc”“.txt”等格式的文件，具体步骤如下。

（1）首先安装“Total PDF Converter OCR”软件，然后启动主页面，如图 5-39 所示。

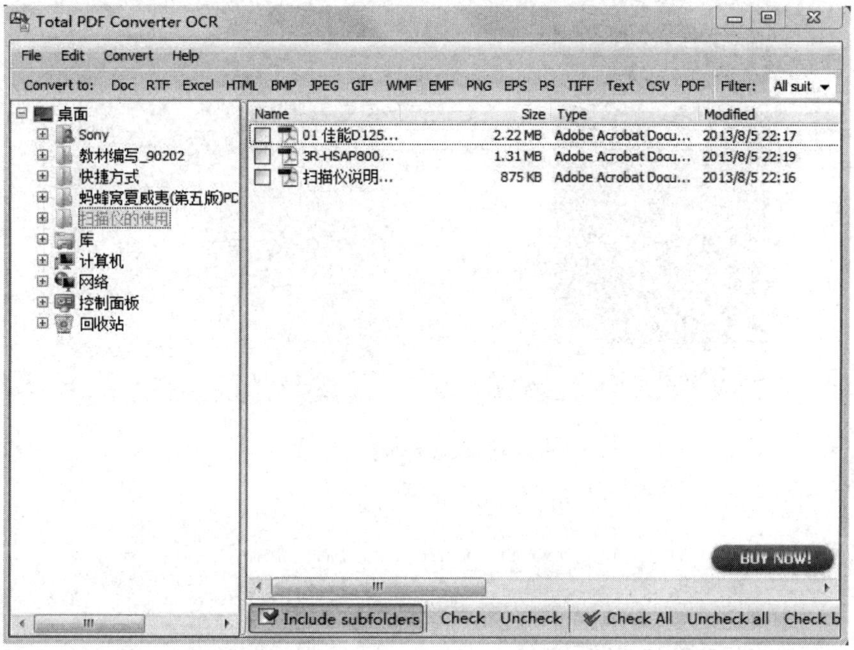

图 5-39　启动 Total PDF Converter OCR

（2）选择扫描好的 PDF 文档，单击“Convert”选项，在展开的下拉菜单中单击“Doc”选项。如图 5-40 所示。

（3）选择存储文件夹和转换后的文件名，单击“Start”按钮，如图 5-41 所示。

（4）转换完成后关闭软件。

（5）对照原有文档对文件进行校正、修改完善。

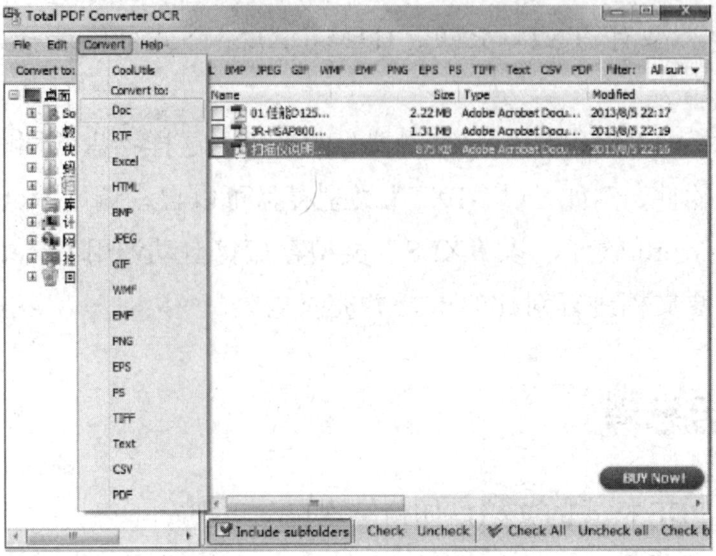

图 5-40　选择输出类型

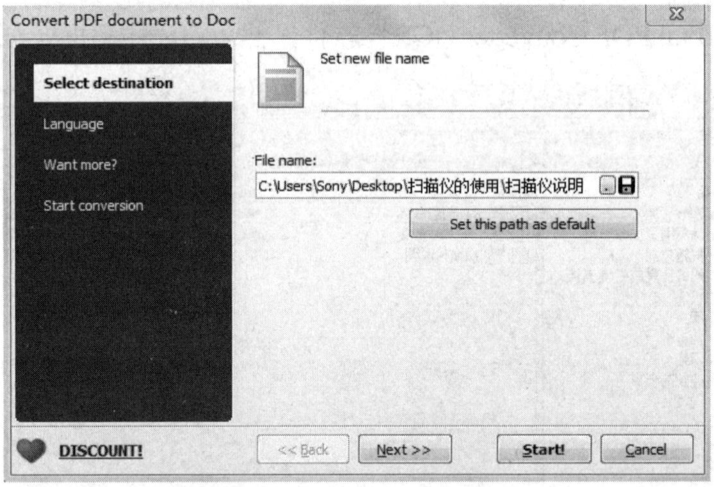

图 5-41　选择输出位置

任务拓展

运用 OCR 识别的技巧及注意事项。

1．设置分辨率

分辨率的设置是文字识别的重要前提。大部分文档扫描，选择 300dpi 或 400dpi 的分辨率较为合适。

2．文本校正

计算机上显示的扫描文本可能不会与原件完全相同，特别是原件有模糊或涂污时。例如，一些字符可能错误或缺失。编辑文本时，需要将扫描的文本与原件进行比较并做出必要的更正。

3. 关于段落重排

在处理识别后的文本时，将其复制粘贴到 Word 文档中，利用 Word 查找、替换功能去掉多余的硬回车较为麻烦。尚书 OCR、汉王 OCR 和紫光 OCR 都提供了段内去硬回车的功能。只需在识别后的文本存盘时，勾选“回车设置为软回车”即可。或者单击“文件”→“导出”选项，将保存类型选为“.txt”，在“段内回车字符”处选“无”。

注意： 一定不要直接存盘，否则就不能自动去掉文章中的硬回车。

知识支撑

5.3　扫描仪的日常维护与保养

1. 搬运扫描仪

搬运扫描仪前需要执行以下操作。

（1）确认扫描单元是否处于初始位置。若未处于初始位置，则将 AC 适配器连接至电源插座，使扫描单元完全返回扫描仪的初始位置。

（2）从电源插座拔出 AC 适配器，并且从计算机上取下 USB 连线。

（3）将锁扣开关推到上锁标记处，以便锁上扫描单元，如图 5-42 所示。若在提起或搬运扫描仪时未上锁，则可能会损坏扫描仪。

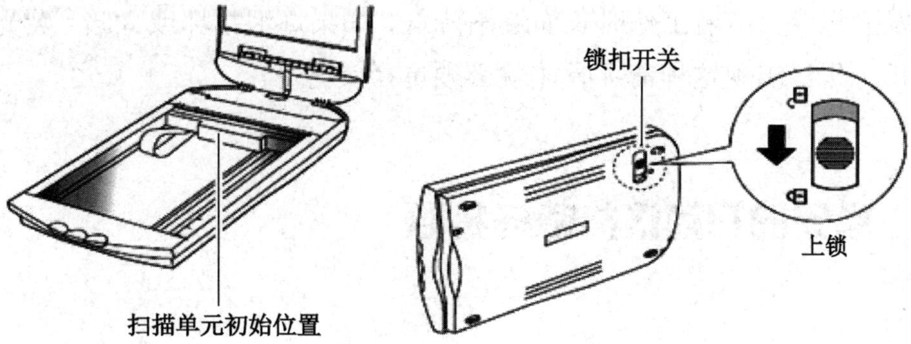

图 5-42　锁上扫描单元

2. 清洁扫描仪

在通常操作状态下，可使用下列步骤以清洁吸附在外壳、文件玻璃以及文件盖上的污物和灰尘，如图 5-43 所示。

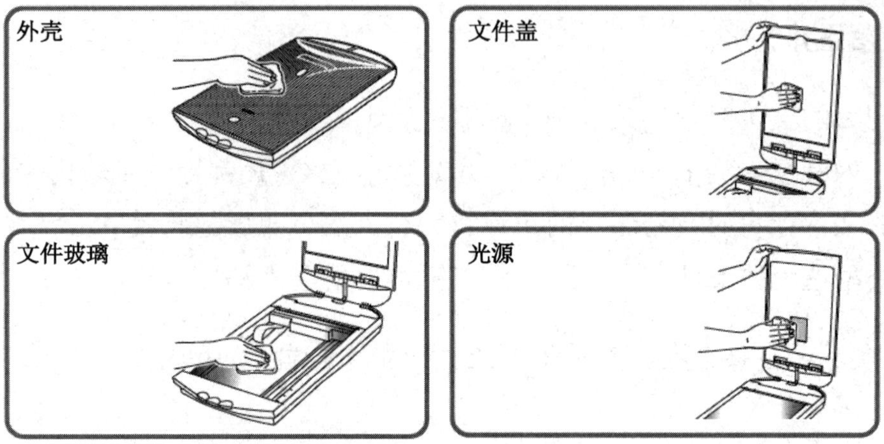

图 5-43　清洁图示

（1）从电源插座拔出 AC 适配器，并且从计算机上取下扫描仪的 USB 连线。

（2）用蘸过水并挤干水的软布轻轻擦拭文件盖及文件玻璃，以去除污物和灰尘。

（3）使用一块软干布擦净水分和水蒸汽，对于文件玻璃和光源，应擦拭去除任何污物或液体的痕迹。

清洁扫描仪时需要注意以下几点。

（1）切勿使用含酒精、稀释剂或苯的物质清洁扫描仪，因为这些物质可能会使外壳变形、褪色或溶解。

（2）切勿将过于潮湿的布或直接将液体用于扫描仪的任何部分。若有水流入文件玻璃或传感器内，则会使图像质量劣化并导致故障。

（3）清洁时，切勿用力按压文件玻璃。

3．更换荧光灯

荧光灯的发光程度会随着工作时长而逐渐降低，如果灯泡损坏或太暗，荧光灯就会不亮，导致扫描仪停止工作。出现这种情况时，就必须更换荧光灯。

5.4　常见的扫描仪故障与排除

1．扫描仪初始化失败或存在硬件问题

（1）重置扫描仪。

如果在使用扫描仪时出现类似“扫描仪初始化失败”或“未找到扫描仪”之类的错误消

息，则需要重置扫描仪。关掉扫描程序，断开扫描仪电源，关闭计算机，重新连接计算机与扫描仪之间的连线，确保 USB 连接线正确连接或尝试插入计算机不同的 USB 接口。

（2）测试扫描仪硬件。

若初步断定扫描仪存在硬件问题，则可以重新连接扫描仪然后进行测试。接通扫描仪的电源后，扫描仪的图像光度头将自动前后移动大约 25mm，并且扫描仪灯会亮起。如果图像光度头未移动，并且扫描仪的灯未亮起，则扫描仪硬件可能存在问题，需要进行专业维修。

（3）扫描仪不能正常工作。

如果扫描仪停止扫描，请按顺序完成以下步骤。完成每个步骤后执行一次扫描，以确定扫描仪是否可以工作。如果问题仍存在，则继续下一个步骤。

- 连线可能有些松动。确保 USB 线、电源线和 TMA 连线连接牢固。
- 使用电源开关关闭扫描仪，60 秒后再重新打开。
- 重新启动计算机。
- 计算机可能存在软件冲突。卸载并重新安装扫描仪软件。

（4）开启扫描仪后灯管不亮、亮度不均匀或预热时间过长。

出现这种情况，可判断是扫描灯管损坏，应更换灯管。

2. 扫描仪操作问题

（1）扫描仪不能开启。

- 扫描仪的电源线可能未正常连接。查看电源线是否已与扫描仪断开或从电源上拔下。
- 扫描仪可能已关闭。检查扫描仪电源开关是否处于“开”的位置。
- 检查 TMA 连线是否与扫描仪断开。

（2）扫描仪不能立刻扫描。

扫描仪闲置一段时间后，在进行正式扫描之前，扫描仪灯管可能需要先进行预热。启动软件或按下扫描按钮一段时间后再开始扫描。

（3）扫描的图像模糊不清。

- 可能因为扫描物品未紧密接触扫描仪玻璃板。检查并保证扫描物品与扫描仪玻璃板完全接触。
- 扫描仪玻璃板需要清洁。应该用一块干净的湿布将玻璃板上的墨汁、指纹、灰尘及污浊物等擦干净。

（4）扫描速度非常慢。

- 可能是因为扫描文本为可编辑文本。因为光电字符识别（OCR）软件会导致扫描仪扫描速度明显降低，这是正常现象，需耐心等待扫描完成。
- 分辨率可能设置得太高。重新设置分辨率，扫描软件将自动选择分辨率，从而在图像质量和文件大小之间得到最佳结合点。

3．幻灯片、底片和透明材料适配器（TMA）等问题

（1）扫描的图像中出现斑点或条纹。

● 底片损伤或破碎，需要更换底片。

● 玻璃板脏了，可以在柔软的干布上喷洒少许中性玻璃清洁剂清洁玻璃板，需要注意的是玻璃板完全变干后才可进行扫描。

（2）需要扫描的图像发黑。

● TMA 灯没有打开，在单击“扫描”或“接受”按钮前，请检查是否已打开。

● TMA 光源中的灯泡坏了或者出现故障。需要维修灯泡。

● 没有正确设置选择区域。选择区域应该仅仅包含照片，而不包含边界。

4．扫描仪安装问题

（1）检查软件是否正确或者完整安装。

如果软件安装不完整，那么可能导致无法识别扫描仪或者不能正确启动软件。此时可将已安装的驱动程序及相应的程序卸载后重新安装。

（2）检查连线。

● 电源线未正确连接。检查电源线连接扫描仪与电源插座，确保连接牢固。可以关闭计算机和扫描仪电源 60 秒后，再依次打开扫描仪电源和计算机电源。

● USB 连线未正确连接。USB 连线连接在扫描仪与计算机之间。

首先，需确保使用的是随扫描仪提供的原装线。其他 USB 连线可能与扫描仪不兼容。

其次，确保扫描仪和计算机之间的 USB 连线连接牢固。

最后，可以尝试连接计算机上不同的 USB 端口。

小技巧

改善文字识别效果的规律和技巧

（1）扫描时适当地调整好亮度和对比度值，使扫描文件黑白分明。这对识别率的影响最大，数值的设定以观察扫描后的图像中汉字的笔画较细但又不断开为原则。

（2）选好扫描软件。选一款适合的 OCR 软件是做好文字识别工作的基础，相较于扫描仪自带的文字识别软件，清华紫光 OCR 专业版和尚书 OCR 文本自动识别输入系统的识别能力与使用功能更突出一些。另外，选取 Photoshop 处理扫描图像，利用 OCR 软件进行文字识别，会起到事半功倍的效果。图像的杂质、黑斑等也可以在 Photoshop 中进行处理。

（3）手动选择扫描区域。设置好参数后，先预览，然后选取扫描区域。根据实际情况，按照字体、字号及排版的一致性将版面合理地划分区域并设定识别顺序，有助于提

高识别率。

（4）原稿的放置技巧。在放置扫描原稿时，一定要把扫描的文字材料摆放在扫描起始线正中间，最大限度地减少由于光学透镜导致的失真。同时应保护扫描仪玻璃的干净和不受损害。文字有一定角度的倾斜，或者是原稿文字部分为不正规排版，必须在扫描后使用旋转工具进行纠正。否则 OCR 识别软件会将水平笔画作为斜笔画处理，识别正确率会下降很多。

建议尽量将扫描原稿放正，如果用工具旋转纠正会降低图像质量，使字符识别更加困难。

小知识

1．三维立体扫描仪

三维立体扫描仪也叫三维扫描仪，如图 5-44 所示。三维扫描俗称抄数，所以有人把三维扫描仪叫作抄数机。三维扫描仪用来侦测并分析现实世界中物体或环境的形状与外观数据。收集到的数据常被用来进行三维重建计算，在虚拟世界中创建实际物体的数字模型。

图 5-44　三维立体扫描仪

三维扫描仪主要分为接触式三维扫描仪和非接触式三维扫描仪。其中，非接触式三维扫描仪又分为激光式三维扫描仪和照相式三维扫描仪。激光式扫描仪属于较早的产品，由扫描仪发出一束激光光带，光带照射到被测物体上并在被测物体上移动时，就可以采集出物体的实际形状。照相式扫描仪是针对工业产品领域的新一代扫描仪，与传统的激光扫描仪相比，其测量速度提高了数十倍，整体测量精度也大大提高。

2．汉王 OCR 文字识别软件

OCR 是 Optical Character Recognition 的缩写，意思是光学字符识别，也就是常说的文字识别。汉王 OCR 文字识别软件是市场占有率较高、具有代表性的产品。前面介绍的 OCR 文字识别软件具体操作就是使用的汉王 OCR 软件，这里不再做详细介绍。尚书 7 号 OCR 文字识别软件完全版也是目前较流行的版本。

汉王 OCR 具有识别正确率高、识别速度快的特点。支持批量处理功能，避免了单页处理的麻烦。汉王 OCR 支持处理灰度、彩色、黑白三种色彩的 BMP、TIF、JPG、PDF 多种格式的图像文件，可识别简体中文、繁体中文和英文，具有简单易用的表格识别功能，具有 TXT、RTF、HTM 和 XLS 多种输出格式，并有所见即所得的版面还原功能。

3. 百度文字识别 OCR 软件

百度文字识别 OCR 软件是基于深度学习算法和中文检测识别技术，依托业界领先的深度学习技术，提供了自然场景下的文字检测、定位、识别等功能。文字识别的结果可以用于翻译、搜索、TTS 等代替用户输入的场景。具有准确率高、成熟稳定、简单易用、稳定高效的特点。

主要功能如下。

（1）通用文字识别：提供多场景、多语种、高精度的整体文字检测和识别服务，支持多场景下整体文字检测识别。支持任意场景、复杂背景、任意版面识别，支持 10 多种语言的识别。

（2）身份证识别：支持二代身份证正反面关键字段识别，可识别所有字段。

（3）银行卡识别：支持银行卡卡号识别，可准确识别所有主流银行卡卡号。

4. 云脉手机文档识别软件

云脉文档 OCR 软件支持 Android、iOS 等手机操作系统，利用手机直接拍摄或导入已有文档图像的方式，自动识别图像上的文字信息，并可即时在线翻译，或通过电子邮件、短信等方式分享给好友，还可以在识别结果界面编辑内容。

主要功能如下。

（1）扫描识别：使用手机拍摄文档图片，通过 OCR 识别技术自动识别，将图片上的文字提取为 TXT 文本，还可编辑识别结果，复制、保存或分享。瞬间完成纸质文档电子化，省去手动录入的烦琐。

（2）文档美化：拍摄文档图片，可手动裁切边框保留文档中精华的部分，裁切后的文档原图可以通过增强、灰度模式、黑白文档等方式美化后生成高清图片或 PDF 文档，让文档更清晰、更容易管理保存。

（3）文档纠错：编辑识别结果时系统自动提供候选集字符供选择替换文字、智能校正需修改的文字，进而提升效率。

（4）快速检索：支持拼音、任意关键字智能搜索识别后图片上的文字和文档，并可高亮展现，还可对图片进行便捷的分类查找。

思考与实训 5

一、填空题

1．扫描仪主要分为三类：________、________、________。

2．滚筒式扫描仪也叫作________。

3．平板式扫描仪也叫作________。

4．便携式扫描仪也叫作________。

5．扫描仪一般由以下几部分组成：________、________、扫描装置、机械传动系统以及控制电路等。

6．扫描参数的设置内容主要包括________、________、________。

7．扫描仪在连接计算机之前，需要先________，将锁扣开关推到开锁标记处。

8．扫描仪的接口方式有并口（EPP）、SCSI、IEEE1394 和________接口等。

9．扫描仪与计算机之间的连接一般是通过________接口。

10．文字自动识别软件是指光学字符识别，简称________。

11．OCR 识别输出格式主要有________、________、________、________。

12．OCR 识别的注意事项有________、________、________。

13．________是分辨率的常用单位。

14．胶片扫描的基本步骤：________、________、扫描。

15．扫描仪能够提供的扫描方式有________、________、彩色（RGB）、彩色（CMYK）等几种扫描方式。

二、分析如下故障情况，说出故障处理的方法

1．扫描仪不能正常工作。

2．扫描仪不能开启。

3．扫描的图像模糊不清。

4．扫描的图像中出现斑点或条纹。

三、实训操作

安装一台扫描仪的驱动程序，并扫描功课表。

设备 6

智能投影——信息的发布与展示

实训 10　为某小型产品发布会布置会议现场

任务引领

公司准备在某酒店会议室举行一个小型的新产品发布会，请用提供的设备（投影仪、笔记本电脑、便携式投影屏幕、音箱及各连接线）布置好会场，以便进行新产品的宣讲及视频资料展示。

任务分析

- 学会投影仪的安装
- 学会投影仪与笔记本电脑等设备的连接
- 学会投影影像的各参数的调整，以便保证最佳投影效果

任务操练

1．在主席台侧安装便携式投影屏幕

打开并安装投影幕支架，根据屏幕型号调整好高度，如图 6-1 所示。将便携屏幕上的挂件挂在支架的挂钩上，向下拉开屏幕，如图 6-2 所示。一直向下拉伸到底部并固定好以免屏幕缩回。

2．安装投影仪

在屏幕正前方的会议桌上平放投影仪，根据投影屏幕幕布尺寸的大小调整好投影仪与幕布

之间的距离，具体投影画面大小与投影仪距离的设置数值，如图 6-3 所示。

图 6-1　投影幕支架

图 6-2　挂上并向下拉开屏幕

投影距离

建议先安装投影机再安装幕布，投影机安装好测量出投影画面再确定幕布的大小。

幕布尺寸	4：3幕布	
	投影画面大小	投影仪距离
80寸	162cm×121cm	334cm
100寸	203cm×152cm	418cm
120寸	243cm×183cm	502cm
150寸	305cm×229cm	529cm
170寸	345cm×259cm	710cm
200寸	406cm×305cm	835cm
250寸	508cm×381cm	1027cm
300寸	610cm×457cm	1300cm

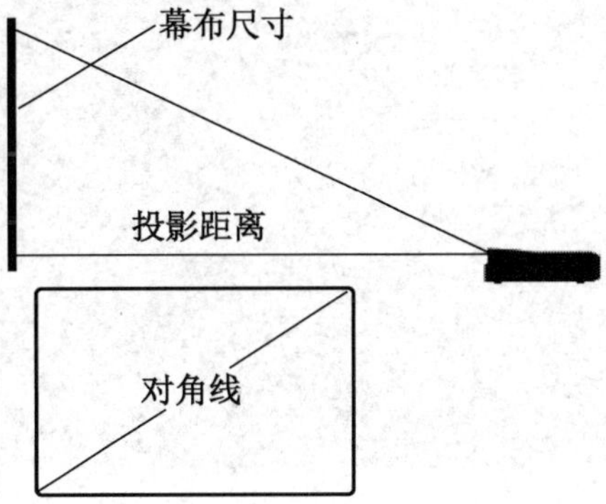

图 6-3　投影仪距离对照

3．连接投影仪与笔记本电脑

将 VGA 信号线一端插入笔记本电脑 VGA 接口，如图 6-4 所示。将 VGA 信号线另一端接入投影仪 VGA 信号输入口，并将投影仪电源线接入电源接口，如图 6-5 所示。

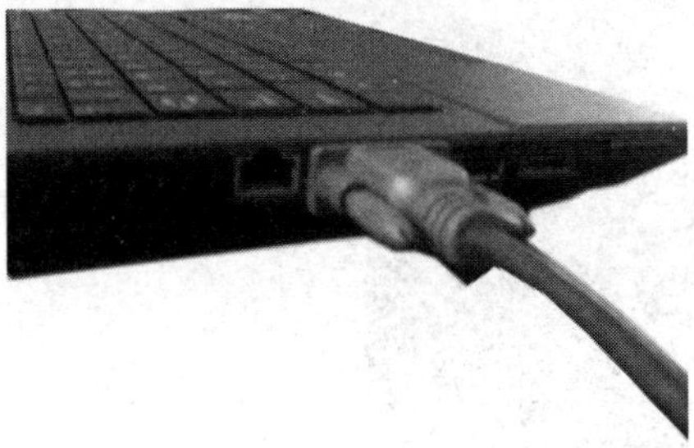

图 6-4　VGA 信号线插入笔记本电脑端

图 6-5　接入 VGA 信号线和电源

4．连接音响

将连接音响（功放）的音频线接入笔记本电脑的音频输出孔。

5．开机投影

接通电源，先启动笔记本电脑，再启动投影仪，投影仪电源开关如图 6-6 所示。启动完毕后，计算机信号投在屏幕上。若投影仪无输出影像，则一般需要按笔记本电脑上的功能组合键进行切换，如按【Fn+F7】组合键。

6．调节变焦旋钮

配合调整投影仪与屏幕距离及投影仪的高度、仰角等。调节变焦旋钮，调整投在屏幕上图像的大小及位置，如图 6-7 所示。

图 6-6　投影仪电源开关

图 6-7　调节变焦旋钮

7．调节聚焦旋钮

调节聚焦旋钮，改变屏幕图像的清晰程度，如图 6-8 所示。

图 6-8　调节聚焦旋钮

执行任务后思考

投影仪的开启还可以直接用遥控器操作。但是，必须遵循正确的开机顺序，即先保证信号源的正常输出，再启动投影仪。用遥控器关闭投影仪时，一般需要按两次电源开关。不管用何种方式关闭投影仪，都必须等投影仪散热风扇停止转动后，才能切断投影仪电源。

任务拓展

若用台式计算机连接投影仪，因为计算机显示器也要显示信号，所以要用一个 VGA 信号分配器，如图 6-9 所示，其主要功能是将计算机输出的 VGA 信号分为多路输出，即计算机的 VGA 输出信号连接分配器的输入接口（Input 接口），分配器的两个（或多个）VGA 输出接口（Output 接口）分别连接显示器和投影仪。若有多个 Output 接口且现场条件满足，还可以同时连接其他投影仪、显示器或电视机等输出设备，以便满足现场需求。

图 6-9　VGA 信号分配器

知识支撑

6.1　投影仪——多媒体展示设备

6.1.1　投影仪简介

1．投影仪的分类

投影仪又称投影机，是指能将物品、图像或者视频以精确放大倍率放大后投射在屏幕或者墙体上，供观看或者测量的仪器。投影仪有多种规格和独特的功能，被应用在生产生活的许多方面，如图 6-10 所示。

按工作原理，通常可分为 CRT 投影仪、LCD 投影仪和 DLP 投影仪。

图 6-10　两种不同品牌的投影仪

按应用环境分，一般可分为以下六类。

（1）家用型投影仪。

主要用来对视频方面进行优化处理，其特点是亮度都在 1000 lm 左右，对比度较高，投影的画面宽高比多为 16:9，各种视频端口齐全，适合播放电影和高清晰电视，适用于家庭用户。

（2）商务便携型投影仪。

一般把重量低于 2kg 的投影仪定义为商务便携型投影仪，这个重量与轻薄型笔记本电脑不相上下。商务便携型投影仪的优点是体积小、重量轻、移动性强。

（3）教育会议型投影仪。

一般定位于学校和企业应用，采用主流的分辨率，亮度在 2000～3000 lm，重量适中，散热和防尘做得比较好，适合定位安装或短距离移动，功能接口比较丰富，容易维护，性价比也较高。

（4）工程型投影仪。

相比普通投影仪，工程投影仪的投影面积更大，距离更远，亮度更高，而且一般还支持多灯泡模式，能更好地应付大型多变的安装环境，对于教育、媒体和政府等领域都很适用。

（5）专业型投影仪。

这类投影仪更注重稳定性，强调低故障率，在散热性能、网络功能、使用的便捷性等方面做得很好。当然，最主要的特点还是其高亮度，一般可达 5000 lm 以上，高者可超过 10000 lm。由于体积大，重量重，通常用于特殊用途及场所，例如，剧院、博物馆、大会堂、公共区域及场所，还可应用于监控交通、公安指挥中心、消防和航空交通控制中心等环境。

（6）测量用投影仪。

其作用主要是将产品零件通过光的透射形成放大的投影，用标准胶片或光栅尺等确定产品的尺寸。由于工业化的发展，这种测量用投影仪已经成为制造业常用的检测仪器之一。

2．投影仪的基本结构

CRT 投影仪也叫三枪投影仪，其工作原理与 CRT 显示器一样，把输入的信号源分解到 R（红）、G（绿）、B（蓝）三个 CRT 管的荧光屏上，在高压作用下使光信号放大、汇聚到大屏幕上。CRT 投影原理如图 6-11 所示。

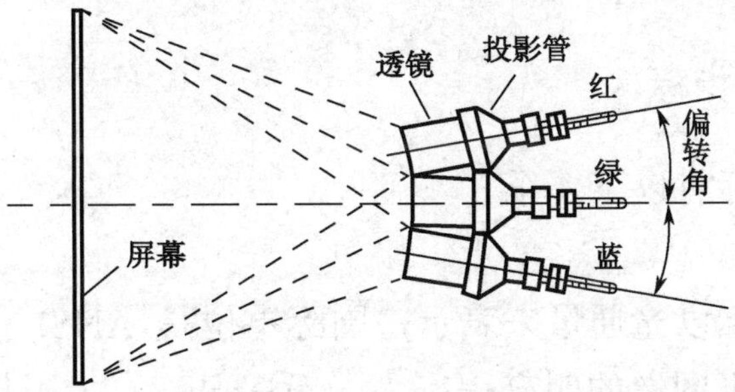

图 6-11　CRT 投影原理

LCD 投影仪的成像器件是液晶板，分为液晶板投影仪和液晶光阀投影仪两类，是液晶显示技术与投影技术相结合的产物。其基本原理是利用外光源金属卤素灯或 UHP（冷光源），把强光通过分光镜形成 RGB 三束光，分别透射过 RGB 三色液晶板。信号源经过模数转换，调制加到液晶板上，控制液晶单元的开启、闭合，从而控制光路的通过，通过镜子合光，由光学镜头放大，显示在大屏幕上。LCD 投影原理如图 6-12 所示。

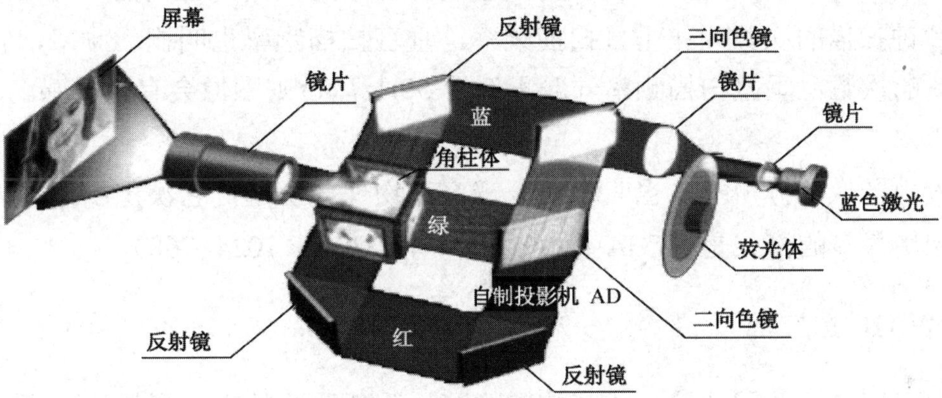

图 6-12　LCD 投影原理

DLP 投影仪开辟了投影仪产品技术发展的数字时代。它以 DMD 数字微镜作为成像器件，工作原理是：光束通过高速旋转的三色棱镜后，再投射到 DMD 部件上，然后通过光学透镜投射到大屏幕上。DLP 投影原理如图 6-13 所示。

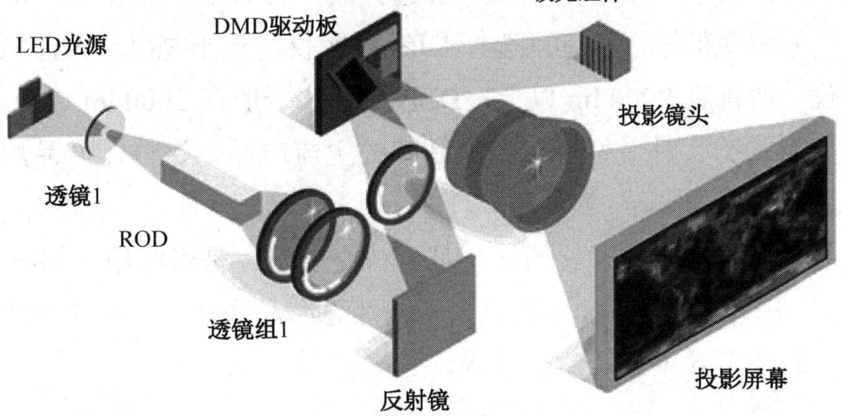

图 6-13　DLP 投影原理

3．投影仪常用的技术指标

投影仪常用的技术指标有以下 4 个。

（1）光通量。

投影仪的主要技术指标以光通量来表示，国际单位是 ANSI 流明，是指投影仪输出到屏幕上的光线强度，也是投影图像的明亮程度。一般情况下，投影仪的亮度越高，投射到相同尺寸屏幕上的图像越明亮，图像也就越清晰。

（2）水平扫描频率（行频）。

电子在屏幕上从左至右的运动叫作水平扫描，也叫行扫描。每秒钟的扫描次数叫作水平扫描频率。水平扫描频率是区分投影仪档次的重要指标。频率范围在 15～60kHz 的投影仪通常叫作数据投影仪。上限频率超过 60kHz 的投影仪通常叫作图形投影仪。

（3）垂直扫描频率（场频）。

电子束在水平扫描的同时，又从上向下运动，这个过程叫垂直扫描。每扫描一次形成一幅图像，每秒钟扫描的次数叫作垂直扫描频率，垂直扫描频率也叫刷新频率，它表示这幅图像每秒钟刷新的次数。垂直扫描频率一般不低于 50Hz，否则图像会有闪烁感。

（4）分辨率。

投影仪投出图像的分辨率，也叫真实分辨率或物理分辨率，它决定图像的清晰程度。目前，市场上应用最多的格式是 SVGA（800×600）和 XGA（1024×768）。

4．投影仪的挑选技巧

首先要明确用途及使用环境，才能按需购买，避免购买的产品型号不达要求或超标，造成不必要的浪费。

从显示的信号来说，若只是输出电视信号，则可以选择普通视频投影仪；若输出 VGA 信号，则需选择数字投影仪。

从使用性质来说，若应用在移动办公领域，则需要选择便携投影仪。

从使用空间来说，若空间小，则一般可以选择液晶投影仪。若在 300m^2 以上的大型会议室或礼堂，显示高分辨率信号，则可以选择 DLP 投影仪。至于亮度，主流机型的亮度一般都很高，液晶投影仪一般都在 2000 lm 以上，DLP 投影仪一般在 3000 lm 以上。

在确定好机型后，购买时最好选择主流品牌的主流产品，这样，产品质量和售后服务有较好的保障。

确定所选产品后，要注意投影仪的接口是否符合要求，是否够用（如图 6-14 所示为某型号投影仪的接口），在现场做一下加电测试，一是熟悉产品操作，二是检查所选产品是否工作正常，三是查看实际使用效果是否达到要求。

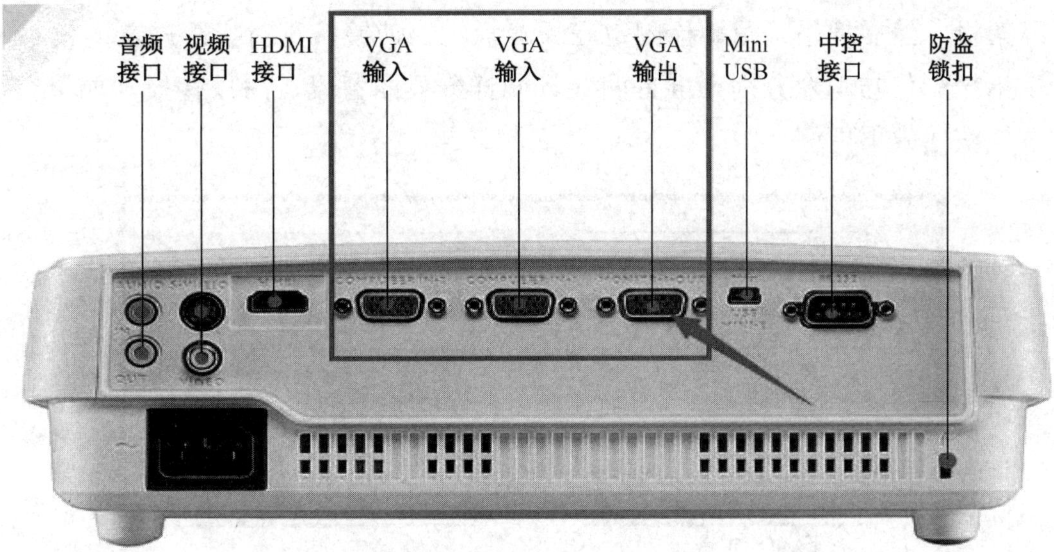

图 6-14　某型号投影仪的接口

6.1.2　投影仪的安装与连接

1．连接台式机、笔记本电脑到投影仪

投影仪与计算机的连接操作比较简单，主要是计算机音频输出信号和 VGA 视频输出信号分别连接到投影仪的音频输入接口、VGA 视频输入接口，有专用的音频线和 VGA 视频连接线（如图 6-15 所示），线的长短可以根据现场需要定做。

图 6-15　音频线和 VGA 视频连接线

连接到台式机时，因为计算机显示器需要信号的同步显示，所以需要用一个 VGA 信号分配器，先将主机 VGA 输出信号用 VGA 连接线连接到分配器的输入口，分配器一般有多个输出口，可以选择一个连接到显示器，再选择一个连接到投影仪。

当连接到笔记本电脑时，不再需要 VGA 分配器，直接用连接线将笔记本电脑的 VGA 输出接口与投影仪的 VGA 输入接口连接在一起即可。

注意： *以上操作必须在断电的情况下进行。*

2．安装投影仪

投影仪的安装方式分为正投安装和背投安装，如图 6-16 所示，一般情况下正投安装应用比较多。

正投是指投影仪和观众在一侧，正投分为桌式正投、吊顶正投。吊顶正投是指将投影仪装在专用吊架里，然后把吊架用螺栓固定在天花板上，使镜头正对投影屏幕的中心。

背投是指投影仪与观众分别在屏幕两端，同样分桌面背投、吊顶背投。如果空间允许，选择背投方式整体效果更好。

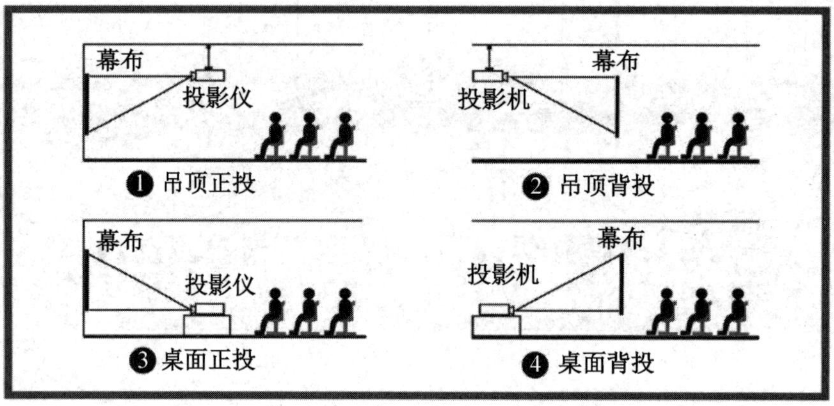

图 6-16　投影仪的安装方式

3. 投影影像各参数调整

在日常使用过程中常用的调节操作有以下几种。

（1）调节变焦。

调节图像大小。投影仪安装连接完毕开启后，一般首先需要调节变焦，以便使图像大小正好充满屏幕。通过向左、向右调节变焦旋钮即可。在此期间可在水平方向和垂直方向调整投影仪吊架予以配合，以保证图像投在屏幕上。

（2）调节聚焦。

调节图像清晰度。图像大小固定后，为了使图像清晰度达到最佳状态，可以通过多次向不同的方向调节聚焦旋钮使图像最清晰。

（3）调节菜单。

可以用投影仪或遥控器上的菜单键调节，常用的选项有宽高比、自动梯形校正、梯形校正、图像模式、反转模式等。每个模式一般都有几个固定选项，根据现场投影效果逐一选择调试即可。其中反转模式一般有正常、吊装、背投三种模式，对应投影仪桌面正投、吊顶正投、背投三种安装方式。

4. 投影仪的使用技巧

（1）投影仪电源打开之前，要确认投影仪各种电线连接完好，且信号源已经正常输出。

（2）若投影屏幕无信号显示，则可能是计算机分辨率设置过高。若计算机分辨率高于投影仪分辨率时，投影仪不能正常输出，此时降低计算机的分辨率即可。

（3）当投影仪与笔记本电脑连接使用时，也常常碰到屏幕无显示现象。此时需要使用笔记本功能区的按键以便使图像正常输出。屏幕切换组合键为 Fn+屏幕切换键（通常为 F1～F12 中的某个按键，不同品牌及型号的笔记本电脑该键的位置也不相同）。一般情况下，对于 Windows 7 及以上版本的操作系统，屏幕切换组合键为 Windows 键+P 键，在弹出的窗口中可单击“复制”选项，如图 6-17 所示。

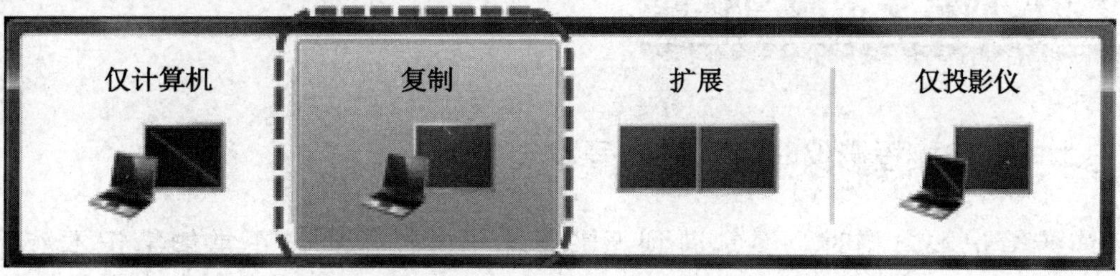

图 6-17　屏幕切换

（4）一定要严格按照投影仪的开关机顺序操作。特别是关机时，一定要等风扇停止后再关闭电源，否则会严重损坏投影仪、影响其使用寿命。

（5）要避免频繁开关投影仪，在移动过程中要防止震动，在使用过程中严禁移动投影仪，投影仪不用时要切断电源。

（6）投影仪的使用环境要注意防尘，保持通风口清洁、畅通，不能遮挡。

6.1.3　投影仪的日常维护与保养

投影仪是一种精密的电子产品，它集机械、液晶或 DMD、电子电路技术于一体，在日常使用中一定要注意维护保养。

（1）投影仪的机械部分应严防强烈的冲撞、挤压和震动。因为强震能造成液晶片的位移，影响放映时三片 LCD 的汇聚，出现 RGB 颜色不重合的现象；也可能造成光学系统中的透镜、反射镜变形或损坏，影响图像的投影效果。变焦镜头在冲击下会使轨道损坏，造成镜头卡死，甚至镜头破裂无法使用。

（2）投影仪的光学系统应及时除尘，保障通风散热良好。目前，LCD 板的尺寸越来越小，而分辨率却越来越高，也就是说每个像素尺寸越来越小，灰尘颗粒足够把它阻挡，而导致投影屏幕上出现脏点。另外，灰尘的积累会严重影响机器通风、散热。因此，防尘除尘很重要，要定期清洗进风口处的滤尘网。

（3）保持投影仪镜头干净，以免影响投影屏幕上内容的清晰程度，避免屏幕上出现各种圆圈或斑点。清洁时要用专业镜头纸或专业清洁剂。

（4）大部分投影仪使用金属卤素灯，在点亮状态时，灯丝处于半熔状态。因此，在开机状态下严禁震动、搬移投影仪，以防止灯泡炸裂，停止使用后不能马上断开电源，要让机器散热完成后自动停机。

（5）投影仪在工作状态时，严禁带电插拔电线。若投影仪发生硬件故障，则不可擅自开机检查，机器内部没有用户可自行维修的部件，并且投影仪内的高压器件有可能对人身造成严重伤害。

6.1.4 投影仪的常见故障与排除

1. 笔记本电脑连接投影仪时显示无信号输入

投影仪连接笔记本电脑时，经常遇到无影像输出或输出影像正常但笔记本液晶屏不亮等现象，一方面要查看、设置笔记本电脑的分辨率与投影仪匹配，另一方面需要使用笔记本电脑键盘上的功能键进行切换。

2. 投影信号模糊、拖尾甚至有抖动现象

信号源和投影仪之间有较大的距离（例如吊装的投影仪一般都距信号源 15m 以上），会导致输入投影仪的信号发生衰减，投影出的画面发生模糊拖尾甚至抖动的现象。这不是投影仪发生故障，也不会损坏机器。解决这个问题的最好办法是在信号源后加装一个信号放大器。

3. 图像不清晰或严重偏色

投影仪投射出的图像及色彩有时与图像源略有不同，只要偏差不太大，都属于正常的现象。但是，如果屏幕上出现各种圆圈与斑点造成图像不清晰，就可能是投影仪镜头不洁净，用专用清洁布、清洁剂清洁即可。若投射的图像出现严重的偏色甚至错误，或者出现亮点，就是投影仪液晶板出现故障了，需要专业技术人员维修。

4. 投影字符显示不完全

如果投在屏幕上的字符显示不完全，可能是投影仪分辨率不够，可降低计算机分辨率看是否能解决问题。如果问题仍然存在，就说明液晶片损坏。

5. 投影图像不稳定、投影重影

投影仪输出的图像不稳定，有条纹波动，可能是投影仪电源信号与信号源电源信号不共地，可将投影仪与信号源设备的电源线插头插在同一个电源接线板上。当投影图像出现重影时，可能是连接电线性能不良所致，这时可更换信号线解决。

6. 投影图像质量下降

当投影图像出现暗黄色或色彩不饱满时，可能是灯泡寿命已到。有的投影仪当投影图像

效果开始恶化时，错误指示灯会以一定的频率闪烁，提醒用户更换灯泡。投影仪的灯泡是投影仪的耗材，有一定的时间寿命，需专业人员更换。

7. 自动关机

投影仪在使用过程中自动关机，一方面是因为使用时间过长，投影仪的热保护装置保护性关机；另一方面是因为通风孔不畅或现场散热效果差引起温度过高，投影仪的热保护装置保护性关机。投影仪连续使用时间一般不要超过 4 小时，在工作过程中要保障通风孔畅通，散热环境良好。

实训 11 智能交互平板——新平台的便捷展示

任务引领

公司准备在小会议室召开新电子产品使用方法在线培训会，请用提供的设备（智能交互平板、笔记本电脑、各连接线）布置好会场，以便进行新电子产品的使用操作流程展示。

任务分析

- 学会智能交互平板的安装
- 学会智能交互平板与笔记本电脑等设备的连接
- 学会内置电脑的安装和智能交互平板的开关机

任务操练

1. 在主席台安装智能交互平板

根据屏幕型号调整好智能平板支架高度，如图 6-18 所示，最好使用厂家指定的挂架。若采用自制的安装架，其承载能力应保证不低于智能交互平板重量的 4 倍，并要保证其安装方向正确，如图 6-19 所示，安装时，请保持垂直安装，若安装倾斜角度过大，可能导致屏幕玻璃脱落或倒塌。

2. 智能交互平板连接

安装智能交互平板后，将 USB 接口的键盘、鼠标插入前置端口的 USB 接口，如图 6-20 所示，使用 HDMI 接口与笔记本电脑连接，或者使用全功能通道 type-c 接口与笔记本电脑等外部设备连接，实现触控操作。

图 6-18　智能平板支架

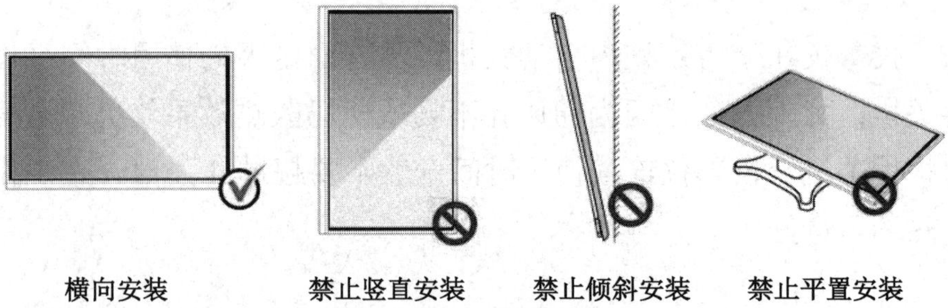

图 6-19　安装方向

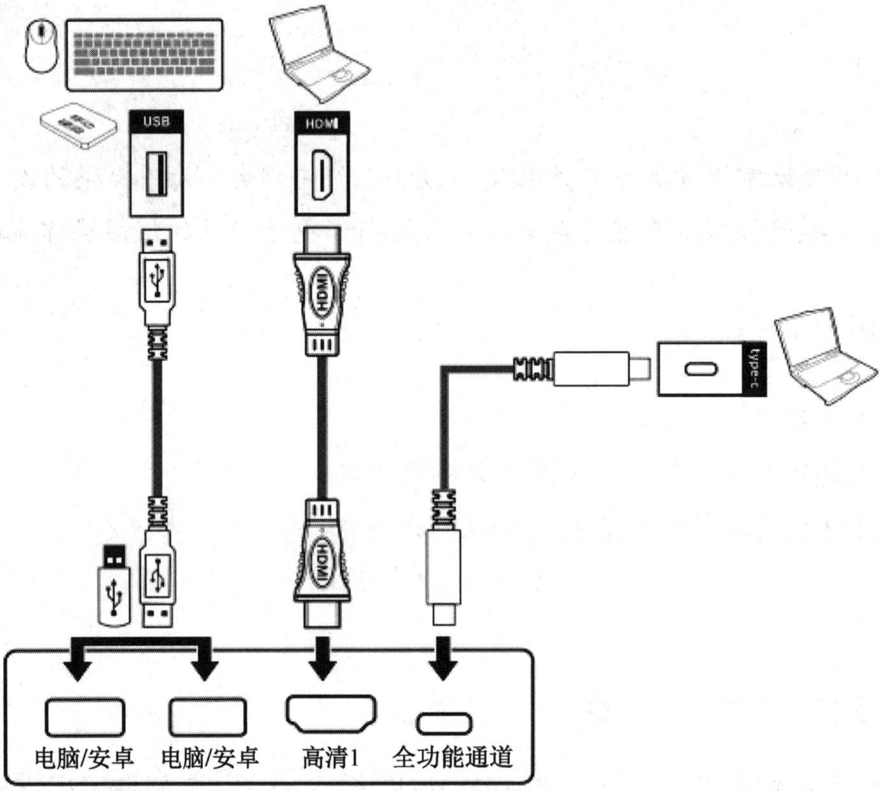

图 6-20　前置端口

3．开机

使用交流电作为智能交互平板的供电电源。电源插头完全插到底，并确保插座地线接地良好，如图 6-21 所示。

接通电源，打开电源开关（屏体后侧，电源插座接口旁）进入待机状态，如图 6-22 所示，此时电源指示灯为红色。

按下前置按键板中的电源键或遥控器待机键，启动智能交互平板，内置电脑随智能交互平板开启，此时电源指示灯为白色。

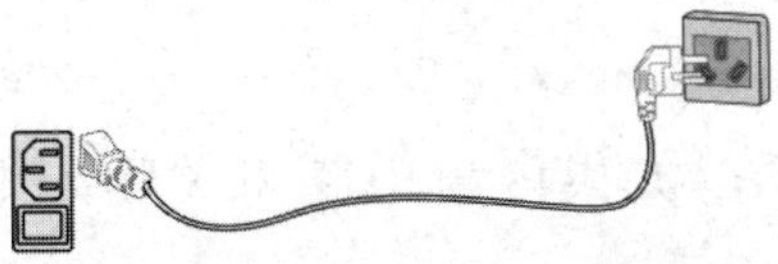

图 6-21　电源插头

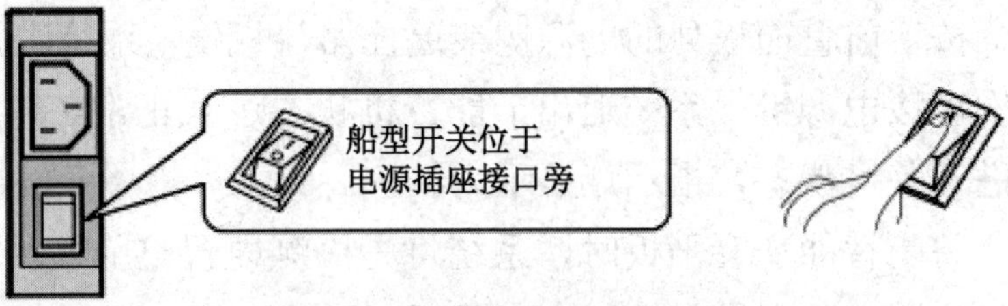

图 6-22　电源开关

4．内置电脑的安装

如果机器内没有选配内置电脑，则需要将内置电脑插入智能交互平板后方专用卡槽内，上下拧紧螺丝，完成内置电脑的安装，如图 6-23 所示。

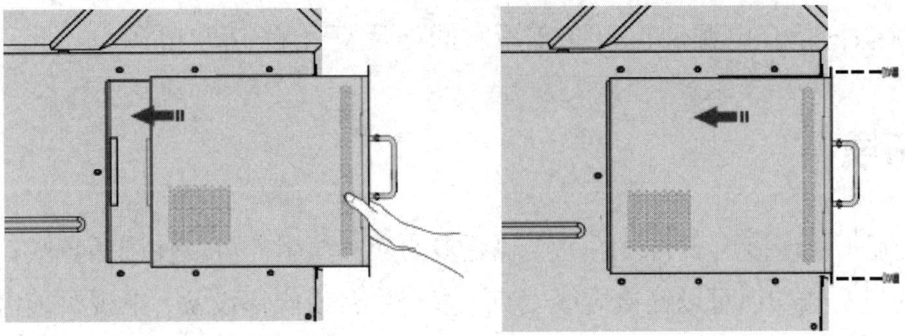

图 6-23　内置电脑的安装

5．前置按键

通过按屏幕下方的前置按键，可以实现护眼、音量调节、触控的开关等基本功能，如图 6-24 所示。

图 6-24　前置按键

短按“护眼”键，开启或关闭护眼功能；长按“护眼”键，启用一键录屏功能。短按“关闭窗口”键，关闭当前窗口。短按“音量+”（或“音量-”）键：增大（减小）音量，按一下音量键增加（减少）一格，长按音量键：显示音量进度条，持续增大（降低）音量；短按“主页”键，进入安卓主页，长按“主页”键，开启/关闭童锁；短按“触控开关”键，打开或关闭屏幕触控；按“多任务”键，进入多任务界面。

6．关机

按下前置面板处的电源键或遥控器待机键，系统进入节能待机状态，指示灯显示为白色，再次短按电源键，系统退出节能待机状态进入正常工作状态。长按电源键或遥控器待机键系统进入关机状态，指示灯显示为红色。

关闭智能交互平板时，系统将先检测内置电脑是否已关闭，如果内置电脑未关闭，则先关闭内置电脑再关闭智能交互平板。

执行任务后思考

打开触控开关后，可在触控屏幕上书写，开启护眼功能后，屏幕通过降低色温，减少对视力的伤害。

禁止热插拔内置电脑，在确定断开智能交互平板的电源后，才可插拔。智能交互平板需要先进入待机状态再断开电源，也不要在短时间内反复开启/切断电源。

任务拓展

若用智能交互平板连接更多的设备，实现更多的交互演示，可以使用后置端口，如图 6-25、图 6-26 所示，通过后置端口可以连接无线麦克、多个展台或安卓设备、电视机顶盒、DVD 分量端口或 AV 端口。

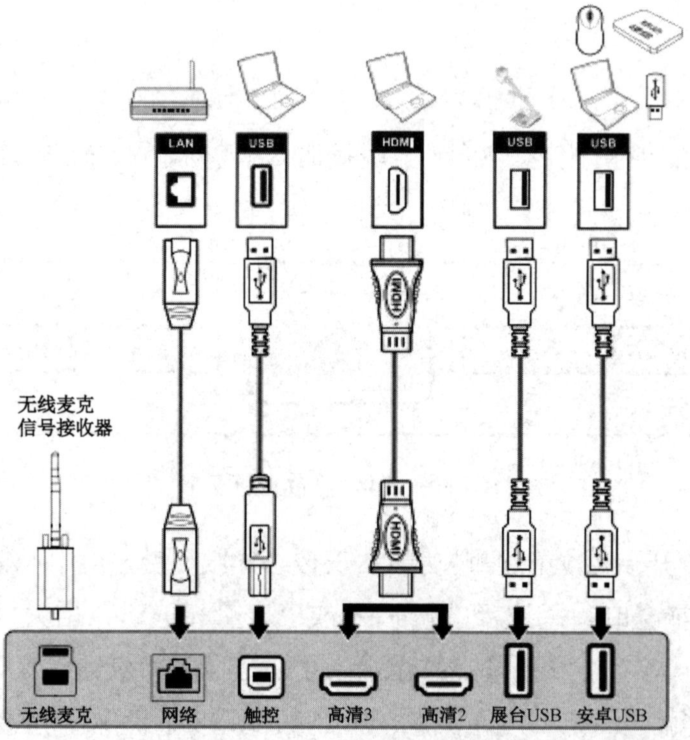

图 6-25　后置端口 1

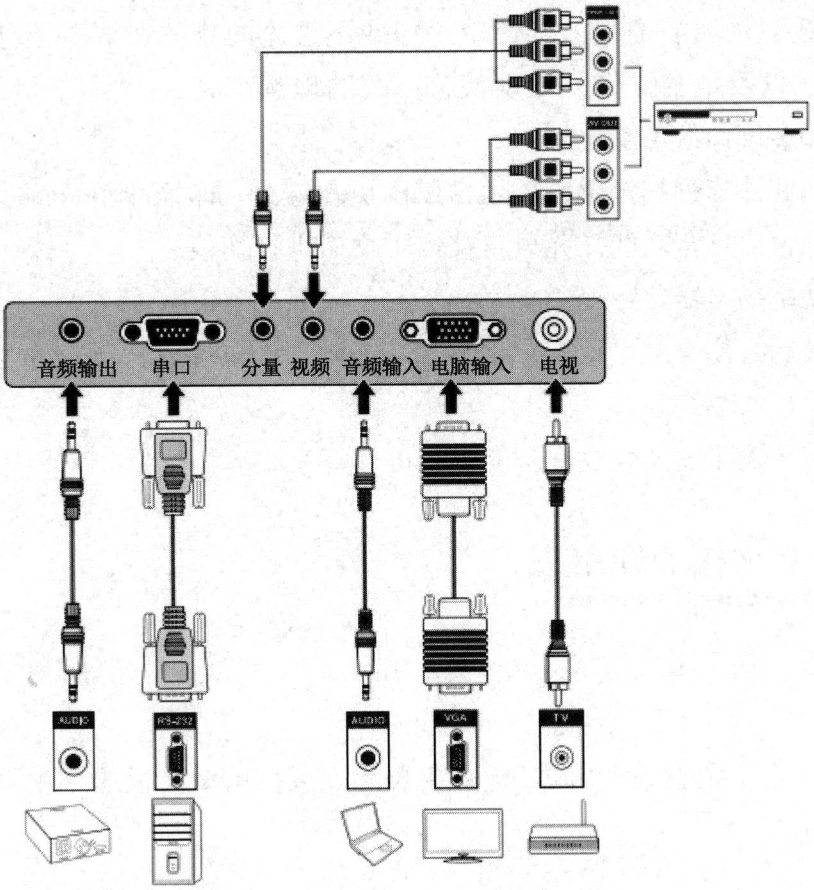

图 6-26 后置端口 2

“触控”端口可与“电脑输入”“高清 2”“高清 3”等端口组合使用；“高清 2”“高清 3”等是高清晰多媒体接口，可通过 HDMI 线连接传输高清晰、全数字的音视频内容，获得更加优质的画面和音效。

知识支撑

6.2 智能交互平板

6.2.1 智能交互平板简介

智能交互平板是人机交互产品，整合了投影仪、投影幕布、电子白板、电脑（可选项）、电视、触摸屏等多种设备，集互动式教学、数字化演示、多媒体演讲、触控式操作、手写式输入为一体的多功能型教学设备。从设计到生产，都充分考虑到了多行业的应用特点，操作方便直观，全数字化智能控制，可使用手指或不透光的物体在屏幕上任意书写、批注、绘画、多媒体娱乐以及电脑操作，是现代化办公的理想工具。

（1）为教学和会议系统量身定做。

（2）用先进的红外阵列扫描感应技术，HID 免驱方式，即插即用。

（3）多信号源窗口预览功能，并可直接点击窗口进行切换。

（4）前置大功率扬声器。

（5）在完全关闭智能交互平板产品屏显的状态下，提供播放音频文件功能，节约能耗的同时大幅度聚集用户的注意力。

（6）自动感应环境照度及亮度，智能调节屏体背光。

6.2.2 智能交互平板的使用

1. 白板

开机后系统检测到无外接信号源，进入主页界面或按前置面板的“主页”键进入主页界面，如图 6-27 所示。

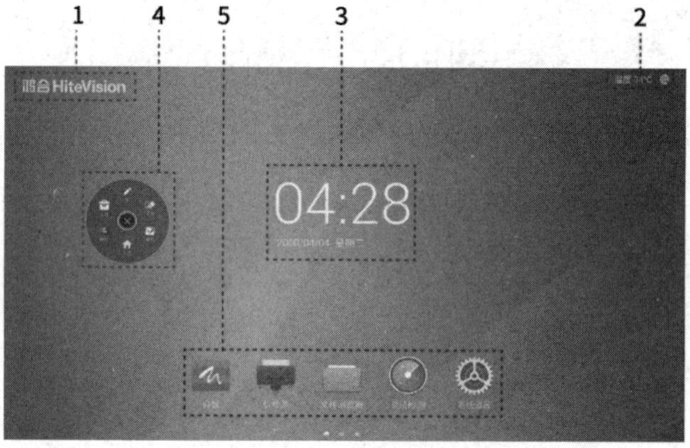

图 6-27　主页

标号 1 为企业 logo；标号 2 为状态栏，实时检测并显示屏幕温度、网络状态；标号 3 为时间日期；标号 4 为罗盘，默认显示：笔、工具、展台、主页、便签和清屏六个快捷应用；标号 5 默认显示“白板”“信号源”“文件浏览”“系统检测”“系统设置”应用程序，单击对应的图标进入对应的应用程序界面。

单击“应用栏”的“”图标，进入白板界面，在白板应用程序下，可以新建白板页面，并选择批注笔线形、颜色进行批注；还可对白板内容进行擦除、清页、撤销、重做等操作，白板工具栏如图 6-28 所示。

图 6-28　白板工具栏

单击“”图标，即可新建白板空白页面。

当需要使用书写笔时，单击“”图标，进入书写模式；再次单击“”图标，选择书写笔的类型、粗细和颜色。

当对书写内容进行擦除时，可通过点击“”图标选中橡皮擦并在屏幕上移动即可对白板书写笔迹进行擦除，支持面积擦除和五指擦除。

再次单击“”图标，选择“清页”清除当前白板所有内容。

单击“”图标，可对白板内容图片进行点选，选中的图片状态可拖动调整位置，点住画布内非图片区域可实现漫游功能。

单击“”图标，在展开的菜单栏中，可选择进行插入、保存、分享或设置等操作。点击“分享”后生成二维码，手机端扫码获取分享内容。默认分享当前页，选中所有页后可分享白板全部页面。

单击“”图标，退出白板程序。

2．信号源

当需要使用连接外部信号源时，先连接对应的信号源接口，单击应用栏中的“”图标，进入信号源界面，如图 6-29 所示。当无外接信号源时，图标显示为灰色，外接信号源连接成功后图标被点亮，单击相应图标进入信号源浏览界面。

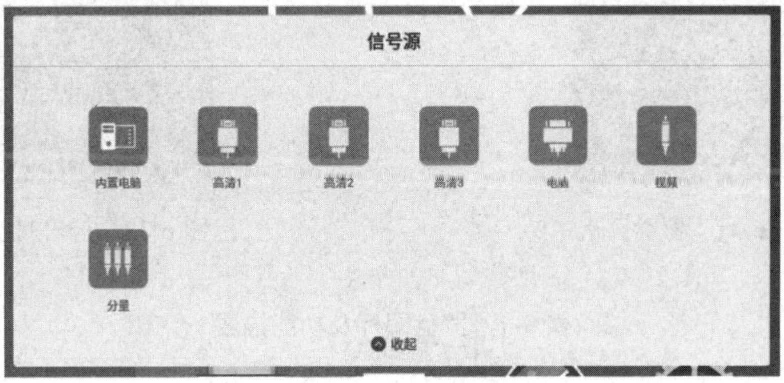

图 6-29　信号源界面

3．文件浏览

单击“”图标进入文件浏览界面，显示当前系统本地文件内容。如果机器外接移动设备（如 USB 存储设备、移动硬盘等），将优先显示移动设备文件内容，如图 6-30 所示；可对显示的文件进行选择、复制、粘贴、一键发送、分享和删除等操作。本地文件比外部设备文件多了“白板”“截屏”文件分类。

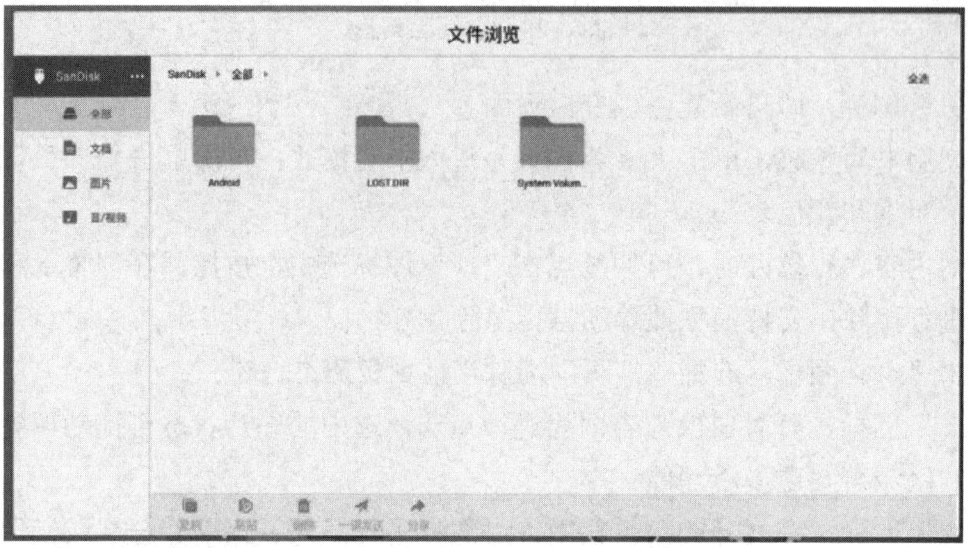

图 6-30　文件浏览

4．罗盘

在屏幕单击“”图标，进入罗盘菜单，如图 6-31 所示。在罗盘处，单击“”图标，进入屏幕批注模式，如图 6-32 所示，选择批注笔类型和线条颜色等。

罗盘图标及功能描述见表 6-1。

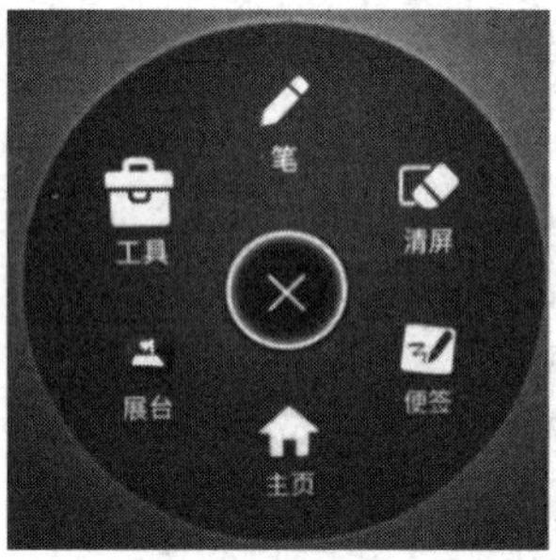

图 6-31　罗盘

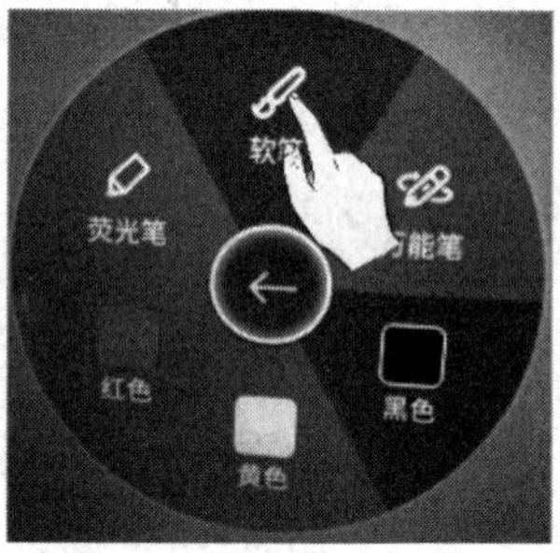

图 6-32　屏幕批注模式

表 6-1　罗盘图标及功能描述

图 标 名 称	功 能 描 述
笔	进入屏幕批注模式，此时罗盘图标切换成批注笔的类型和颜色图标
工具	显示工具罗盘列表，可根据需求在列表中点选所需工具
展台	打开 Windows 应用展台
主页	在未安装内置电脑时，点击图标返回安卓主页
便签	打开便签应用
清屏	可清除屏幕上的批注

5．手势

（1）快速调用菜单。

显示区域底端单指垂直向上滑动，可调出“快速调用菜单”，如图 6-33 所示，在该界面，可打开/关闭触控、护眼、单独听、无线网接入功能，也可快速进入信号源或系统设置，还能调节系统音量及屏幕亮度。

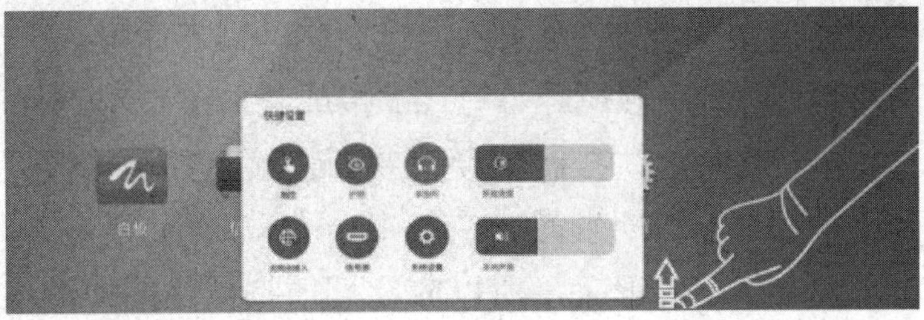

图 6-33　单指滑动

“快速调用菜单”可在任意应用界面调出，若调出后 10 秒内无操作，菜单会自动再次隐藏。

（2）移动罗盘。

可通过下列两种方法移动罗盘：

在任意界面中，手指按住罗盘进行拖动，罗盘会跟随手指进行位置移动，如图 6-34 所示。

在任意界面中，用两根手指长按屏幕，罗盘将自动移动到手指长按的位置。

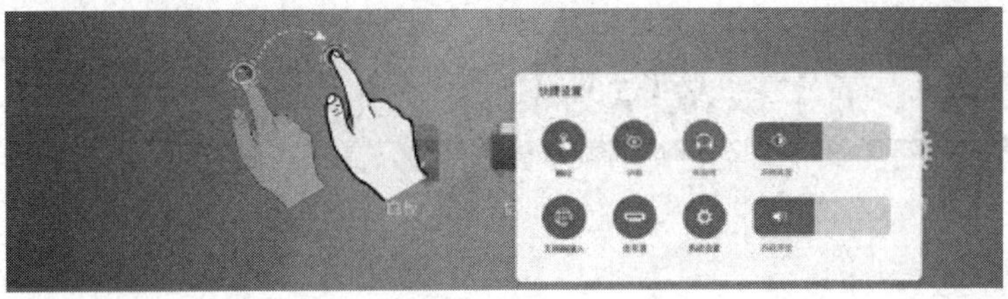

图 6-34　手指拖动

（3）息屏。

在任意界面中，可用三根手指长按屏幕，进入息屏状态，如图 6-35 所示。在息屏状态下，再次用三根手指长按屏幕，亮屏。

图 6-35　三指长按息屏

6.2.3 智能交互平板的日常维护与保养

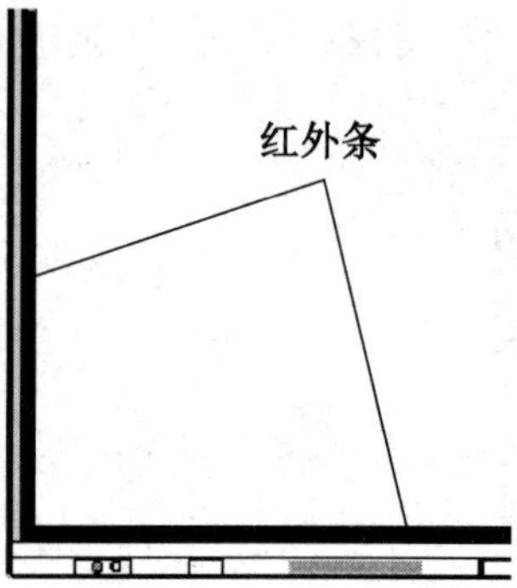

图 6-36 红外条

（1）红外条清扫。

智能交互平板是利用水平和垂直方向上的红外线矩阵来检测并定位用户的触摸。屏体的四周分布着红外条（即红外接收管和红外发射管），如图 6-36 所示，它们在屏体表面形成一张由红外线布成的光网，当用户触摸屏幕时，手指或其他不透明物体就会挡住经过该点的横竖红外线，控制器便会判断出触点的坐标位置。

由于长期暴露在空气中，屏体表面极易积尘而引起触摸不灵敏或定位不准确现象，所以应定期清扫屏体四周的红外条。

（2）请勿将机器安装或放置在热源附近，也不要将机器放在阳光直射、多尘或者潮湿的地方，以及有机械振动和易受撞击的地方，为获得良好的效果，还应尽量远离高压输电网、大件金属物体、雷达站等设备。

（3）请勿用化学试剂擦拭机体，溶剂可能会使机壳变质或损坏其漆面。如有灰尘污垢，应在切断电源后用湿布拧干后擦拭。显示触摸屏可用干净软布轻轻擦拭。

（4）请勿频繁开关机，以免影响机器使用寿命。正常关机后，请等待三分钟后再开机。如长期不使用，请关闭设备电源并拔掉电源插头。

（5）请勿长期将显示亮度及对比度设至最大值，以延长液晶屏的使用寿命。请勿用硬物在触摸屏上书写，以免划伤玻璃影响显示效果。

6.2.4 常见的智能交互平板故障与排除

1. 无声音及图像显示

检查电源线是否已连接到电源插座，并且已通电；检查是否已经打开智能交互平板的开关；检查输入的音视频线是否正常；检查是否切换至正确信号源输入；检查图像亮度、对比度、音量大小等。

2. 图像正常，无声音

检查音量大小；检查是否按了遥控器上的静音键；检查电脑与智能交互平板的音频连接是否正确。

3. 书写时抖笔或断笔

书写时尽量用书写笔书写，握笔尽量远离笔尖，笔与屏幕表面夹角尽量大于 60 度（注意衣袖或手腕不要靠近书写面)；更换新的笔尖或用较大面积的笔头书写；去除干扰源或换个无干扰环境。

4．屏幕出现提示信息

如果内置电脑未安装或接触不良，可出现相应提示，需重新正确安装内置电脑，并重启智能交互平板。

5．内置电脑无信号

检查内置电脑是否正确插入插槽；检查内置电脑是否进入休眠状态；尝试按下内置电脑的电源键，手动开启内置电脑。

6．外接电脑无触控

重新拔插 USB 触控线；确保 USB 触控线接在正确的接口上。

6.3　其他投影附件

6.3.1　投影幕布

投影幕布用在学校、办公、家庭影院、大型会议等场合，用来显示图像、视频文件，如图 6-37 所示为高清支架投影幕布。选择投影幕布时，不仅要综合考虑以下参数，也要结合自身的实际应用需求。

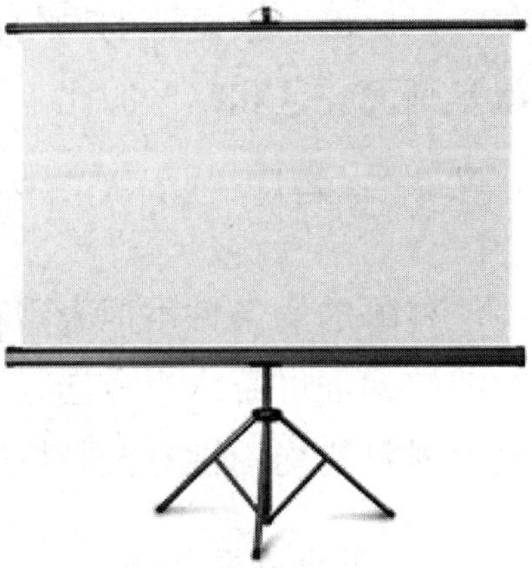

图 6-37　高清支架投影幕布

1．屏幕的增益

增益：是用数字来表示屏幕固有的反射特性（各个角度的明亮程度）。向完全漫散射面（即上下左右 180° 方向反射率都是一样的反射面）上投射一定的光线，这时的反射亮度设定为 1。然后在同一条件下，向屏幕垂直的方向投射同样的光线，测定中心点和同一圆弧上各点的亮度，这个亮度和完全漫散射的亮度的比率就叫屏幕的增益。

半增益：是衡量屏幕亮度的一项重要指标。屏幕中心位置垂直屏幕方向观看时为屏幕的最亮点，当观看者偏离屏幕中轴方向观看，屏幕亮度降低为最高亮度一半时的增益就是半增益。另外，屏幕的增益降为一半时的观察角度称为半增益角，半增益角也是衡量屏幕技术的一项重要指标。半增益角度越大，所能清晰观看到屏幕上面的内容就越多。

屏幕增益对图像的影响：没有增益的屏幕所呈现的图像较为平和真实，但容易受到环境和外部光线的影响。而有增益的屏幕则带来明亮、层次丰富、色彩鲜艳的画面，且环境和外部光线对其影响较小。但屏幕的增益和屏幕的观察角度有着特殊的反比关系，即增益越高，观察视角就会越小。增益过高（半增益角过小）会造成画面中间亮、四个角暗及高亮度的部分出现饱和却没有层次感，由于能量过于集中，所以横向只有一两个座位能观看到明亮的画面。

2．宽高比率

投影屏幕的宽高比率直接影响着画面的质量，只有投影屏幕的宽高比率和投影机的自然分辨率、信号源的分辨率（解析度）完全匹配时，才会使显示画面更加精彩。投影屏幕的宽高比率主要有以下几种：

宽高比率 1.33:1（4:3），主要用于显示视频/PC 图像；

宽高比率 1.78:1（16:9），主要用于显示高清电视图像（HDTV）；

宽高比率 1.85:1，主要用于显示宽银幕电视信号图像；

宽高比率 2.35:1，主要用于宽银幕立体声影像显示。

目前宽高比率 4:3 和 16:9 的视频画面最为常用。

3．对比度

对比度对于画面的均匀性和解析度非常重要，主要指高电平和低电平的比率，通俗地讲就是画面亮区和暗区的比。高对比度的屏幕对于画面的层次显示至关重要。

4．均匀性

屏幕的均匀性不但表现在画面的质量上，而且和投影机的投影技术息息相关。好的均匀性能够保证屏幕水平方向、垂直方向从 0°～180° 观看时，画面亮度和色彩的一致性。屏幕表面材料的均匀性对投影机的画面均匀性起到了良好的支撑作用。

5．配合观看距离

屏幕大小一般用英寸表示，如 80 英寸、120 英寸等。由于投影机的焦点距离决定了它和屏幕的距离，根据它们之间的距离，以及安装屏幕房间的高低和宽窄，就可以计算出应该安装多大尺寸的屏幕。

观看距离一般为有效画面高度的三倍到五倍。观看的距离也有一定的适应期：刚使用的时候五倍画面高度距离感觉比较舒适，以后就会感觉三倍画面高度的距离更具震撼感。

较为理想的屏幕安装高度是让屏幕有效画面的中心位置和观看者的眼睛处于同一水平线稍高处。

6.3.2　激光翻页笔

激光翻页笔又称电子教鞭（英文名为：Laser pointer with remote control），它是一款专门为计算机及多媒体投影机而设计的新型专利电子产品。

激光翻页笔除了具备传统激光教鞭的映射功能外，还可以通过简单地按动激光笔上、下翻页按钮，以无线方式直接远程遥控多媒体投影设备，实现电子文档的自由翻页和随意演示。主要可控制多媒体文件如 PPT、Excel、Word 文件的翻页控制，方便多媒体演讲者的使用。

激光翻页笔由一个射频遥控器和一个接收器组成，射频遥控器内嵌有无线射频发射器，在使用时只需将接收器插入计算机主机的 USB 接口，无须安装驱动即可正常工作，使用者只需按射频遥控器的相关功能键便可操纵接收器；并且发射器不用对准接收器，真正体现无线自由。激光指示分红光指示和绿光指示两类。

激光翻页笔的接收器一般是磁吸收纳，激光翻页笔按键如图 6-38 所示。

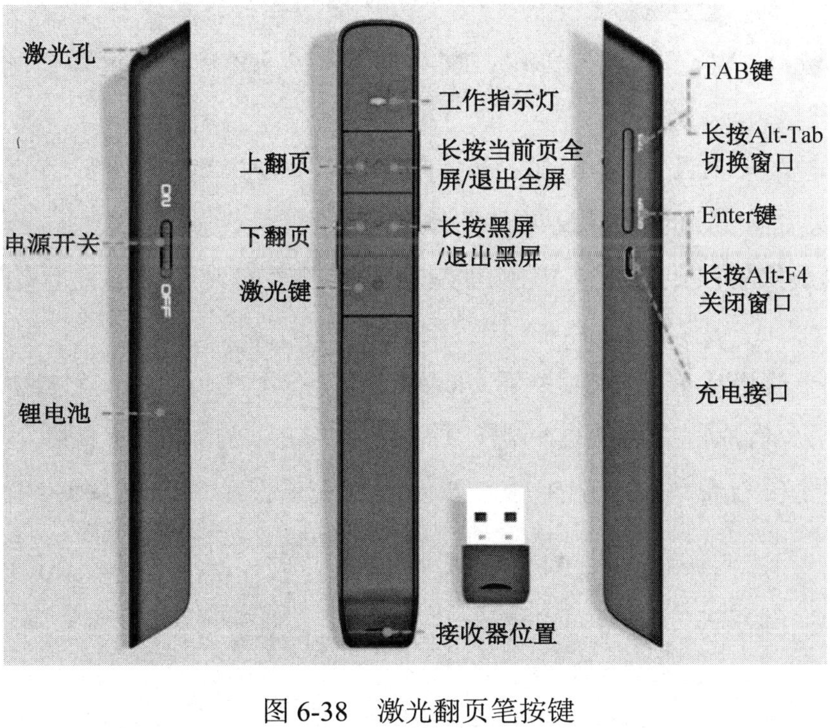

图 6-38　激光翻页笔按键

思考与实训 6

一、填空题

1. 投影仪亮度单位是________，从工作原理看，当前投影仪一般分为________、________、________三种类型。

2. 确定________之后才能关闭投影仪的电源。

3. 如果投影仪在使用过程中，投影画面上出现脏点，就说明液晶板上有________或者________不洁净。但若投影画面上出现亮点，则说明________出现故障。

4. 投影画面严重偏色可能是________损坏，若投影仪在工作过程中突然断电，则会减少________的寿命，甚至对其造成严重损坏。

5. 高清晰多媒体接口，可通过________线连接传输高清晰、全数字的音视频内容，获得更加优质的画面和音效。

6. 智能交互平板是________产品，整合了投影仪、投影幕布、电子白板、电脑（可选项）、电视、触摸屏等多种设备。

二、问答题

1. 通过查找资料，对比 CRT 投影仪、LCD 投影仪及 DLP 投影仪各自的优点，了解 LCD 投影仪的工作原理。

2. 假设在学校里一节课是 45 分钟，课间休息 10 分钟，第一节课、第二节课都要用投影仪，第一节课下课后需要关闭投影仪吗？为什么？

3. 若一台投影仪连接到笔记本电脑后无图像输出，则原因可能是什么？应如何解决该问题？

4. 智能交互平板连接笔记本电脑后，屏幕手写功能正常，无意间触碰了一个开关，屏幕交互功能失效，请分析原因并解决此问题。

5. 智能交互平板与安卓设备连接后，如何浏览安卓设备中的文件？

设备 7

音响与影像设备

实训 12　音响设备安装——为元旦联欢晚会会场布置音响设备

任务引领

学校打算举行元旦联欢晚会，根据学校的要求，对音响及多媒体设备（投影仪、计算机、DVD、音箱、功放、话筒及连接线等）进行布置，能够完成主持、唱歌、显示字幕等功能。

任务分析

- DVD 影碟机音频信号、话筒连接到功放，功放音频输出连接到音箱
- DVD 影碟机视频信号连接到投影仪
- 计算机音频信号连接到功放，视频信号连接到投影仪

任务操练

在本次任务中，所有设备连接关系图，如图 7-1 所示。

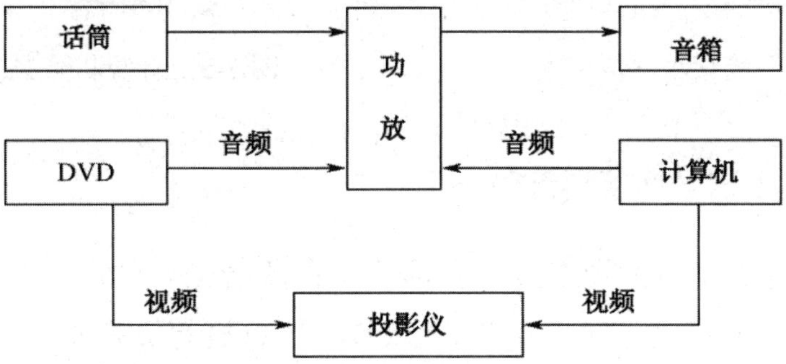

图 7-1　设备连接关系图

1．连接功放与 DVD、投影仪与 DVD

连接 DVD 音频输出端口和前置放大功放音频输入 AUX1 端口，如图 7-2 所示。DVD 视频输出至投影仪视频输入端口，用视频连接线连接该设备黄色的视频接口。

2．连接话筒与功放

将无线麦克风连接至功放 MIC2 端口，如图 7-3 所示。

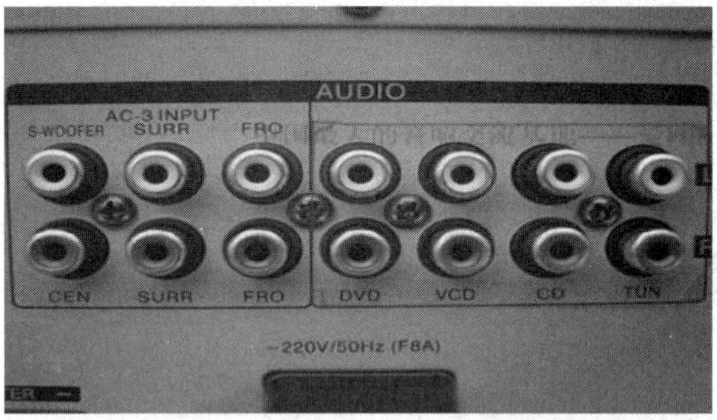

图 7-2　DVD 音频连接到功放

图 7-3　无线麦克风连接至功放

将有线话筒连接至功放 MIC3 接口，如图 7-4 所示。

3．将计算机音频、视频信号分别与功放、投影仪连接

连接计算机音频端口和功放 MIC4 端口，如图 7-5 所示。连接计算机视频端口和投影仪的视频输入端口。

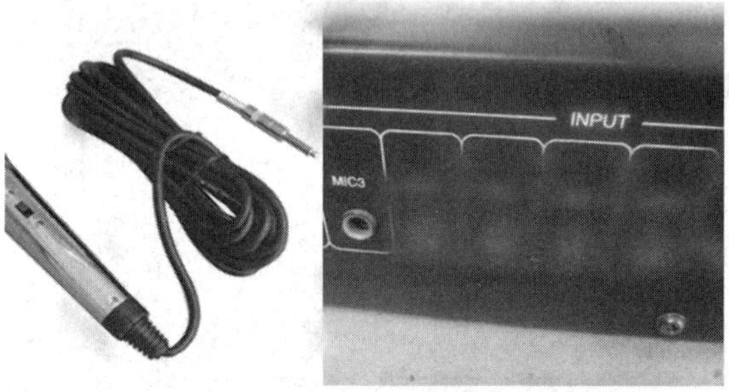

图 7-4　有线话筒连接至功放

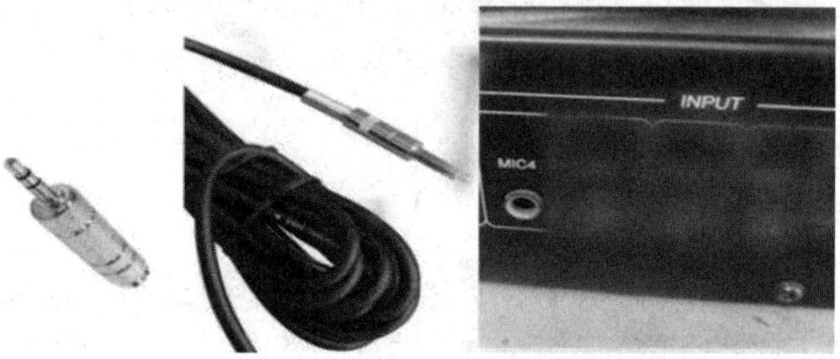

图 7-5　计算机音频连接至功放

4．将功放音频输出信号连接到音箱

用音频线将功放音频输出信号连接到会场所布置的音箱，如图 7-6 所示，然后进行调音工作。调音时，先打开声音输入源（话筒、DVD、计算机等逐个进行调试），然后调节功放的音量等功能按钮，结合声音输入设备的调节，使音箱的声音达到会场要求。

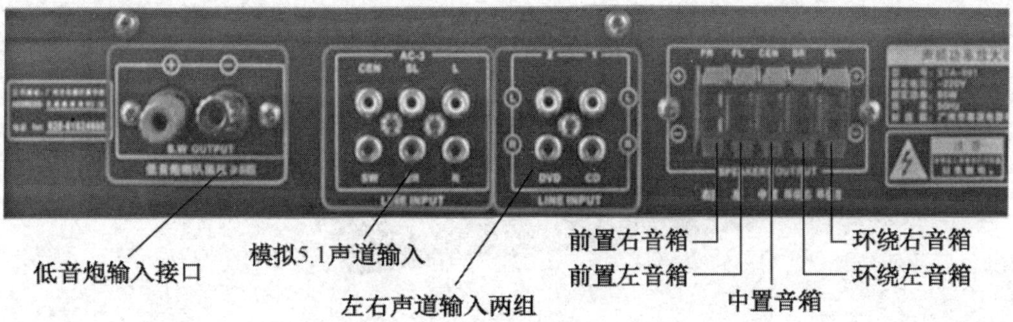

图 7-6 功放音箱接口

执行任务后思考

如果需要支持的话筒少，使用空间小，那么可以只用普通的功放，它的功率较小，连接简单，1 或 2 路话筒输入，两根连接线输出至音箱，一根电源线连至交流电源。但如果有多路输入、输出信号，音箱功率也较大，就需要将前置功放和后置功放分开。

任务拓展

比较专业的场合一般用调音台，其外观如图 7-7 所示，调音台又称为调音控制台，它将多路输入信号进行放大、混合、分配、音质修饰和音响效果加工，是现代电台广播、舞台扩音、音响节目制作等系统中进行播送和录制节目的重要设备。调音台又分为三部分：输入部分、母线部分、输出部分。母线部分把输入部分和输出部分联系起来，构成了整个调音台。

（1）音源输入。调音台支持多路的信号输入，将各路信号线插头插入各路插孔中，如图 7-8 所示，可以方便控制，但要清晰地标记出各路的信号名称，如话筒 1、话筒 2、DVD 等。

图 7-7 调音台的外观

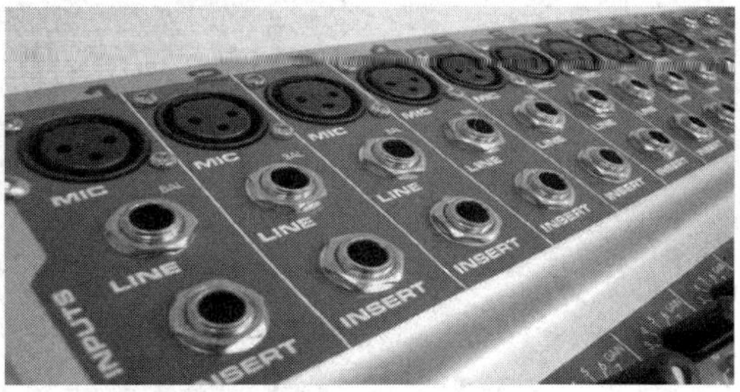

图 7-8 调音台信号输入接口

（2）调音台音量控制推子。左侧 1～6 灰白色的为分通道音量控制推子，MAIN（红色）为总控推子，如图 7-9 所示。这些控制推子是平滑推拉式电位器。一般向上推的最大增益为+10dB。为了使调音台输出电平能够有较高的信噪比和较大的动态范围，在操作时一般将总控制推子置于推子行程的 70%位置上，而分通道音量控制推子则调在略低于总控制推子的位置上。

图 7-9　调音台音量控制推子

知识支撑

7.1　办公音响设备简介

1．办公音响设备的种类

办公音响设备有很多，一般情况下有话筒（无线话筒）、调音台、功放、音箱等，常见音响设备与控制台的连接如图 7-10 所示。音源（除话筒外）有时还需要用 DVD、计算机等设备播放音乐。用计算机播放最好，可以把节目顺序在计算机中排好，演出时便于控制。如果需要更好的效果，可以加效果器、时序器、均衡器、限压器等设备。

图 7-10　常见音响设备与控制台的连接

① 音源：是播放声音载体的设备，包括音乐播放设备和拾音设备。常见的音乐播放设备有计算机、录音机、CD、DVD、MP3 等，拾音设备即话筒，包括有线话筒、无线话筒。

② 控制设备：是控制音源信号输入输出的设备，包括模拟调音台、数字调音台、数字音频媒体矩阵、AV 数字管理中心。

③ 还原设备：是将电信号还原成声音信号的设备，包括扬声器系统和功率放大器。扬声器系统即喇叭、音箱，功率放大器（功放）。

④ 连接线：以上设备由不同类型的线材、电缆连接在一起，组成统一音响系统使用。

⑤ 周边设备：其他的辅助设备，包括处理器、均衡器、限压器、分频器、激励器、延时器、效果器、反馈抑制器等。

2．家庭影院的配置

一般家庭影院示意图，如图 7-11 所示。

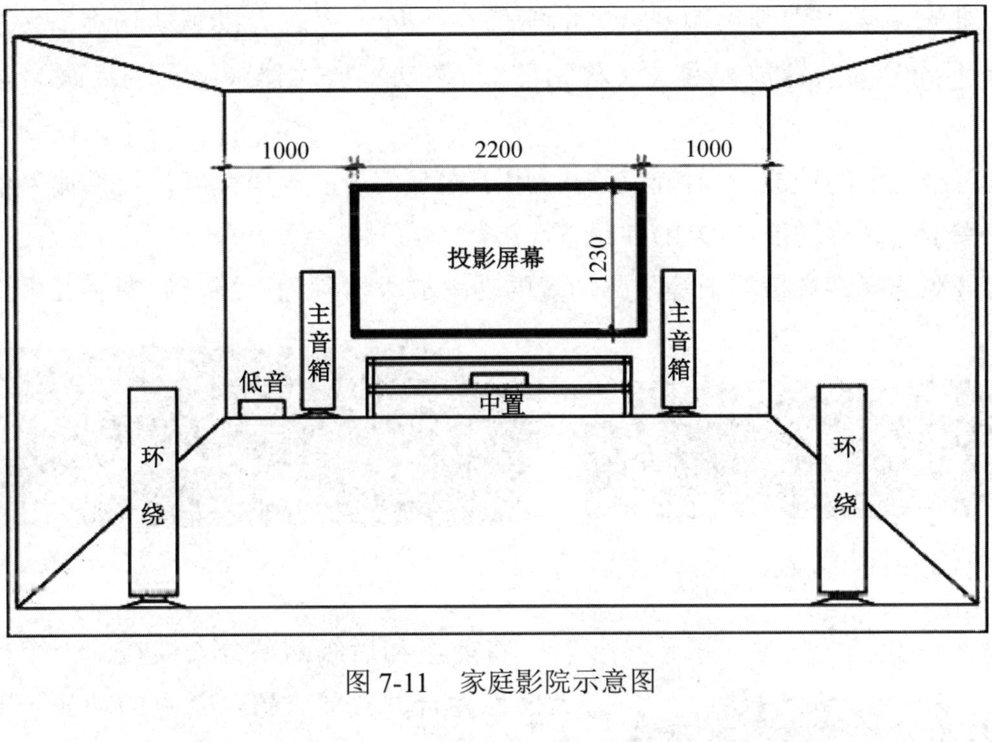

图 7-11　家庭影院示意图

家庭影院系统是指家庭环境中搭建的接近影院效果的可欣赏电影、享受音乐的系统，这样在家庭中即可播放有环绕影院效果的影视作品，聆听专业级别音响带来的音乐，并且支持卡拉 OK 娱乐。在家庭影院系统中，显示设备可选择平板电视机或投影仪，对于具备视听环境安装的房间来说，可首选投影仪作为显示设备。

家庭影院中音响的基本配置主要由三个部分组成，分别为音视频播放机、AV 放大器、音箱系统。

① 音视频播放机：音视频播放机有多种，例如录像机、VCD 机、DVD 机等，目前一般用一台计算机代替。

② AV 放大器：AV 放大器泛指多声道功率放大器。支持多路输入或多声道解码输出的功放。

③ 音箱系统：最基本的音箱系统为 5.1 声道，包括一对主音箱左右声道、一对环绕音箱左右声道、一个中置音箱。在安放方式上，吸顶音箱、壁挂音箱、嵌入式音箱等都可以作为家庭影院音箱。

7.2 功放与音响

1. 功放

功率放大器简称功放，俗称“扩音机”，是音响系统中最基本的设备，它的任务是把信号源（专业音响系统中则为调音台）的微弱电信号进行放大以驱动扬声器发出声音。

按功能不同分为前置放大器（又称为前级）、功率放大器（又称为后级）与合并式放大器。

前级是后级之前的预放大和控制部分，用于增强信号的电压幅度，提供输入信号选择、音调调整和音量控制等功能，如图7-12所示。

不带信号源选择、音量控制等附属功能的功率放大器称为后级，如图 7-13 所示。

图 7-12　前级

图 7-13　后级

将前级和后级两部分安装在同一个机箱内的放大器称为合并式放大器，常见的功放一般都是合并式的，如图 7-14 所示。

图 7-14　合并式放大器

2. 音箱

音箱是整个音响系统的终端，它是把音频信号转变为声音并将其辐射到空间中的一种设备。通俗地说就是指音箱箱体内自带功率放大器，对音频信号进行放大处理后由音箱本身回放出声音，使其声音变大。图 7-15 为常见的几款音箱。

音箱一般由扬声器、箱体两部分构成。按使用场合分为专业音箱与家用音箱两大类。按箱体外形结构有落地式和书架式之分，还有立式和卧式之分。按放音频率可分为全频带音箱、低音音箱和超低音音箱。按用途可分为主放音音箱、监听音箱和反馈音箱等。按箱体材质又可以分为木质音箱、塑料音箱、金属音箱等。

图 7-15　常见的音箱

几种常见音箱的使用案例：

① 定压音箱：主要应用于公共场合的公共广播，因为公共广播音箱和功放的距离比较远，而且一台功放通常要连接多个小功率的音箱。为了减小线路损耗，避免系统中某个音箱开启或关闭对其他音箱的音量造成影响，需要使用定压功放，特点是高电压低电流输出，音箱采用并联方式。

② 定阻音箱：多用于家庭影院、KTV、舞台，这些场所音箱与功放的距离比较近、不需要连接很多的音箱、且对音质的要求更高，适合用定阻功放。

③ 超低音音箱：用于增强低音效果，使用场合不一样其配置的要求也不一样。比如，歌剧院、音乐厅这类剧院原则上应配置 2～4 个超低音音箱。娱乐场所原则上要配置较多的超低音音箱，一般为 6～8 个，多的可达 10 个以上。单位内部的多功能厅，如果以会议为主，就不必配置；如果以活动为主，配置 2 个超低音音箱即可。

3．功放与音箱的匹配

扬声器系统要高质量地重放出各种音乐节目，那么根据音乐信号的属性，其峰值因子为 10～15dB，从保证音质这个角度来说，功放应在此动态范围内不发生任何限幅情况，即功放的最大输出功率应是音箱额定功率的 5～8 倍，这样的功率配置音质虽然很好，但它的投资会很大，因此一般都会把这个功率配比定在 1～2 倍音箱的额定功率。

对于一些要求低而投资有限的工程，功放的功率起码相当于音箱的额定功率，不能小于音箱的额定功率。因为过小的功率配置会损坏音箱。

一般工程建议功放的功率是音箱额定功率的 1.5 倍，而低音部分最好超过 1.5 倍，这样才能获得足够的力量感。

要求极高的场所如录音室、音乐厅等，建议功放功率是音箱功率的 2 倍，例如，一个 2500W 的功放所接的音箱功率约为 1250W。

4．音响的常见故障与排除

音响的常见故障现象、故障原因与解决办法见表 7-1。

表 7-1　音响的常见故障现象、故障原因与解决办法

故障现象	故障原因	解决方法
话筒无声音或声音时有时无	话筒没安装电池	装上 9V 电池
	话筒开关没开	把话筒开关打开
	话筒接收器没电	把话筒接收器电源打开
	调音台上话筒推子没推上	将调音台上的话筒推子推到 0dB
	调音台上的 ON 开关没打开	将调音台上的 ON 开关按下（指示灯亮）
	无线话筒的声音变调	电池没电，更换新的 9V 电池
	话筒的连接线接触不好	换一根连接线
伴音只有一个声道	功放左右声道插头接触不良	拧动声道的调节钮
	调音台上的输入接头接触不良	在调音台上拧动声道输入插头
话筒有嗡嗡响声	话筒音量太大	将话筒音量关小
	话筒的高音或低音太多	将话筒的高音或低音适当衰减

实训 13　为网店的商品拍照

任务引领

几名同学在网上开了一家店，准备推出一款运动鞋新产品，为了推广产品，提高人气和销量，他们想拍摄一组图片，放在网上配合新产品的宣传。

任务分析

- 学会数码相机的基本使用
- 学会相关的摄影技巧
- 学会三脚架的使用
- 学会简单处理图片

任务操练

1．拍照前的准备工作

（1）准备好相机、三脚架、运动鞋产品，相机电池充满电。

（2）正确的持机姿势。右手紧握相机一侧的握手位，食指轻触快门键，以备随时拍摄。左手手掌托住机身底部，用拇指和食指握住相机稳定镜头。两手上臂紧贴身体，尽量保持自然的状态并向身体靠拢，不要耸肩。垂直握持相机拍摄时，一般左手在下，右手在上，左臂紧贴身体。一般有 3 种持机姿势如图 7-16 所示。

2．将相机拍摄模式设置为 P 挡（程序自动曝光模式）

不对相机进行调整时，P 挡的模式类似于全自动模式，使用该模式拍摄照片时，相机会根据现场光线情况自动进行调整光圈快门，从而获得合理的曝光。相机拍摄模式旋钮如图 7-17 所示。

图 7-16　正确的持机姿势

图 7-17　相机拍摄模式旋钮

3．拍摄产品图片

可尝试从多角度、不同的距离多拍摄一些照片，然后从中选择最满意的图片使用。

4．图片后期处理

为了追求更好的照片效果，可以把所拍摄的照片，用一些常用图片处理软件进行加工处理，如 ACDSee、美图秀秀、光影魔术手等，这些工具软件简单易用，不需要过强的专业技术就可以很好地处理照片。当然，若要对照片进行高层次、专业的加工处理，就要使用一些功能强大的专业图像处理软件了，如 CorelDRAW、Photoshop 等，这需要具备一定的专业图像处理技术，可以对图片效果进行深度处理。例如，加上文字说明、色彩处理、特效等。

执行任务后思考

拍摄产品照片，一般情况下主流普通相机即可胜任。若是用专业级的单反数码相机，拍摄的照片效果会更好一些。当然，要想使照片效果达到极致或者满足一些特定要求，仅靠专业的相机还不够，还必须具备一定的摄影专业技术和专业图像软件操作的能力。

任务拓展

1．特写照片

根据设计或实际需求，为了充分展示某个细节，需要拍摄产品的特写图片。例如，拍摄人物照片时，人物在照片中只有一小点，这是远景；人物正好充满整个画面，这是中景；人物只有半身，这是近景。如果只显示出人物的一部分，如只有脸部或只有手部等，这就是特写。甚至还有一种大特写，镜头更近，如只显示人物的眼睛等。

2．特写照片拍摄技巧

图 7-18　相机三脚架

（1）拍摄前的准备工作。

① 将相机设置为微距模式，更有助于拍摄特写照片。

② 关掉闪光灯，使用自然光。

③ 安置好三脚架，如图 7-18 所示，或者将相机安置在桌面或一些托架上，保持相机稳定。因为拍摄越小、越近的物体，越是要防止相机抖动。将被拍摄的物体安置在镜头前方适当的位置并固定好。

（2）拍摄时要注意以下几点。

① 用长焦镜头。

② 要用大光圈，光圈越大，越突出主题，虚化背景。

③ 距离拍摄物体要近。

掌握好这几点，找好角度，就可以拍摄出优秀的特写照片了，如图 7-19 所示为拍摄的花朵及动物头部特写。

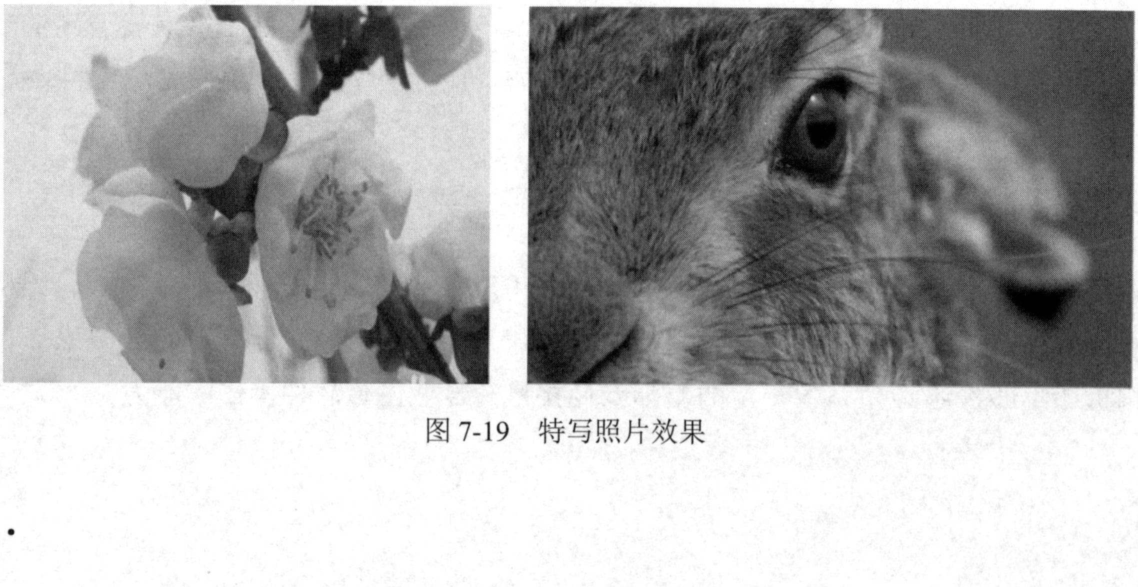

图 7-19　特写照片效果

知识支撑

7.3 数码相机

1．数码相机简介

数码相机是集光学、机械、电子等元件于一体的产品，如图 7-20 所示。它集成了影像信息的转换、存储和传输等部件，具有数字化存取、与计算机交互处理和实时拍摄等特点。光线通过镜头或者镜头组进入相机，通过成像元件转化为数字信号，数字信号通过影像运算芯片储存在存储设备中。数码相机的成像元件是 CCD 或者 CMOS，其特点是光线通过时，能根据光线的不同转化为电子信号。

（a）卡片相机　　（b）单反相机　　（c）长焦相机

图 7-20　常见的数码相机

2．数码相机的分类

常用的数码相机有卡片相机、单反相机、长焦相机等。

（1）卡片相机。

在业界内没有明确的概念，人们普遍认为那些携带方便、外形小巧、机身较轻及超薄时尚设计的数码相机，适合普通用户日常使用，如图 7-20（a）所示的相机即为卡片相机。

卡片相机的优点是时尚外观、液晶大屏、小巧纤薄的机身，操作便捷等。其缺点是手动功能相对薄弱、超大的液晶显示屏耗电量较大、镜头性能相对较差。

（2）单反相机。

单反相机是指数码单镜反光相机（Digital Single Lens Reflex Camera，DSLR），其最大的特点是可以变换不同规格的镜头，如图 7-20（b）所示。

单反相机的优点是成像质量优秀、快门时滞短，是抓拍利器。通过取景器所见即所得，可更换镜头，拥有较多的手动调节功能。

单反相机的缺点是机身高、厚、重。反光镜弹起来的一瞬间还会出现机械震动和噪声。

使用小口径镜头在光线较差的环境中取景、调焦，会因取景屏较暗而产生困难，易造成聚焦失误。

微单相机是微型小巧且具有单反性能的相机。可以理解为小型的单反相机，这种相机具有小巧的体积、与单反一般的画质。普通的卡片相机很时尚，但受制于光圈和镜头尺寸，总有一些美景无法拍摄，而专业的单反相机又稍笨重。于是，取两者之长，微单相机应运而生，近几年渐趋流行。

（3）长焦相机。

长焦相机如图 7-20（c）所示，是指具有较大光学变焦倍数的机型，光学变焦倍数越大，能拍摄的景物就越远。长焦相机的主要特点和望远镜的原理类似，都是通过镜头内部镜片的移动而改变焦距的。主要可用于拍摄远处的景物。另外，焦距越长则景深越浅，景深浅就可以突出主体而虚化背景，使照片看起来更加专业。

3．数码相机的结构

数码相机主要由以下几部分组成，其简化示意图如图 7-21 所示。

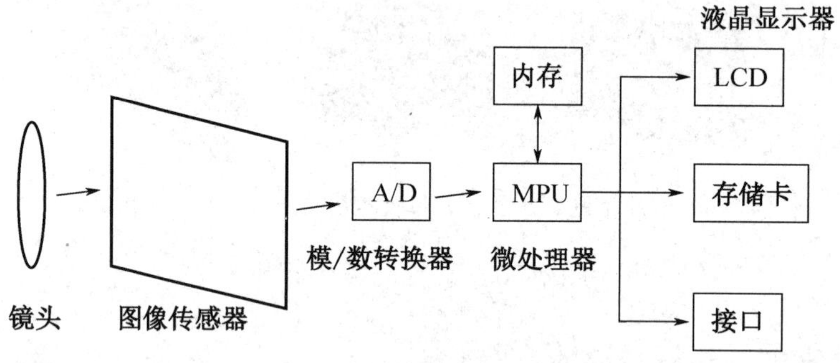

图 7-21　数码相机简化示意图

（1）镜头部分：包括镜片组和镜筒及镜头内部的驱动马达、光圈系统。

（2）机身部分：主要是指机器框架，各种操作按钮。

（3）传感器系统：主要是指 CCD。

（4）取景器：分为光学取景和液晶显示器取景，单反还包括五棱镜。

（5）快门系统：主要包括快门按钮、快门卷帘。

（6）影像处理系统：主要是指相机的数据转化和存储系统，包括硬件和软件。

（7）电源部分：主要是内置电池和外置电源接口等。

（8）外接设备接口：USB、AV 端子及各种卡的插槽等。

图 7-22　基本摄影模式

4．数码相机基本摄影模式设置

常见数码相机的基本摄影模式如图 7-22 所示。

（1）AUTO 全自动摄影模式。

数码相机的拍摄模式转盘上有一个 AUTO 图标，旋转至该图标对准箭头即为 AUTO 全自动模式。该模式不需要设置任何拍摄参数，只要瞄准被摄主体按下快门按键，就可以得到一张精彩的数码照片。

当使用该模式时，ISO感光度、白平衡、光圈、快门、闪光灯等功能参数完全由数码相机自动控制，往往达不到拍摄者真正想要的效果。例如，在阴天或者光线不好的环境下拍摄时，很容易出现“噪点”，会使照片看起来很粗糙、模糊，在某些场合也很容易因为白平衡失误导致偏色。

（2）闪光灯关闭摄影模式。

该模式下会始终禁用闪光灯，一般应用于不允许使用闪光灯拍摄的场合。

（3）程序自动摄影模式。

该模式 P 挡是指程序自动控制，和 AUTO 全自动摄影模式的区别如下。

采用 AUTO 全自动摄影模式拍摄时，无法对数码相机的 ISO 感光度、白平衡、图像锐度等诸多功能参数进行精细调整，而在使用 P 挡拍摄时，这些功能参数都可以手动调整。使用 P 挡可以在不改变曝光量的基础上，对光圈和快门进行联动式调整，这使复杂场合迅速抓拍各类题材的照片显得尤为方便。

（4）快门优先摄影模式。

快门优先摄影模式简称 S 挡，有的厂家也标识 Tv 挡，该模式是指在拍摄前预先设置好快门速度，按下快门时由数码相机自动调整光圈的大小。

为了保证照片清晰而使用的最慢快门速度被称为“安全快门速度”，一般也就是所用镜头焦距的倒数。例如，当使用 50 毫米焦距标准镜头拍摄时，安全快门速度为 1/50 秒。当使用 300 毫米长焦距望远镜头时，安全快门速度为 1/300 秒。手持数码相机拍摄时，为了保证照片的清晰，必须把快门速度设置为镜头焦距的倒数，否则就容易拍摄出模糊的照片。

使用 S 挡快门优先的拍摄场合有：拍摄运动物体；使用长焦距镜头时，快门速度要快于 1/250 秒；故意制造虚化效果的，例如拍摄瀑布、夜景中如织的车流，可用较慢的快门速度；变焦摄影时，在按下快门的同时，旋转镜头的变焦环可以制造出爆炸式的画面特效；追随摄影时，在使用数码相机跟踪被摄物体运动的过程中按下快门，造成被摄主体清晰而背景模糊的特效。当物体运动速度较快时，为了拍摄到清晰的照片，快门时间设置越短越好。

（5）光圈优先摄影模式。

在 A 挡光圈优先模式下拍摄时，只需要事先设置好光圈大小，按下快门时数码相机会自动调整速度以实现正确曝光。

光圈通常由一组叶片组成，如图 7-23 所示，可以通过改变其围成圆孔的直径大小来控制进入镜头光线的多少。由于光圈的数值是由焦距除以光圈直径得来的（单位都是毫米），所以焦距一定的情况下，光圈数值越小光圈口径越大，而光圈数值越大光圈口径越小。

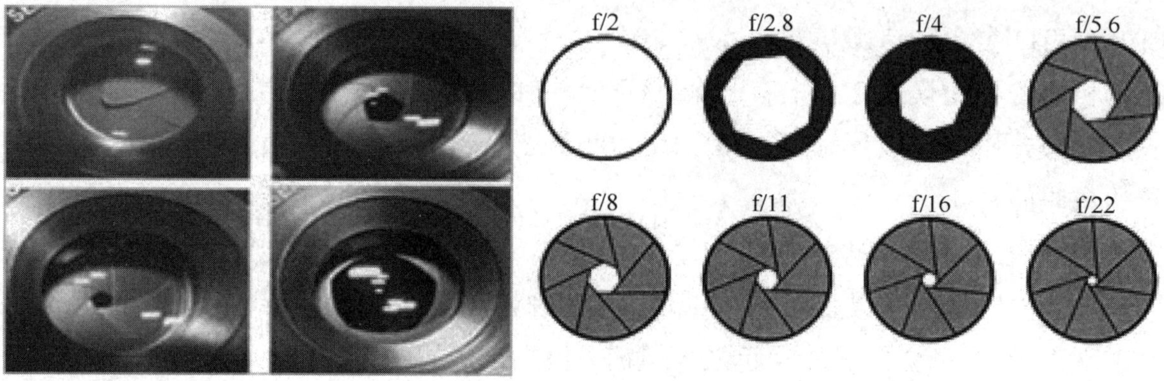

图 7-23　数码相机的光圈

光圈具备一个特殊功能，就是控制距离数码相机不同远近处的被摄物体在照片上的清晰度。清晰度范围大小被称为“景深”，光圈数值越大时，景深越小；光圈数值越小时，景深越大。

（6）M 挡全手动摄影模式。

M 挡全手动摄影模式，就是在按下快门之前，必须同时预先手动设置好快门速度和光圈。

在遇到复杂多变的光线场合时，M 挡全手动控制摄影模式能发挥重大作用。需要使用 M 挡全手动摄影模式的常见场合有光线经常变幻莫测的场合，如娱乐场所、舞台；专业摄影棚灯光拍摄；大批量复制摄影，如翻拍、证件照；闪电或者焰火摄影，捕捉照亮黑暗的一瞬。

（7）人像摄影模式。

选择当前光线条件所允许的最大光圈，来缩小景深、虚化背景。同时将自动对焦模式锁定在单次自动对焦，设置机内闪光灯为自动开启。

（8）风景摄影模式。

这一模式最好配合三脚架使用，因为相机会优先选择尽可能小的光圈来获得尽可能大的景深，自动对焦和驱动模式被设为单次自动对焦，闪光灯和辅助对焦灯被关闭。

（9）微距摄影模式。

该模式下，相机会优先选择小光圈以增加景深，这样一来曝光时间也会相应延长，因此，最好使用三脚架拍摄，防止镜头抖动。

（10）运动摄影模式。

相机选择高快门速度、连续伺服自动对焦模式等，以保证能为运动物体捕捉当下清晰的画面，ISO 可能会偏高。

（11）夜间人像摄影模式。

闪光灯被开启，照亮被拍摄主体，同时采用慢速快门，以捕捉环境中的色彩和细节。

（12）智能场景摄影模式。

智能场景摄影模式多达数百种，常用的有人像模式、风景模式、夜景模式等。采用智能场景模式摄影，只需要根据拍摄对象和拍摄环境设置相应的智能场景摄影模式就可以拍摄到精美的照片了。

5. 数码相机拍摄技巧

（1）白平衡模式的设置。

不同光源发出光线的颜色不同，由于人的眼睛具备自我适应调整能力，因此才会觉得在不同的光源照射下，物体的颜色都是相同的。为了在各种不同光源下拍摄时都能实现准确的色彩还原，需要相应地调整其白平衡模式的设置。调整白平衡模式，可在数码相机相关的菜单中进行设置，如图 7-24 所示。

图 7-24 调整白平衡菜单

几乎所有的数码相机都具备自动白平衡调整功能，当使用自动白平衡模式无法准确还原色彩时，可以使用预设白平衡模式。如果还不能准确还原色彩，这时就需要手动设置白平衡了。

另外，可以利用白平衡模式的设置实现特殊效果。如当白平衡模式设置为“太阳光”时，照片为橙色调，天空为深褐色；当设置为“钨丝灯”时，照片为正常色调，天空为深蓝色。

（2）曝光补偿。

曝光补偿用于手动更改曝光量（EV值），以便对照片的整体亮度进行调整。加大曝光补偿，可以使照片变亮。减少曝光补偿，可以使照片变暗。例如，当人物站在光线明亮的位置时，数码相机会曝光不足导致人脸一片漆黑，加大补偿之后，人物可能得到较好的表现。

曝光补偿仅仅在自动曝光模式（P、A、S 挡）下才有效，M 挡全手动摄影模式时不能使用曝光补偿。当用黑色背景拍摄时，需要使用负曝光补偿。当整个画面和被摄主体都是白色时，需要使用正曝光补偿。

例如，对黑色被摄体进行曝光补偿，分别曝光补偿±0、曝光补偿−2、曝光补偿+2，照片效果如图 7-25 所示。

曝光补偿±0 **曝光补偿** −2 **曝光补偿** +2

图 7-25 对黑色被摄体进行不同曝光补偿的效果对比

在拍摄人物时，皮肤反射率较高，有可能也需要进行曝光补偿，应该根据皮肤色调选择补偿方向。通常情况下，女性的皮肤即使未经化妆也比较白皙，因此采用相机自动模式进行拍摄有可能会偏黑。这时候可以进行正方向补偿，使皮肤变得明亮，而且曝光补偿可使脸上的斑和皱纹也变得不那么显眼了，作用非常突出。相反，以男性为拍摄对象时，可以稍微进行负方向补偿，这样可以使人显得更加坚毅。

（3）对焦。

常用的对焦方式一般有自动对焦、对焦锁定和手动对焦。

● 自动对焦：简单易用，现在相机都有自动对焦功能，轻轻按下快门，影像就会自动变得清晰。但是也会有对焦不准确、精度较差的时候。

● 对焦锁定：取景时将被摄主体放在取景器中间的聚焦框内，然后将快门按键按下一半完成对焦操作，保持快门按下一半状态，按照需要重新取景构图。取景构图完毕后，将快门键按到底进行拍摄，使主角依然清晰。

图 7-26　转动手动对焦环对焦

● 手动对焦：它是通过手工转动对焦环（如图 7-26 所示）来调节相机镜头从而使拍摄的照片清晰的一种对焦方式。

（4）闪光灯。

正确使用闪光灯不仅可以提高照片质量，还可以解决“红眼”等具体问题。常用数码相机的闪光灯拍摄模式有自动闪光、强制闪光、关闭闪光、消除红眼、慢速同步等。

● 自动闪光：相机闪光灯一般都预设在自动闪光模式下，拍摄时相机自动判断光线是否充足，不足时自动打开闪光灯补光。

● 强制闪光：不管在明亮还是弱光环境中，都会开启闪光灯进行闪光。通常用在背对光源拍摄物体的场景中，以便增强物体的亮度，缺点是容易造成噪点或导致曝光过度。

● 关闭闪光：即强制不闪光，不管拍摄环境的光线条件如何，都不使用闪光灯。此功能适用于拍摄特写、禁止使用闪光灯的场所等。

● 消除红眼：红眼是由于视网膜反射闪光而引起的，尤其是在距离较近、环境较暗的情况下时常发生。使用该模式拍摄时，在正式闪光之前，闪光灯会发出微弱的闪光，有的会快速闪烁一次或多次，使人的瞳孔适应之后，再进行闪光拍摄，这样可以有效地消除红眼。

● 慢速同步：在拍摄的时候，快门速度被设置得较慢，例如 1/8 秒或者 1/4 秒，而正常情况下使用闪光灯拍摄时快门速度通常为 1/125 秒。该模式多用于夜景人像拍摄，既可以照亮被摄主体，同时也能让周围的环境灯光得到足够的曝光。

（5）驱动模式。

相机不同，可选择的驱动模式也不同。常用的驱动模式有单拍、连拍、定时自拍。

● 单拍：相机的拍摄驱动模式默认是单拍，即按下快门时，仅拍摄一张照片。

● 连拍：按下快门时，连续进行拍摄，连续拍摄的照片张数可以设置。该模式对拍摄运动物体相当有用。

● 定时自拍：按下快门，经过设置的时间后才进行拍摄。

6．数码相机的基本防护及保养

（1）数码相机的防护措施。

● 防水、防潮、防霉

潮湿、水汽和霉变会影响电子、机械、光学系统。例如在我国江南的雨季，湿度较高，需要采取防潮措施，还要防止高温、高湿环境下内部电子元件和镜头发生霉变。如果是下雨天摄影，要注意不要让雨水淋湿相机。

● 防震

要防止数码相机受到剧烈震动，数码相机是精密的光、电、机设备，严重的震动可能改变机械、光学系统的配合位置，使内部零件移位、松动，甚至脱落，损伤相机。因此，要使用相机包、配备挂绳，减少震动，确保安全。

● 防烟尘、防污

尘土污染会影响成像质量和机械部件的灵活，刮伤相机镜头；烟尘会污染光学系统，影响拍摄效果。指纹或其他脏物玷污镜头也会影响照片质量。因此相机在使用过程中要注意防烟尘、防污。

● 防过冷、过热

通常数码相机的使用温度在 0～40℃，超过或低于这个温度对数码相机的正常使用及寿命都会有影响。过于寒冷可能会出现相机结露现象，影响光学系统正常使用。高温下的热胀效应可能改变相机内部件的位置关系，影响正常使用。

（2）数码相机的日常保养。

常用的保养工具有专用相机包、专用毛刷、橡皮吹气球和镜头纸（布）等清洁工具、镜头清洁液。

● 机身、镜头的保养

将机身装在相机包内并存放在干燥、洁净的环境中。存放前取出电池，并做好机身清洁工作。附着于机身的灰尘可用橡皮吹气球吹落，并用软布擦拭干净。镜头要用镜头盖保护，不要触摸。镜头上的灰尘或玷污一定要用专业镜头纸去除。在维护保养时切勿使用专用清洁液之外的任何溶剂。

● 电池的保养

新电池或长时间没用过的电池，使用前要对其充分充电，充电时长一般不低于 6 小时，以免缩短电池寿命。长时间不用相机时，应该将电池取出，放在干燥、阴凉的环境中，注意不要将电池与金属物品放在一起，避免电池发生短路现象。使用相机拍照时，为了延长拍摄时间，要尽量避免频繁使用闪光灯，避免不必要的变焦操作，尽量使用取景器取景，减少使用 LCD 屏拍摄、浏览照片等操作。

● 存储卡的保养

取、装存储卡都需要在关闭数码相机电源的情况下进行操作，装入时要注意存储卡方位，不要用蛮力操作。在拍摄过程中不要随意取出存储卡，不要让存储卡受到重压，不要弯曲存储卡，存储卡上的信息要注意备份，以免造成损失。

● 液晶显示屏的保养

液晶屏价格贵且易受损伤，所以需要特别注意保护。在使用、存放时，不要磕碰、重压液晶显示屏。若表面脏污，则可用干净的软布轻轻擦拭，也可使用 LCD 专用清洁工具清洁，请勿使用有机溶剂清洗。一般情况下，可以贴上透明保护膜保护液晶屏。

当温度相当低时，液晶显示屏的亮度将会降低，这属于正常现象，一旦温度回升它会自动恢复正常。

7．数码相机的常见故障及排除

数码相机的常见故障及排除见表 7-2。

表 7-2　数码相机的常见故障及排除

故 障 现 象	故 障 原 因	解 决 方 案
拍照时突然自动关闭	电池电量不足，或者数码相机过热保护关机	充电或更换电池，等待相机冷却后再用
按快门后不拍照	可能存储卡已满	删除不要的照片，或将照片导出后再删除
无法识别存储卡	存储卡松动、芯片损坏，或者使用了不兼容的存储卡	取出存储卡重新安装，格式化存储卡或更换存储卡
存储卡无法保存、删除照片	可能由于存储卡正在使用时突然断电，导致写入数据错误或存储卡数据系统发生错误	重新格式化存储卡
拍摄图像不清晰	可能照相时存在镜头抖动、分辨率过低、镜头不清洁等问题	持稳相机，最好用三脚架等固定相机；调高分辨率；用专用镜头纸擦拭镜头
	物体离相机太近，超出了焦距对焦范围	启动相机微距拍摄功能，并在相机允许的距离范围内拍照
照片颜色不对，偏黄或偏红	白平衡没有调节好	拍照前根据周围的环境把白平衡调节好
图像有明显瑕疵或出现黑屏	可能图像传感器损坏	更换图像传感器

实训 14 微电影分享中华文明

任务引领

作为诺贝尔文学奖获得者莫言老师的家乡，山东省潍坊市高密，有被称为“四宝”的民间手工艺作品：剪纸、泥塑、扑灰年画和茂腔戏。同学们计划拍摄一个主题为“家乡四宝”的微电影，用来分享、传播、留存家乡的传统文化，请你帮他们策划并实现该计划。

任务分析

- 拍摄前期准备
- 学会使用摄像机
- 学会将素材导入计算机中
- 学会简单编辑视频

任务操练

1. 拍摄前期准备

（1）编写剧本。

走访、请教当地“四宝”的知名艺人、传承人。查阅相关文献资料。在多方努力、共同协作下，完成剧本。

（2）联系拍摄场所和人员。

根据编写的剧本，联系拍摄场所和相关的“四宝”艺人，征得他们的同意并确认拍摄时间，提供给他们剧本内容及拍摄时的注意事项，便于他们提前准备，保障顺利完成拍摄。

（3）设备准备。

准备摄像机、三脚架、话筒、备用电池或电源。

2. 使用摄像机拍摄

（1）选择合适的持机姿势。

根据拍摄现场的具体情况，可以选择不同的持机姿势，比如站姿、跪姿、坐姿、拎姿等，但无论是哪种姿势，都应该保证摄像机的稳定。例如，站立拍摄时，双手紧紧地托住摄像机，肩膀要放松，右肘紧靠体侧，将摄像机抬到比胸部稍微高的位置（肩扛式需将摄像机扛到右肩上）。双腿要自然分立，基本与肩同宽，脚尖稍微向外分开，站稳并保持身体平衡，如图 7-27 所示。

在跪姿拍摄时，左膝着地，右肘顶在右腿膝盖部位，左手同样要扶住摄像机，获得最佳的稳定性。在拍摄现场也可以就地取材，借助桌子、椅子、树干、墙壁等固定物来支撑、稳定身体和机器，如图 7-28 所示。

图 7-27　站立拍摄持机姿势

图 7-28　跪姿拍摄

保持机器稳定，最好的方法是使用三脚架，最好用带云台的三脚架来支撑摄像机，在一些大型场合或有更高要求的环境下，还会用到各种摇臂。其不但会有效地防止机器的抖动，保持画面的清晰稳定、无重影，而且在上下移动与左右摇动摄像机时也会运行平滑，使得拍摄过程过渡自然。特别是在固定场合长时间拍摄时，一定要使用三脚架。如图 7-29 所示为某小型摇臂及带云台的三脚架。

图 7-29　某小型摇臂及带云台的三脚架

（2）基本拍摄过程。

① 安装充满电的电池。

电池的安装和拆卸如图 7-30 所示。如图 7-30（a）所示为安装电池，抬起取景器，按电池上的▼标志方向插入并推动充电电池直至发出咔嗒声。如图 7-30（b）所示为拆下电池。抬起取景器，在按着 BATT RELEASE 按钮的同时使充电式电池朝箭头方向滑出。

② 安装空白 DV 磁带。

如图 7-31 所示，按着 EJECT 开关上的蓝色小键并朝箭头方向推动，录像带舱随后自动打开。将录像带装入录像带舱。按录像带盖上的 PUSH 标志关闭录像带盖直至发出咔嗒声。

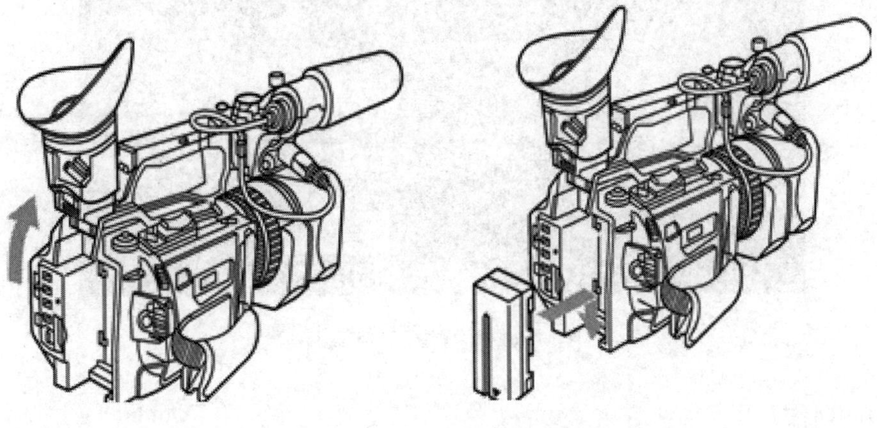

（a）　　（b）

图 7-30　装拆摄像机电池

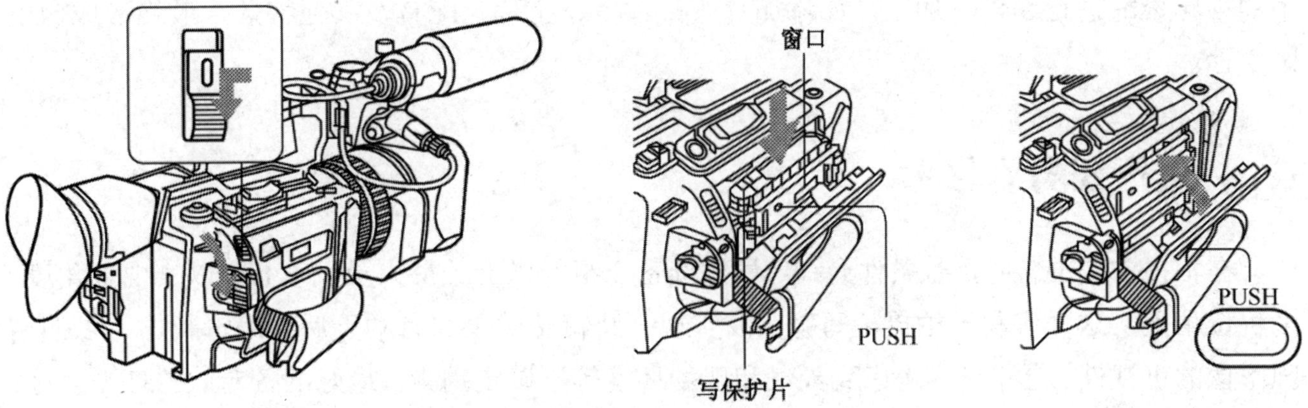

图 7-31　安装录像带

③ 将开关打到拍摄档（一般有 Off、拍摄、拍照和观看档）。

④ 用正确的姿势持稳摄像机，可以用三脚架。

⑤ 打开或拿下镜头盖，打开电源开关。

⑥ 对着要拍摄的对象取景，按下开始拍摄的按钮。

⑦ 拍摄期间可以移动并调节变焦（特写、广角），移动或调节变焦时动作一定要保持稳、轻、慢。

变焦杆如图 7-32 所示，用来调节摄像机光学变焦，可以将拍摄的影像推远或者拉近。可用手指分别向 W 端或 T 端滑动变焦杆，来调节取景器的焦距。其中“W”为广角端，可将目标推远，以拍摄视野较宽的图像。“T”为长焦端，可将远处的景物拉近，进行放大拍摄。

⑧ 一组镜头拍摄结束后再次按拍摄按钮结束拍摄。

⑨ 观看（液晶屏幕、连到电视）拍摄效果，决定重拍或者继续下一组镜头。

⑩ 将视频输出到计算机进行后期制作。

图 7-32　摄像机变焦杆

3．视频后期制作

将所拍摄的影像资料输出到计算机中，并通过视频编辑软件如 Premiere，对导入计算机中的视频素材进行编辑、加工，如添加片头、片尾、字幕、配音及其他特效，最终形成微电影文件。

执行任务后思考

在拍摄前期准备时，若条件允许，最好准备 2 组及以上拍摄人员及设备，以实现多角度、多机位拍摄，这样有利于拍摄特写镜头及实现一些特殊效果，有利于后期编辑制作，以便增强影像的可视性、艺术性。考虑到天气和现场环境等不确定因素，最好准备专业的灯光设施。素材拍摄完以后，为了将多机位多角度的素材融合在一起，并加一些特效、字幕、配音等，可使用专业的音视频编辑软件，进行后期制作合成。

任务拓展

为了使拍摄的微电影在视听效果上更好，以视频编辑软件 Premiere 为例，对所拍摄的素材进行简单的后期制作，包括简单的编辑加工，并尝试添加音效和滤镜。

1．将素材插入 Premiere 中

打开“Premiere 6.5”软件，通过菜单栏“File”，新建“project”文件，并将该文件命名为“民间四宝.ppj”，右击“Bin1”→“Import”→“File”选项，可一次选择单个或多个文件，将所选素材插入文件中，如图 7-33 所示。

2．切割素材操作

将素材拖入时间条（Timeline），用刀片形按钮，根据需要切割素材。在素材需剪

断位置单击该按钮，则素材被切为两段，被分开的两段素材彼此不再相关，可以分别对它们进行删除、位移、特技处理等操作，如图 7-34 所示。

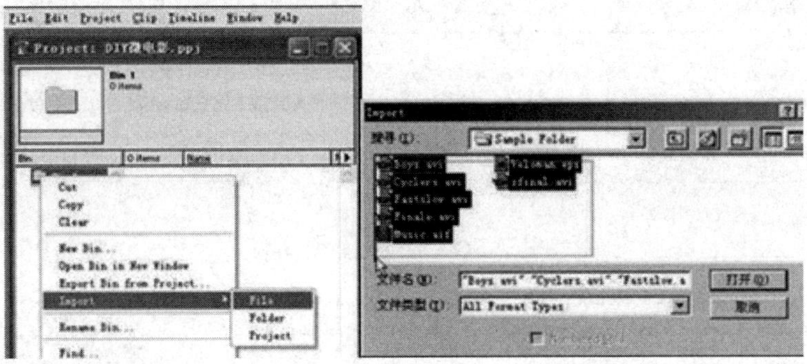

图 7-33　将素材插入 Premiere

3．添加字幕

单击“File”→“New”→“Title”选项，如图 7-35 所示，出现文字编辑器，可选择字幕类型，有 Still（静止）型、Roll（滚动字幕）型，还有横排、竖排等。输入并保存字幕内容，在项目窗口中可找到字幕文件，将它拖动到时间轴的 Video 2 通道即可。

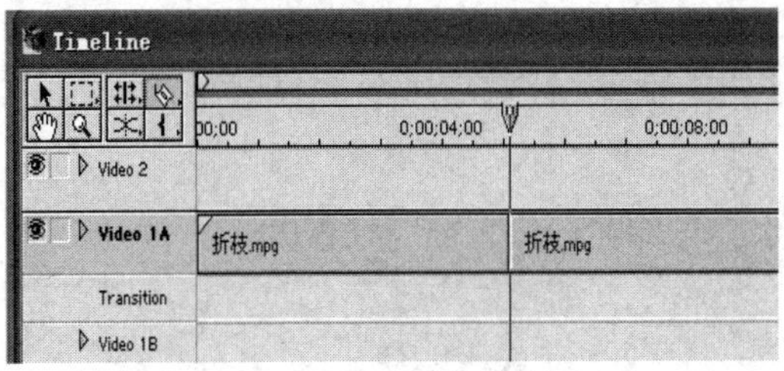

图 7-34　切割素材

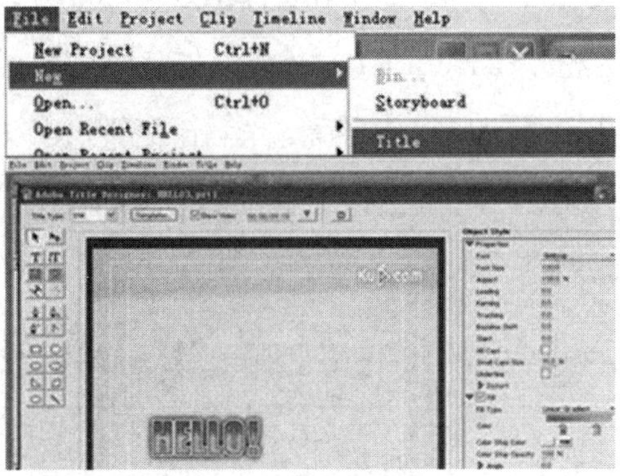

图 7-35　加入字幕

4．添加音频及音效

在项目窗口中，用插入视频的方法插入音频文件，并将其拖至 Audio 3 通道中，如图 7-36 所示。

为拖至 Audio 3 通道中的音频文件添加音效，单击通道左侧的白色三角形，可以打开音频通道的附加轨道，该轨道用于调整音频素材的强弱。

单击附加轨道左侧中部的红色按钮，素材上出现了红色音频线，在线上单击可增加控制点，通过对控制点的拖动可以改变音频输出的强弱，中线以上为增强，中线以下为减弱，如图 7-37 所示。

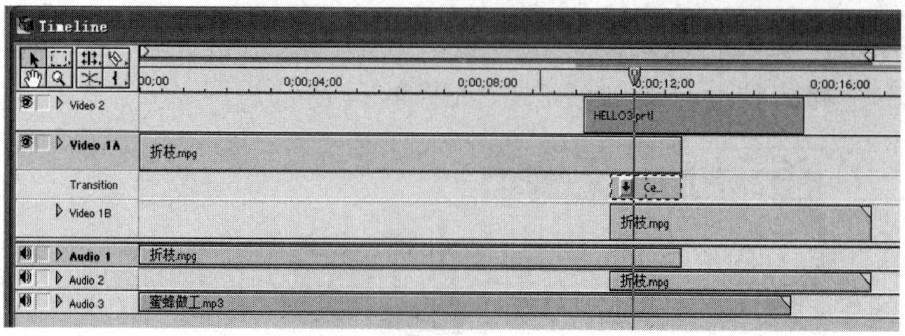

图 7-36　插入音频文件

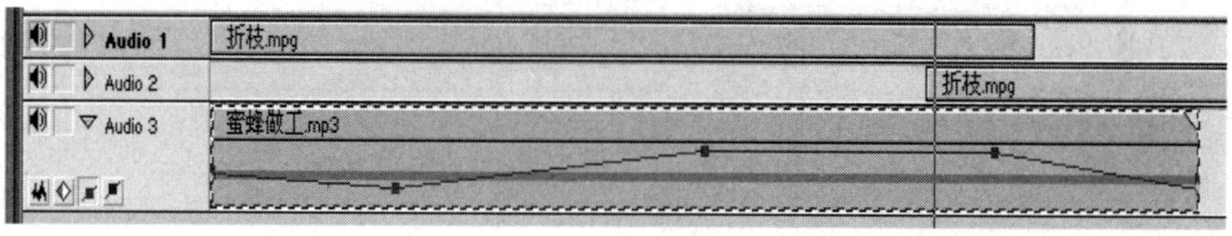

图 7-37　编辑音频文件

5．添加动态滤镜

单击“Window”→“Show Video Effect”选项，出现效果（Effect）面板，单击“Video”→“Adjust”→“Channel Mixer”选项，将其拖到时间轴的视频素材上，这时会弹出一个设置对话框“Effect Controls”如图 7-38 所示，通过拖动三角符号进行颜色的设置。同样，声音也可以添加音频滤镜，单击“Window”→“Show Audio Effect”选项，出现 Audio 效果面板，将选定的音频滤镜拖到时间轴的声音素材上，即可在“Effect Controls”对话框上设置滤镜效果。

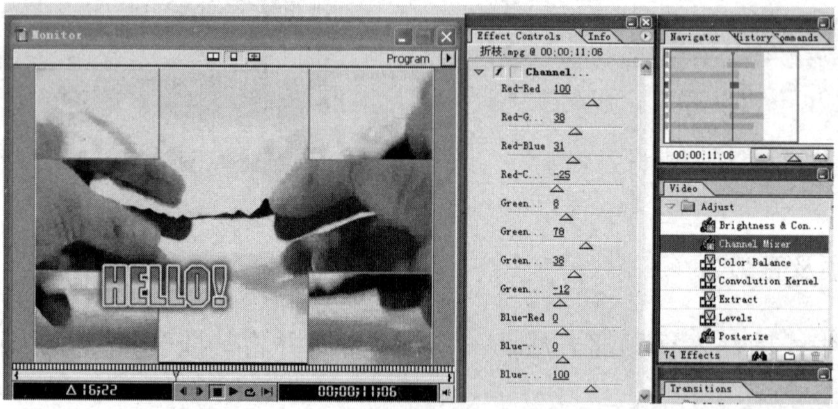

图 7-38　加入动态滤镜

6．输出文件

后期制作完成后，在菜单中单击“File”→“Export Timeline”→“Movie”选项，如图 7-39 所示。弹出“输出电影”对话框，给电影命名并选择存放目录后，单击“Save”按钮，Premiere 就会开始合成 AVI 电影，任务完成。

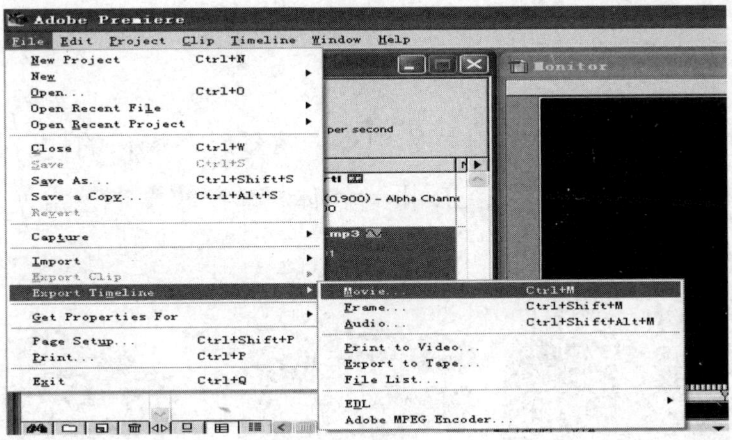

图 7-39　输出文件

知识支撑

7.4　数码摄像机

1．数码摄像机简介

数码摄像机是一种把光学图像符号转变为电信号，以便存储或者传输的电子设备。数码摄像机种类繁多，其工作的基本原理相同：把光学图像信号转变为电信号，以便于存储或者传输。当拍摄一个物体时，此物体上反射的光被摄像机镜头收集，使其聚焦在摄像器件的受光面（摄像管的靶面）上，再通过摄像器件把光信号转变为电信号，即可得到“视频信号”。其信号很微弱，需要通过预放电路对其进行放大，再经过各种电路进行处理和调整，最后得到的标准信号可以送到录像机等记录媒介上记录下来，也可通过传播系统传播或送到监视器上显示出来。

2．数码摄像机的分类

根据数码摄像机的拍摄质量、性能、体积等因素，一般可将其分为三类。

（1）广播级摄像机。

广播级摄像机一般用于电视台和节目制作中心，其质量要求较高，清晰度一般要求 700～800 线，信噪比 60dB 以上；从镜头到摄像器件、电路等都是优等的，如 BVP-70P，DV-700P 等，如图 7-40（a）所示。

（2）业务级摄像机。

业务级摄像机一般常用于部门级的摄录工作及工业监视等场景。其性能指标也比较优良，如图 7-40（b）所示。

（3）家用级摄像机。

家用级摄像机种类繁多，主要特点是体积小，重量轻，操作简便，价格低廉。其质量等级比不上广播级或业务级，多为单片 CCD 摄录一体机。在教学中也常使用此档级的摄像机制作节目或开展微课教学等，如图 7-40（c）所示。

（a）广播级摄像机　（b）业务级摄像机　（c）家用级摄像机

图 7-40 数码摄像机

3. 数码摄像机的结构及工作原理

数码摄像机的结构一般由镜头、主机（包括摄像单元和录像单元）、录像器、话筒、附件等几部分组成，其简要结构及工作原理，如图 7-41 所示。

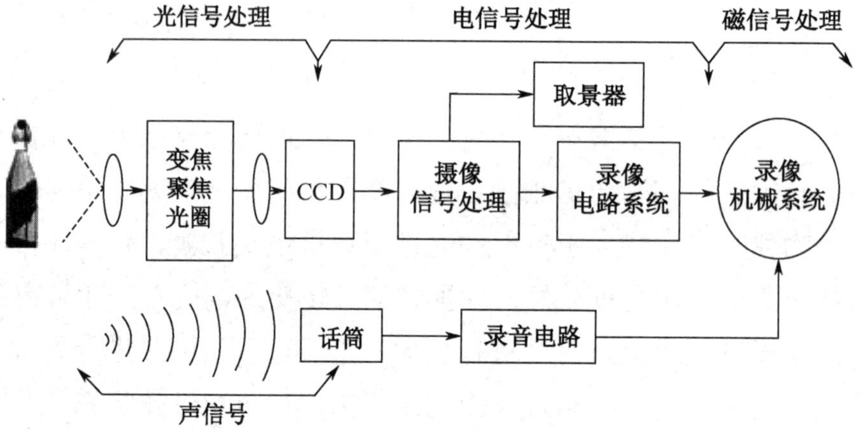

图 7-41 数码摄像机简要结构及工作原理

数码摄像机的基本工作原理是把光学图像转化成电信号。其工作过程为：景物通过透镜组聚焦在摄像器件的“靶面”上，透镜组可以进行聚焦、变焦及光圈调整。“靶面”是一种光电导材料，它能按照图像的亮暗程度将光信号转换成电信号，并经过电路处理后，送到录像单元，记录在磁带（或存储卡）上。话筒拾取声音信号并将其变成电信号，与图像信号同时记录在磁带（或存储卡）上。

4. 数码摄像机拍摄时的注意事项

画面的稳定是摄像的第一要素，推、拉、摇、移、俯、仰、变焦等拍摄，总是要围绕着怎样维持画面的稳定展开工作。

镜头尽量不要经常拉近推远，也尽量不要经常左右巡拍，这样容易造成镜头错乱。在拍摄之前，考虑好摄像机的拍摄位置，且将 zoom 调好后再开始拍。为了使影片有好的声音效果，拍摄时最好使用外接麦克风。当背景比较嘈杂的时候，尽量离主体近一些，便于捕捉音效。

构图时，一定要把握好各主体之间的平衡。主体不要离边框太近，也不要放在正中间（除非需要特殊效果）。例如，想把人物放在画面正中，但是左侧的景物过多，右侧却空无一物时，画面的平衡性就会相当不好。此时可以适当把画面左移，虽然移动后人物不在画面正中间，但是整体画面效果会更好，丝毫不会影响人物的“主角”地位。

不要跟拍运动中的物体，尽量将其运动轨迹放在一个取景框中。若是需要移动拍摄，架好摄像机，以腰为圆心，上身转动画圆，将需要拍摄的场景和景物逐一扫入镜头。如果需要的话可以再扫回来，固定不动一段时间之后停止摄像。进行动态拍摄的时候尽量不要移动脚步，更不要一边走动一边拍摄。

拍摄夜景时，可以启动数码摄像机的夜景拍摄功能。

5．数码摄像机的防护措施及日常保养

（1）数码摄像机的防护措施。

数码摄像机的防护措施与数码相机的防护措施基本一致：要注意防水防潮、保持干爽，防尘，防高温、低温、强光，远离磁场、电场。

（2）数码摄像机的日常保养。

- 机身、镜头的保养

每次拍摄后，都应将摄像机的机身、镜头及液晶屏的部位进行清理及擦拭，以免导致镜头表面的损伤及外部按键的失灵。附着于机身及液晶屏处的灰尘可用皮老虎吹落，并用软布擦拭干净。不要触摸镜头，要用专业镜头纸清理镜头上的灰尘或污点。在保养时切勿使用专用清洁液之外的任何溶剂。清洁完成后，将其放入专用防潮箱包内，存放前要取出电池和磁带。携带、运输时，也要装在专用的防潮箱包中。

- 电池的保养

电池使用前一定要充足电，镍镉电池充电时，一定要先将电用完再充电，防止产生记忆效应。不要在摄像机电源开通时更换电池。存放或长时间不用摄像机时，必须将电池取出。

- 磁头的保养

摄像机使用一段时间后磁头就会出现结垢或结灰的现象，从而影响拍摄和播放质量。因此要定期清洗磁头，一般拍摄 40～50 小时后清洗一次，每次清洗时间一般不要超过 10 秒。

6．数码摄像机常见故障及排除

数码摄像机常见故障及排除见表 7-3。

表 7-3　数码摄像机常见故障及排除

故障现象	故障原因	解决方案
无法正常开机	电池没电	充电或更换电池
	自动保护：内部或磁带上有水汽，或者磁带表面有严重划痕	不能强行开机，用电扇或者电吹风的冷风吹干，更换磁带
	摄像机故障	送厂商指定维修点检修
无法正确录像，按下“start”按钮后，LCD 无录像符号显示，磁带也不转动	磁带写保护、转到尽头或损坏	用胶带堵住写保护孔，倒带或更换磁带
	电路损坏	送厂商指定维修点检修
拍摄时取景器无图像显示	镜头盖未取下	取下镜头盖，关闭 LCD 屏幕
	LCD 屏幕开启	
影片图像模糊、失真或有雪花状斑点儿	操作不当	正确使用机器，拍摄时保持镜头稳定
	磁头太脏	用专用清洁带清洗磁头
	磁带质量出现问题	更换磁带
回放时图像正常，但没声音	未开启麦克风或扬声器音量调得太低	拍摄前开启麦克风，回放时调高扬声器的音量
	连接电视机，若在电视上放声音正常，则可能是扬声器损坏	送厂商指定维修点检修

思考与实训 7

一、填空题

1．调音台又称为调音控制台，它将多路输入信号进行________、混合、________、音质修饰和音响效果加工，是现代电台广播、舞台扩音、音响节目制作等系统中进行播送和录制节目的重要设备。调音台分为三个部分：________部分、母线部分、________部分。

2．功率放大器按功能不同分为________、________与合并式放大器。

3．音源是指播放声音载体的设备，包括________设备和________设备。

4．数码相机在使用________模式时，ISO 感光度、白平衡、光圈、快门、闪光灯等功能参数完全由数码相机自动控制。

5. 数码相机的光圈具备一个特殊功能，就是控制距离数码相机不同远近处的被摄物体在照片上的清晰度。清晰度范围大小被称为“景深”，光圈数值越大时，景深越________，光圈数值越小时，景深越________。

6. 曝光补偿用于手动更改曝光量，以便对照片的整体亮度进行调整，加大曝光补偿，可以使照片变________，减少补光补偿，可以使照片变________。

7. 摄像机的种类一般有________、________、________。

8. 摄像机电动变焦杆的“W”为________端，即可拍摄视野较宽的图像，“T”为________端，即可将远处的景物拉近放大拍摄。

9. 如果摄像机在录制结束后，ACCESS（硬盘）指示灯仍点亮或闪烁，就表明________。

二、故障排除

1. 在使用调音台时，发现话筒无声音或声音时有时无，可能是什么原因，应该怎么解决呢？

2. 因摄像机自动保护而无法正常开机的原因有哪些？

3. 某同学在录制完节目后，发现图像正常但是没有声音，可能的原因有哪些，有什么补救措施吗？

4. 数码相机在拍照时突然自动关闭，这可能是什么原因？尝试分析一下。

设备 8

常用行政办公设备

实训 15　传播订货合同

任务引领

小李是新到销售部的实习生，上岗第一天就接到任务，销售部经理让小李尽快用传真机将总经理签字并盖章的订货合同，发送给外地的合作单位，然后准备接收另外一个合作单位发来的传真，并且做好相关记录。

任务分析

- 了解传真机的运行机制
- 掌握发送和接收传真的方法
- 掌握传真机常见故障的排除方法

任务操练

1. 做好传真前的准备工作

打开传真机，确认传真机处于“传真/电话模式”（FAX/TEL MODE）。装好记录纸，确认对方传真号码及待发送文件，保证原稿平整、无装订。

2. 发送传真

（1）让机器处于“准备好”（READY）状态，传真机对应的绿色指示灯亮起。

（2）打开送稿盘，将文稿引导板的宽度调节至适合文稿的实际尺寸。

（3）将文稿正面向下（正面朝向传真机背面）插入，直到本机发出“哔”声并嵌入文稿题头为止。

（4）按“菜单”键调整传真机到“浓度”设置状态，按“+”或“-”键调整需要的浓度（清晰度），如图 8-1 所示。

（5）摘取话机手柄，拨通对方号码，并监听对方的应答信号（长鸣音）。

（6）当听到传真音时，按“传真/开始”键。这时发送指示灯亮或液晶屏幕显示“TRANSMIT”，表明机器开始发送文件。

（7）放下话筒，机器发送完毕后会自动退出原稿件，整理并带走原稿件。

3．手动接收传真

手动接收方式需要先将液晶显示屏的功能设定为“TEL MODE”。反复按“自动接收”键，直到显示出“TEL MODE”，此时自动接收指示灯熄灭，说明已经切换到手动接收模式，如图 8-2 所示。

图 8-1　调整浓度

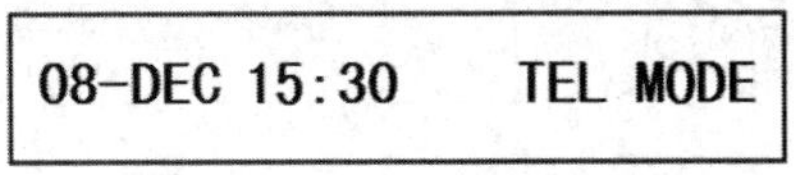

图 8-2　手动接收模式

（1）将打印纸放入传真机内，当电话振铃后，拿起话机手柄应答来电。

（2）听到传真呼叫音（“哔”声）时，按“传真/开始”键，接收传真。

（3）挂上话机。

（4）接收出现差错或质量不好时，可与发送方联系，要求重发，直至得到满意的传真副本为止。

4．整理传真报告并记录

（1）打印发送报告，按“菜单”键调整传真机到“PRINT REPORT”状态，按“设定”键开始打印，若要停止打印则按“停止”键。

（2）根据报告上的差错情况，确定是否再进行重发，直至全部无误为止。

执行任务后思考

接收传真有以下三种常见模式，见表 8-1。

表 8-1　常见的三种接收传真模式

接收模式	简　介
手动接收	凡是每次打进来的呼叫都会振铃，这种人工接收方式需要亲自应答每次呼叫

续表

接收模式	简　介
自动接收	传真机在没有任何人为干预的情况下自动接收传真。在这种模式下，传真机自动接收来自传真机的呼叫，并且当收到电话呼叫时也可以振铃（预先设置）
自动/手动选择接收	可以在自动接收与手动接收模式之间自由选择

其中，关于自动接收传真，还应该注意以下四点。

（1）设置自动接收模式后，一定要进行测试。

（2）经常检查传真机工作是否正常，传真纸是否充裕。

（3）来电以后，如果传真机未探测到传真信号，会继续发出铃声，提醒这是电话。如果在响铃过程中未提起听筒，传真机就自动转换到自动接收模式。振铃次数可以预先设置，接到电话时，传真机以指定数目的铃声应答电话并自动接收传真。

（4）设置为自动传真后，很有可能收到一大堆垃圾广告传真，因此应该慎重设置该模式。

任务拓展

有些传真机前面板中有四个节省模式按钮。使用这些按钮，可以节省墨粉、电能、纸张和话费，如图8-3所示。

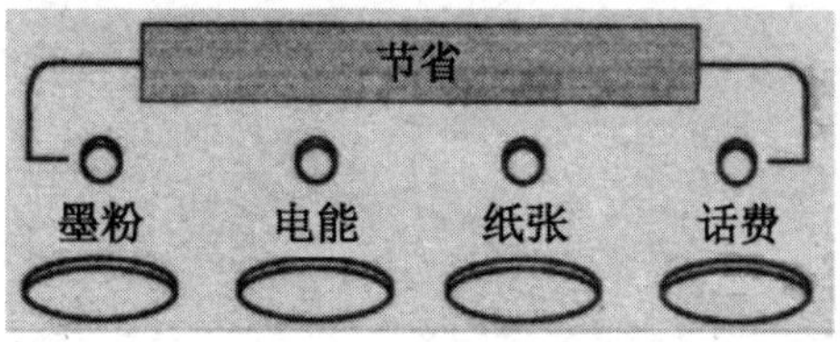

图8-3　节省模式

1. 省墨模式

通过省墨模式，可以使传真机对每页都使用较少的墨粉。

（1）按下前面板上的“墨粉”键，进入或者取消省墨模式。

（2）如果对应的“LED”指示灯亮，那么省墨模式启动，传真机使用正常模式50%的墨粉打印。使用本模式可以延长墨盒的使用期限，减少每页的成本，但是会降低打印质量。

（3）如果“LED”指示灯灭，就表明取消省墨模式，机器按正常模式打印。

2. 节电模式

通过节电模式，可以降低能耗。

（1）按下前面板上的“电能”键，进入或者取消节电模式。

（2）如果对应的“LED”指示灯亮，那么节电模式启动，传真机进入耗能低的状态。因为需要预热机器，所以这样会花较长的时间接收传真。

（3）如果对应的“LED”指示灯灭，就进入取消节电模式，传真机以最少的预热时间准备进入工作状态。这样会消耗较多的电量给传真机保温并做好打印准备。

3．省纸模式

打开省纸模式后，可以在复印或打印接收到的文件时，通过缩小数据，在一页纸上打印两页内容来节省纸张。

（1）按下前面板上的“纸张”键，进入或者取消省纸模式。

（2）如果对应的“LED”指示灯亮，那么省纸模式启动，在接收传真或复印文件时，传真机在一页纸上打印两页的内容。奇数页在纸张下半部分打印，偶数页在纸张上半部分打印。

（3）如果对应的“LED”指示灯灭，就取消省纸模式。

4．省话费模式

省话费模式可以通过在话费打折时段，发送并保存在存储器中的文件来节省话费。

使用该功能之前，需要先设置话费传真的时间为话费优惠时间。在前面板上按住“话费”键，利用数字键盘，通过液晶显示屏设置发送时间，设置后按“设定”键确认即可。

知识支撑

8.1 传真机

传真是利用有线电路或无线电路，对各种图文原稿进行远距离真迹传送的通信技术。

传真机是指在公用电话网或其他相应的网络上，用来传输文件、报纸、图像、表格及数据等信息的通信设备，它是集计算机技术、通信技术、精密机械与光学技术于一体的通信设备，其信息传送速度快，接收的副本质量高，不仅能准确、原样地传送各种文稿信息内容，还能传送文稿信息的笔迹，适于保密通信，具有其他通信工具无法比拟的优势。

8.1.1 传真机的简介

1．传真机的基本结构

传真机主要由主控电路、传真图像输入模块、传真图像输出模块、调制解调电路、操作面板及电源组成，传真机的外观结构如图 8-4 所示。

传真机的操作面板如图 8-5 所示，面板上各按键含义如下。

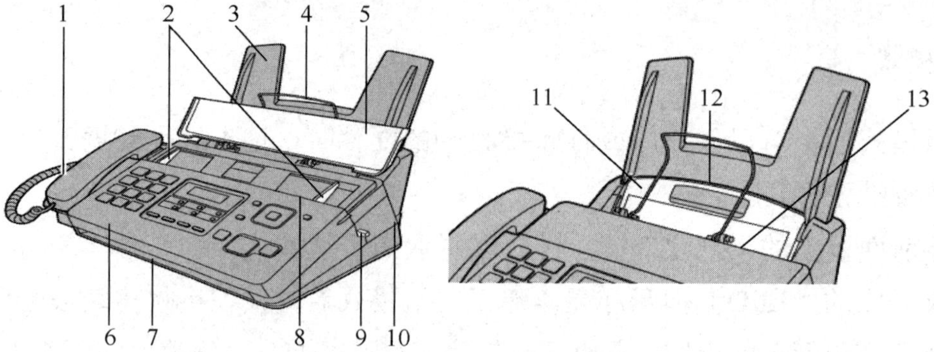

1—扬声器；2—文稿引导器；3—载纸盘；4—记录纸支架；5—送稿盘；
6—前盖；7—文稿出口；8—文稿入口；9—绿色钮（后盖开盖钮）；
10—后盖；11—拉力板；12—记录纸入口；13—记录纸出口

图 8-4　传真机的外观结构图

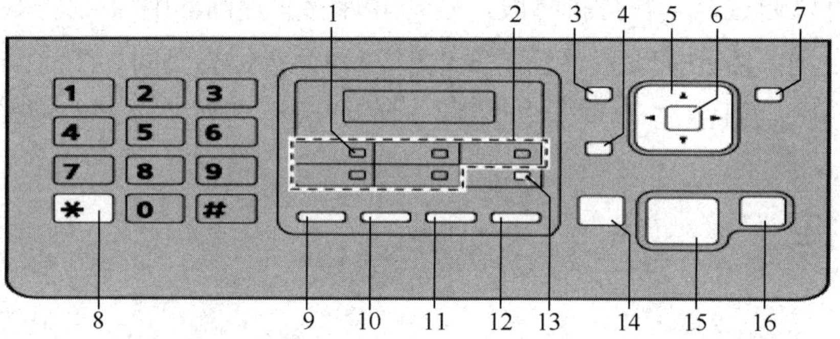

1—多站点发送；2—组键；3—来电显示；4—菜单；
5—导航键；6—设定；7—自动接收；8—音频；
9—闪断；10—重播/暂停；11—话筒静音；12—监听；
13—下一组；14—停止；15—传真/开始；16—复印

图 8-5　传真机的操作面板

（1）多站点发送：通过将电话簿存储在多站点发送存储器中，可以将同样的文稿发送到多个站点。编程的项目将保留在多站点发送存储器中，便于重复使用。

（2）组键：为了快速拨打频繁使用的号码，可以使用一键通功能。在使用此功能之前，需要将单位名称和电话号码存储到电话簿和一键通功能中。

（3）来电显示：使用来电显示功能，本机可以显示来电者的电话号码和名称，但是要确保预先将振铃次数设定为 2 次或以上。

（4）菜单：开始或结束编程（设置）。

（5）导航键：通过导航键可以调节音量，搜索存储的项目，查询电话簿。

（6）设定：在编程时存储设定，相当于计算机的确认键。

（7）自动接收：用于打开或关闭自动接收设定。

（8）音频：当线路具有转盘/脉冲服务时，在拨号中可暂时将脉冲改为音频。

（9）闪断：使用特殊的电话服务或转接分机通话。闪断时间可以更改。

（10）重播/暂停：重拨最后拨过的号码。当使用“监听”键拨打电话时或者当发送传真时占线，本机将自动重拨 2 次或以上该号码。通过设置也可以在拨号中插入暂停。

（11）话筒静音：在通话过程中使对方听不到您的声音。再按一次可以取消静音继续通话。

（12）监听：在不拿起话筒的情况下拨号（相当于电话机上的“免提”键）。

（13）下一组：启用“一键通”功能后，可以通过该键选择下一组电话号码。

（14）停止：停止某项操作或编程。也可以用于删除输错的字符和数字。

（15）传真/开始：开始发送或接收传真。

（16）复印：复印文稿。

2. 传真机的分类

传真机的种类很多，可以按照不同的标准进行分类。按打印方式传真机可分为热敏纸传真机、热转印式普通纸传真机、激光式普通纸传真机（激光一体机）和喷墨式普通纸传真机。按扫描方式传真机可分为电荷耦合扫描（CCD 扫描）、接触式图像扫描（CIS 扫描）。按传输速率传真机可分为低速机、中速机和高速机。按传送色调传真机可分为黑白传真机、彩色传真机。按通信时所占用的电话电路传真机可分为单路传真机和多路传真机。按传真机的用途传真机可分为相片传真机、报纸传真机、气象传真机、文件传真机等。下面主要介绍按照用途分类的各类传真机的使用范围。

（1）相片传真机。

相片传真机是一种用于传送包括黑和白在内的全部光密度范围的连续色调图像，并用照相记录法复制出符合一定色调密度要求的副本。相片传真机主要适合新闻、部队、医疗等部门使用。

（2）报纸传真机。

报纸传真机是一种用扫描方式发送整版报纸清样，接收端利用照相记录法复制出供制版印刷用的胶片传真机。还有一种报纸传真机，称为用户报纸传真机，它装设在家庭或办公室内，通常用来接收广播电台或电视台广播的传真节目（整版报纸信息或气象预报等），可直接在纸上记录显示。

（3）气象传真机。

气象传真机是一种传送气象云图和其他气象图表用的传真机，又称为天气图传真机，用于气象、军事、航空、航海等部门传送和复制气象图等。传送的幅面比一版报纸大，但对分辨率的要求不像对报纸传真机那样高。气象传真机有两种传输方式，利用短波的气象无线传真广播和利用有线或无线电路的点对点气象传输广播。气象传真广播为单向传输方式，大多数的气象传真机只用于接收。

（4）文件传真机。

文件传真机是一种以黑和白两种光密度级复制原稿的传真机。主要适用于远距离复制手写或印刷的文件、图像表格，以及复制色调范围在黑和白两种界限之间具有有限层次的半色调图像，它广泛应用于办公、事务处理等领域。按照文件传真机利用电信网、信号加工处理技术和传送标准幅面原稿时间的不同，又可以将其分为在公用电话网上使用的一类传真机、二类传真机、三类传真机以及在公用数据网上使用的四类传真机等。

3. 传真机的性能

（1）传真机的速率。

传送速度是指传真发送一张标准 A4 尺寸稿件所需要的时间，通常分为 23s、18s、15s、9s 和 6s 等几种。

发送时间的长短取决于传真机所采用的调制解调器速度、电路形式及软件编程。中、低档传真机的调制解调器速度最高为 9600b/s，可自动调节为（7200/4800/2400）b/s，而高档传真机的调制解调器的最高速度为 14400b/s，发送时间最快可达 6s。发送时间越短，传送效率就越高，而且每次发送的文件越多，电信费用越低。

（2）传真机传输和接收的幅宽。

大多数传真机传送的都是 A4 幅宽，但很多文件会因为幅面的限制而无法传送。若经常需要传送有宽幅的文稿，可以选择 B4 或 A3 的传真机。

（3）文件传送的质量。

目前一般传真机的扫描密度大多为 7.7 线/mm 的精细型，只能传送大字号的文件。如果文件字号很小，对方就无法清晰看到内容，此时应选择 15.4 线/mm 超精细型的传真机。

（4）传真机接收的纸张类型。

传真机用纸按照传真机的工作原理分为两类，即热敏纸和普通纸。

热敏纸比较薄，容易卷曲变色，不利于保存，一般用于热敏纸传真机。用热敏纸接收的传真，若需要长期保存则需要进行复印，而且对环境有污染，不能直接书写。测试热敏纸最简单的方法：用指甲用力在纸上划过，会留下一道黑色的划痕。热敏纸一般以卷的形式出售，一般 80mm×60mm、57mm×50mm（纸卷的宽度×直径）等规格最为常见。

普通纸来源广泛，可以长期保存，普通纸在传真机上都可以使用。

常用传真机的基本性能信息见表 8-2。

表 8-2　常用传真机的基本性能信息

性 能 指 标	性 能 信 息
适用线路	公共交换电话网络
文稿尺寸	最大宽度 216mm，最大长度 600mm
有效扫描宽度	208mm
有效打印宽度	202mm
传送时间	约 12 秒/页
扫描密度	水平：8 像素/mm 垂直：3.85 线/mm——标准清晰度

续表

性能指标	性能信息
扫描密度	7.7 线/mm——精细型 15.4 线/mm——超精细型
照片清晰度	64 级
扫描器的类型	接触式图像传感器
打印机的类型	普通纸热转印

4. 传真机的传真原理

传真机先扫描即将发送的文件并转化为一系列黑白点信息，该信息再转化为音频信号，通过传统电话线进行传送。接收方的传真机“听到”信号后，会将相应的点信息打印出来。这样，接收方就会收到一份原发送文件的复印件。

发送时，主要步骤为“扫描图像→生成数据信号→对数字信息进行压缩→调制成模拟信号→送入电话网传输”。

接收时，主要步骤为“接收来自电话网的模拟信号→解调成数字信号→解压数字信号成初始的图像信号→打印”。

四种传真机在接收到信号后的打印方式是不同的，它们的工作原理如下。

- 热敏纸传真机（也称为卷筒纸传真机）是通过热敏打印头将打印介质上的热敏材料熔化变色，生成所需的文字和图形。
- 热转印式普通纸传真机通过加热转印色带，使涂敷于色带上的墨转印到纸上形成图像。
- 激光式普通纸传真机是利用墨粉附着在纸上而成像的一种传真机，其工作原理主要是利用机体内控制激光束的一个硒鼓，凭借控制激光束的开启和关闭，产生带电荷的图像区。此时传真机内部的墨粉会受到电荷的吸引而附着在纸上，形成文字或图像。
- 喷墨式普通纸传真机是由步进马达带动喷墨头左右移动，将喷墨头中喷出的墨水依序喷布在普通纸上，从而完成打印的工作。

8.1.2 传真机的发送与接收

1. 装纸

（1）普通纸传真机。

传真机大多采用的是普通纸，装纸过程较为简单。

- 翻送纸张以免卡纸。装入之前请先将纸张的边缘对齐。如果纸张卷曲，就持着卷曲的对角轻轻地向反方向弯曲纸张，直至纸张完全平整。
- 将拉力板向前拉，如图 8-6 的①所示，然后轻轻地插入纸张，打印面朝下。如图 8-6 的②所示。

- 不应使纸张超越载纸盘薄片，如图 8-6 的③所示。

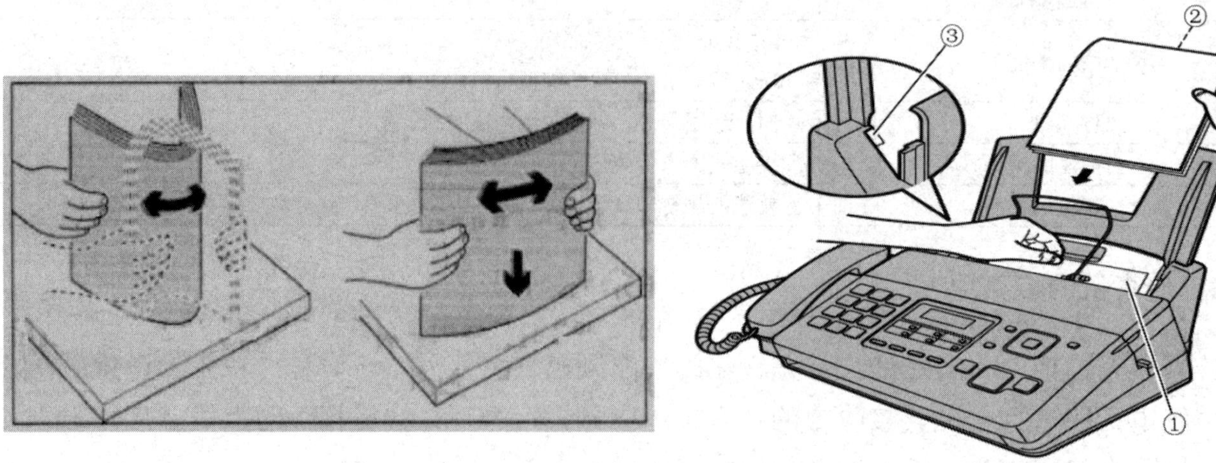

图 8-6　装纸示意图

需要注意的是，在添加纸张之前，应该先取出所有已安装的纸张，否则容易造成卡纸。

（2）热敏纸传真机。

热敏纸传真机装纸与普通传真机略有不同，具体操作如下。

- 打开传真机的上盖，如图 8-7 的①所示。
- 把记录纸侧板调到适合记录纸幅宽的位置，取出侧板，如图 8-7 的②所示。
- 放入记录纸，此时要特别注意卷纸的方向，如图 8-7 的③所示。
- 装上侧板，盖好上盖，撕去多余的热敏纸，如图 8-7 的④所示。

图 8-7　安装热敏纸

（3）热敏纸传真机装纸注意事项。

- 记录纸的幅宽必须符合规格要求，纸卷两端不要卡得太紧。
- 记录纸卷要卷紧后再安放到机器内，传真机远距离移动或者运输前要将纸卷取出。
- 注意记录纸的正反面。纸的正面应对着感应热记录头（建议可在纸的两面试着划几下，有划痕的一面为正面）。
- 记录纸的纸头应按说明书上的规定装到指定位置。

2. 放置文件

放置文件时，需要注意以下几点。

（1）一次放置的文件页数不能超过规定的页数。

（2）文件的朝向（朝上或朝下）必须符合说明书的要求。

（3）文件顶端要推进到能够启动自动输纸的地方，如图 8-8 所示。

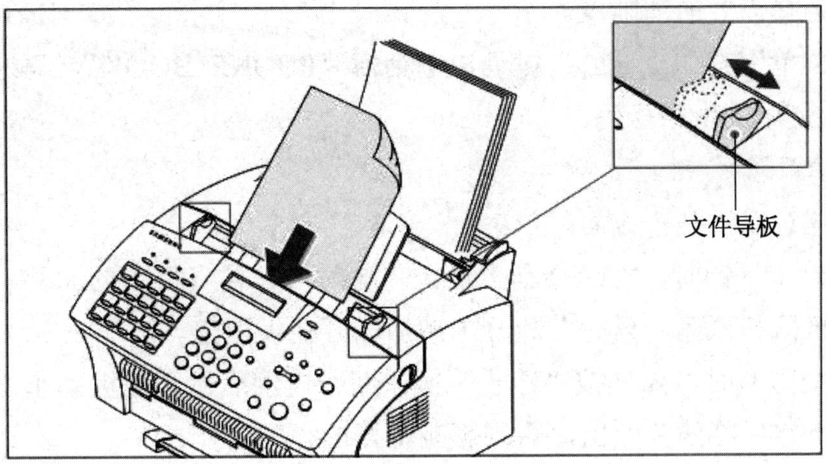

图 8-8　放置原文件

（4）传送多页文件时，两侧要排列整齐，靠近导纸板，前端要摆成楔形。

3．传真机的发送

一般传真机均提供手动发送传真、使用电话簿/一键通功能发送传真、多站点发送等发送方式。后两者是将对方的传真号码预先存储在传真机中，省去拨号步骤，直接将传真发送给一个或者多个站点。

下面介绍使用电话簿/一键通功能发送传真的方法及注意事项。

（1）在使用此功能前，需要将单位名称和电话号码存储到电话簿和一键通功能中。添加或删除联系人的方法如下，涉及传真机面板的按键如图 8-9 所示。

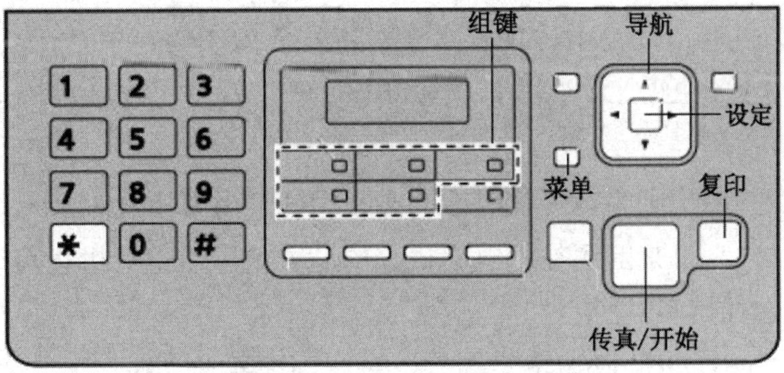

图 8-9　使用电话簿/一键通功能发送传真

- 通过“菜单”键和“导航”键调出电话簿“PHONE BOOK”。
- 通过“导航”键选择“ADD/EDIT”（添加/编辑）。
- 通过数字键区的按键输入快速拨号条目，然后按“设定”键确认。注意区号与电话号码之间不要加“-”等符号。

- 重复上一个步骤，即可在电话簿中添加、编辑、删除联系人。

（2）正面向下插入文稿。

（3）调整、选择需要的清晰度。

（4）通过“菜单”键和“导航”键调出电话簿“PHONE BOOK”，再通过“导航”键和“组键”找到需要使用的电话号码。

（5）按“传真/开始”键。

发送时需要注意以下几个方面。

- 当按下“停止”键时，发送会马上停止，这时卡在传真机中的原稿，不能用手强行抽出，否则会损坏机器和原稿，只能在断开电源后掀开盖板取出。
- 当出现原稿阻塞时，要先按“停止”键，断开电源后掀开盖板，小心取出原稿。若原稿出现破损，则一定要将残片取出，否则影响机器的正常工作。
- 当听到对方的回铃音，而听不见机器的应答信号时，不要按“启动”键，应该打电话问清楚情况后再进行处理。

4．传真机的接收

接收传真有自动接收、手动接收、自动/手动选择接收三种模式。

（1）自动接收。

在接收前首先需要检查接收机内是否有记录纸，各显示灯和液晶显示屏是否正常，反复按“自动接收”键，直到显示出“FAX ONLY MODE”,“自动接收”指示灯亮起。自动接收时，无须操作人员在场，操作步骤如下。

- 电话振铃一次，机器自动启动，液晶显示“RECEIVE”接收状态或接收指示灯亮，表示接收开始。
- 接收结束时，机器自动输出传真副本，液晶显示“RECEIVE”消失或接收指示灯熄灭。
- 机器自动恢复到“READY”准备完成状态。

（2）手动接收。

如果希望亲自应答每次呼叫，可以用手动接收模式。用该模式时，凡是每次打进来的呼叫都会振铃，不论是从传真机来的还是从电话机来的。若使用子电话机也可以使用这个模式。

（3）自动/手动选择接收。

传真机设置为“TEL/FAX MODE”状态，对方不需要通话时，则自动接收传真；对方需要通话时，则先通话后接收传真，具体操作步骤如下。

- 确保预先将液晶功能面板设定为“TEL/FAX”。
- 反复按“自动接收”键，直到显示出“TEL/FAX MODE”。“自动接收”指示灯熄灭。
- 收到电话或传真时，将显示“INCOMING CALL”，但不振铃。
- 在应答来电之前，将会等待两次振铃（振铃次数由“电话/传真延迟振铃设定”决定）。

● 机器将应答来电，并尝试检测传真呼叫音。若检测到传真呼叫音，则自动接收传真而不振铃。若未检测到传真呼叫音，则本机振铃，此时可以应答来电。如果不应答来电，那么将启动传真功能。

注意： 需要确保提取方的传真机上没有送入任何文稿，并且对方的传真机已经准备好接收提取方的来电。

8.1.3 传真机的日常维护

1. 清洁外壳

用软布擦拭机体的外部和表面。如果操作面板上有灰尘和污痕，那么可以断掉电源后，用软布擦干净。若污痕不易擦掉，则可以用棉球蘸少许酒精擦拭，注意不要让酒精或其他液体通过缝隙流入机体内，否则容易造成机器故障。在清洁外壳的过程中，请勿使用苯或稀释剂，这些溶剂可能会导致外壳的褪色或毁损。

2. 清洁传真机打印头

如果在复印/接收的文稿上出现污渍或黑/白线，那么应该检查热敏头上是否有灰尘，热敏头上的灰尘清洁步骤如下。

（1）断开电源线和电话线。

（2）打开送稿盘。

（3）向上拉前盖的中间部分以便打开前盖，并关闭送稿盘。

（4）按绿色钮松开后盖，也可以向里按绿色控制杆以便松开后盖。

（5）打开后盖，取出印字薄膜，如图 8-10 所示。

（6）使用蘸有异丙基外用酒精的布清洁热敏头，如图 8-11 所示，然后让其完全干燥。

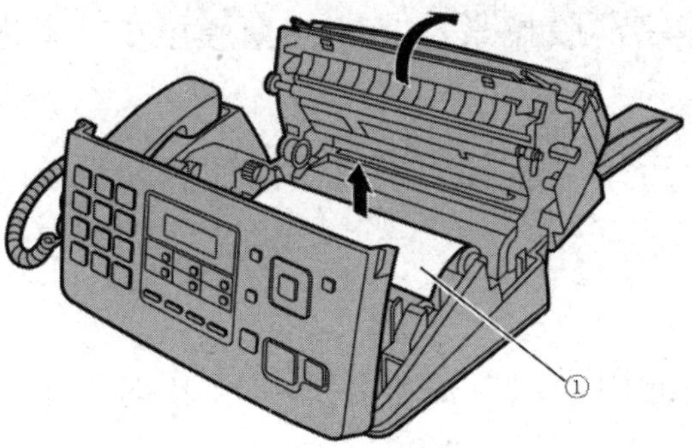

图 8-10　取出印字薄膜

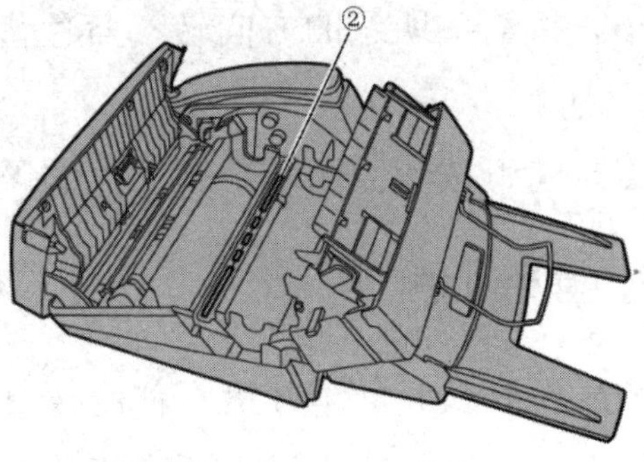

图 8-11　热敏头

需要注意的是，为了防止因静电而导致工作不正常，不宜使用干布，也不宜直接触碰热敏头。

（7）重新安装印字薄膜，然后关上后盖。

（8）轻轻地插入记录纸。

（9）连接电源线和电话线。

3．清洁阅读玻璃和滚轴

经常清洁玻璃和滚轴，可以确保传送图像和复印文件的质量。当发现传送图像和复印文件中产生垂直黑线条时，应该清洁玻璃和滚轴。可以用棉球蘸少许酒精，清除不易清除的污痕（例如修正液的污痕）。确认将所有的灰尘和污痕清除干净后，关上操作面板。插上电源插头，打开电源开关，即可重新工作。

4．清除被夹原稿

在传送或复印过程中，当原稿没有被正确地输送，或者显示屏上显示出“DOCUMENT JAMMED”（文件阻塞）时，可以按“启动”（START/MEMORY）键，若文件仍无法被排出，可以尝试断电后打开操作面板，轻轻拉出文件原稿。需要注意的是，在打开操作面板之前，不宜用蛮力拉出卡住的纸张。

5．清除夹塞的记录纸

在接收文件时，若发现记录纸卡住出不来或显示屏显示出“PAPER JAMMED”（记录纸阻塞），则请立即按“停止”（STOP）键，然后关掉电源。清除夹塞记录纸的步骤如下。

（1）打开送纸盘。

（2）向上拉前盖的中间部分以便打开前盖。

（3）关闭送纸盘，并按绿色钮松开后盖，也可以向里推绿色控制杆以便松开后盖。

（4）打开后盖。

（5）取出卡纸，如图 8-12 所示。

（6）按箭头所示的方向转动蓝色齿轮，直到印字薄膜拉紧，且印字薄膜至少在蓝芯上缠绕一圈为止。

（7）向下按后盖两端带有凸点的区域即可关上后盖，然后关紧前盖，如图 8-13 所示。

6．其他维护

（1）不要长时间不开机，使用传真机频率不高的用户，要每半年开机 4 小时以上，以免传真机镍铬电池的电压低于正常值。

（2）注意传真机所连接的供电电源的电压是否稳定，应该尽早考虑配备合适的电源稳压设备。

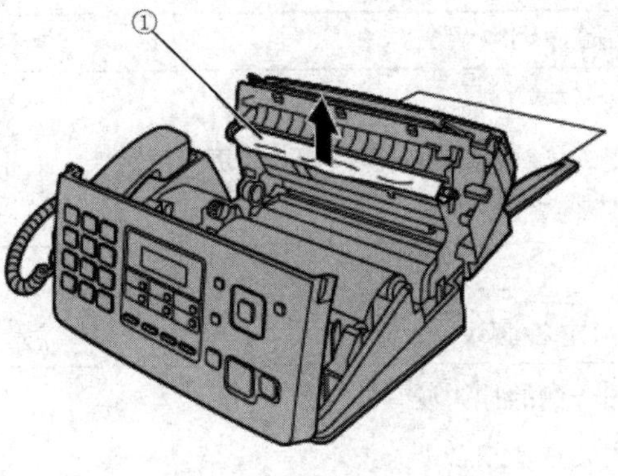

图 8-12　取出卡纸

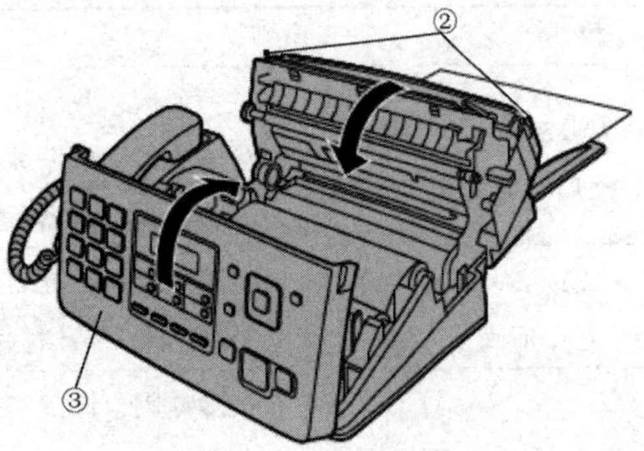

图 8-13　分别关上后盖和前盖

（3）国内市场上，传真机使用的记录纸一般都是普通纸，热敏纸打印的稿件不能久存（一般一个月后就会开始褪色），所以不能作为档案资料保存。

（4）对于热转印普通纸，下列纸张是不允许使用的。

- 带有涂膜的、破碎的或有褶皱的纸。
- 带有异物的纸，例如带有签条或订书钉等。
- 沾了灰尘、含有棉绒或染了油渍的纸。
- 潮湿的纸。

8.1.4　传真机的常见故障与排除

传真机在使用过程中，可能会出现各种各样的故障，使用者应该掌握简单的、常见的故障排除方法。常见故障、原因和处理方法见表 8-3。

表 8-3　常见故障、原因和处理方法

常 见 故 障	原因和处理方法
不能发送文稿	故障原因一：电话线连到了本机上的“分机接口”插孔 处理方法：将电话线连接到“LINE”电话线接口插孔 故障原因二：对方的传真机占线或记录纸用完 处理方法：稍后再试或补充记录纸 故障原因三：对方的传真机未能自动接收传真 处理方法：手动发送传真
不能接收文稿	故障原因：电话线连到了本机上的“TEL”分机接口插孔 处理方法：将电话线正确连接到“LINE”电话线接口插孔
不能自动接收文稿	故障原因：接收方式被设定为电话方式 处理方法：将接收方式改为传真专用方式或电话/传真方式

续表

故 障 现 象	故障原因和解决办法
传真或者复印时 1/4 泛白或者全白	故障原因：热敏头或者扫描器发生故障 处理方法：首先进入服务模式，测试热敏头，如果有问题，就更换热敏头。如果热敏头良好，就为扫描器故障，更换扫描器即可
传真或者复印时不清晰	故障原因：扫描器或白辊脏 处理方法：清洁扫描器、白辊和 ADF 橡胶块
传真或者复印时一侧字迹不规则、泛白	故障原因一：上盖扣合不严或泛白一侧的挂钩没有挂到位 处理方法：打开面板后压住两边用力重新扣合 故障原因二：热敏头错位所致 处理方法：打开面板后反复按压热敏头使其复位
传真或者复印时有黑带、黑线	故障原因：如果是 CCD 传真机，可能是反射镜头脏了。如果是 CIS 传真机，可能是透光玻璃脏了 处理方法：用棉球或软布蘸酒精擦拭。如仍有黑带、黑线，就更换热敏头
打印质量差	故障原因一：热敏头脏了 处理方法：进行清洁处理 故障原因二：可能用过含有 20%以上的棉或纤维的纸，如信头纸或用于打印履历表的纸 处理方法：使用标准记录纸（原装纸）
打印质量良好但接收传真质量差	故障原因：对方发送的文稿可能不清晰或者对方的传真机有问题。 处理方法：请对方发送更清晰的文稿或者让对方检查传真机
复印图像变形	故障原因：文稿引导板的宽度没有调节好 处理方法：将文稿引导板的宽度调节至适合文稿的实际尺寸
电话正常使用但是无法收发传真	故障原因：如果传真机正常，就说明连线连接错误 处理方法：如果电话与传真机共享一条电话线，就将电话线插入传真机标示“LINE”的插孔，或将电话分机插入传真机标示“TEL”的插孔
对方收到的文稿上的文字变形或不清晰	故障原因一：同一条线路上的电话分机占用线路 处理方法：挂断分机，然后再试一次 故障原因二：对比度调整不合适 处理方法：调整对比度
接收到的传真字号变小	故障原因：启用了传真机的“省纸功能” 处理方法：一般传真机会有压缩功能，可以将字号缩小以便节省纸张，可参考手册将“省纸功能”关闭或恢复出厂默认值即可
经常发生送纸错误	故障原因：送稿器脏了 处理方法：清洁送稿器的滚筒和橡胶薄片
显示 CONNECTING……但是没有收到传真	故障原因：接收方式为传真专用方式，并且来电不是传真 处理方法：将接收方式改为电话方式或电话/传真方式

小技巧

1. 当发送传真时，如何避免原稿出现传送歪斜甚至卡纸的现象

（1）检查传真机内部纸张传动部分的两个辊轴，如果发现两个辊轴松动，应该立即调整，使两个辊轴恢复正常的工作状态。

（2）传送文稿之前，必须正确调整好原稿导引板的位置，同时把要传送的文稿整齐地放置在导引板上。

（3）纸张传送路径上的障碍物也很容易阻挡原稿的正常传送，从而产生卡纸或者堵塞现象，所以要及时打开传真机的侧面板盖，将纸张传送路径上的纸屑或者其他障碍物清除干净。

2. 当发送传真时，如何避免不能自动输入原稿的情况

（1）检查纸张传送路径上是否有障碍物阻挡，如果有，应该立即清除干净。

（2）检查传真机控制面板上各种相关的指示灯是否工作正常，如果"传真"指示灯不亮，就表明传真机的原稿位置传感器或者原稿读取传感器工作不正常甚至发生故障，应该及时对它们进行检查和更换。

（3）检查纸张传送机构中的金属弹簧片是否已经变形或者失去弹性，是否无法对原稿产生足够的压力，一旦工作不正常，应该立即予以更换。

（4）检查传送原稿的输入部分是否出现问题，如果被传送的原稿表面太光滑，很容易产生打滑现象，造成不能自动输入原稿。此时应该先将原稿复印一份，然后再传送复印件即可。如果传送原稿厚度不够也会产生不能自动输入原稿的现象，因此要保证被传送的纸张厚度大于 0.15mm，并且原稿不能卷曲，不然传真机也不会自动输入原稿。

实训 16 遵纪守时 真实考勤

任务引领

公司为了帮助员工养成良好的时间观念，提高员工的工作效率，决定实施考勤制度，特意引进多台考勤机，公司要求人事部门尽快安装考勤机，完成考勤机设置，推行考勤制度。

任务分析

- 学会安装考勤机

➢ 掌握考勤机的基本设置
➢ 学会使用考勤机

任务操练

1．设备的安装

将安装模板纸贴于墙上并钻孔，推荐安装高度为地面以上 1.1m 左右，可根据员工整体身高进行调整，如安装高度为 1.2m，适用于身高 1.65m 以上人群。安装好后插上电源，机器自动启动，并有开机提示音。

2．设置考勤规则

设定员工考勤规则，包括迟到、早退计算方法、排班方法和周末是否上班。进入考勤机主界面，单击“排班设置”→“考勤规则”选项。如果全公司上班时间一致，可以只设定一个部门，并且建议采用“按部门排班”，如果不同人员可能上不同的班次，可以采用“按个人排班”。当排班方式选择为“按个人排班”时，没有排班的人员，将使用默认班次中所设置的上班时间。

3．设置班次

进入主界面，单击“排班设置”→“班次设置”选项，在考勤机内有两个默认班次，即班次 1 与班次 2。最多支持 24 个班次，所有班次均可编辑，单个班次最多可以设置 3 个时间段。例如，可以设置一天考勤 2 次，如图 8-14 所示。

4．员工登记

（1）进入主界面，单击“用户管理”→“新增用户”选项，在“新增用户”栏输入用户信息，设备自动为员工分配工号，从 1 开始，以此类推，同时用户可自动输入工号进行设置，如图 8-15 所示，也可输入姓名，如图 8-16 所示。

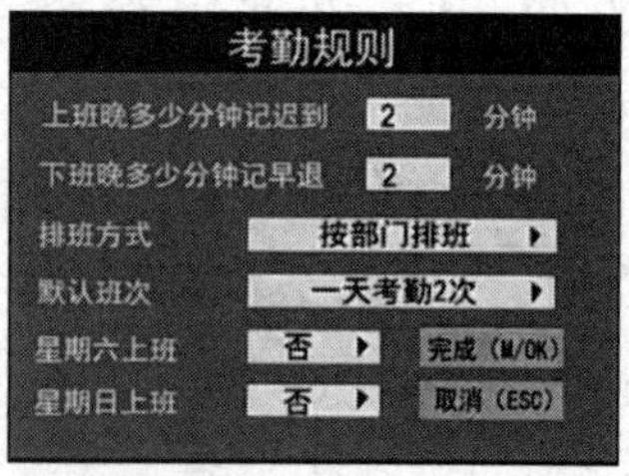

图 8-14　设置考勤规则

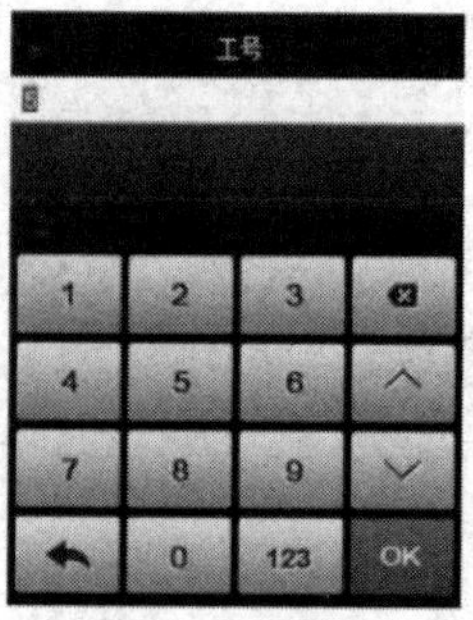

图 8-15　设置工号

（2）选择权限，如图 8-17 所示，权限包括普通用户和管理员，普通用户只能进行考勤、打卡操作，管理员除具有普通用户的权限外，还可以进入主菜单操作各项设置。

图 8-16　设置用户名

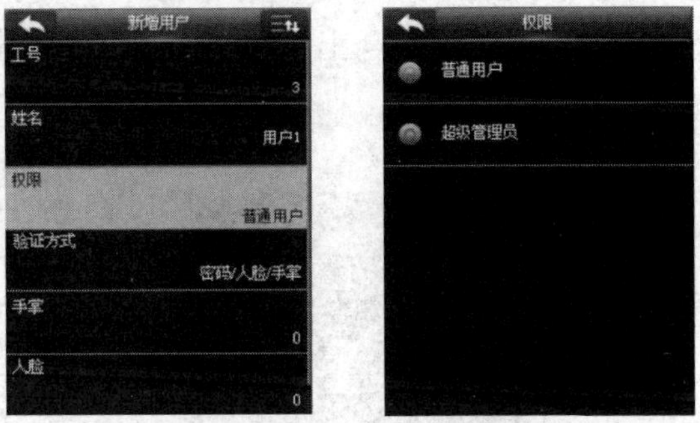

图 8-17　用户权限设置

（3）选择需要的验证方式，有“密码”、“指纹”和“人脸”多种组合可以选择。单击“指纹”选项，录入员工的指纹。单击“人脸”选项根据设备语音提示，将眼睛置于绿色框内，并根据设备语音提示完成人脸登记。单击“密码”选项，输入 1～8 位数字密码。设置完成，按“OK”键保存即可。

5．员工考勤

根据员工登记的方式进行考勤。

执行任务后思考

员工在考勤过程中会出现识别困难的情况，在设备安装过程中要注意在光照适宜的环境安装，安装在室外的考勤机，不要使太阳直射；安装在室内的考勤机，除要避免太阳透过玻璃直射外，还要避免灯光近距离照射。在考勤时，人员与设备之间的距离要在 0.5m 左右，当人脸图像较亮时可适当向后移动，当人脸图像较暗时可适当向前移动。

任务拓展

每个考勤机都可以设置相关的参数，使设备在功能等各方面最大化地满足用户的需求。

1．日期和时间设置

在主界面单击“系统设置”→“时间和日期”选项，在“设置日期”栏可以进行日期设置，在“设置时间”栏可进行时间设置，在“使用 24 小时格式”栏可设置主界面的时间显示模式。选择“ON”，时间显示为 24 小时制；选择“OFF”，时间显示为 12 小时制。在“日期格式”栏可设置设备所有界面显示的日期格式，如图 8-18 所示。

2．恢复出厂设置

恢复出厂设置，可以将设备的通信设置、系统设置等恢复成出厂时的默认设置，在系统设置界面中选择“恢复出厂设置”栏，弹出对话框，如图 8-19 所示，单击“确定”按钮，即可完成恢复出厂设置。

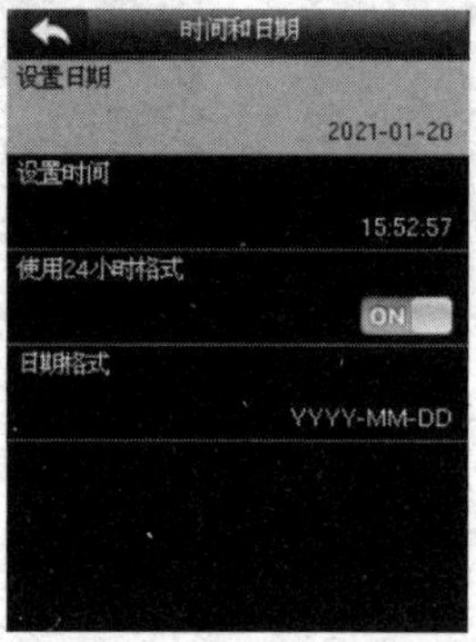

图 8-18　时间和日期设置

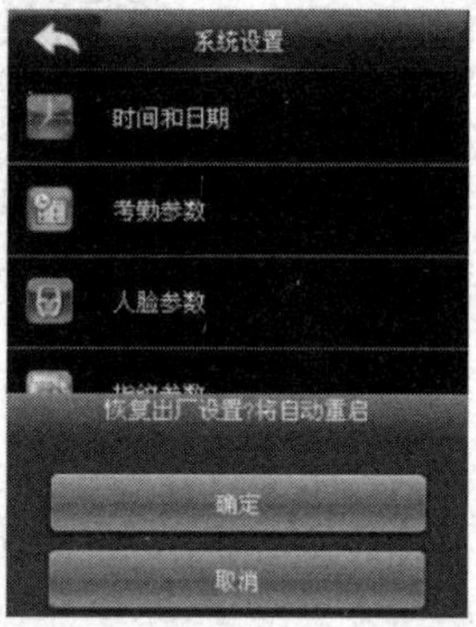

图 8-19　恢复出厂设置

3．界面设置

用户可以根据个人喜好设置主界面的显示风格。在主界面单击“个性设置”→“界面设置”选项，如图 8-20 所示，用户可以根据个人喜好选择系统自带的墙纸；可以设置当前设备的显示语言；可以设置当设备处于菜单界面且未被操作的时间超过该设定的值时，将会自动退回到主界面；可以设置当设备处于主界面未被操作的时间超出该设定的值时，将显示宣传图片和变换宣传图片的间隔时间；可以设置设备进入休眠状态的时间。

4．语音设置

在主界面单击“个性设置”→ “语音设置”选项，如图 8-21 所示，在“语音提示”下选择“ON”，在设备操作过程中则会有语音提示，如果选择“OFF”，则无语音提示。“键盘提示”是设置在设备操作过程中，按键是否有声音提示。用“音量”选项调节设备的音量。

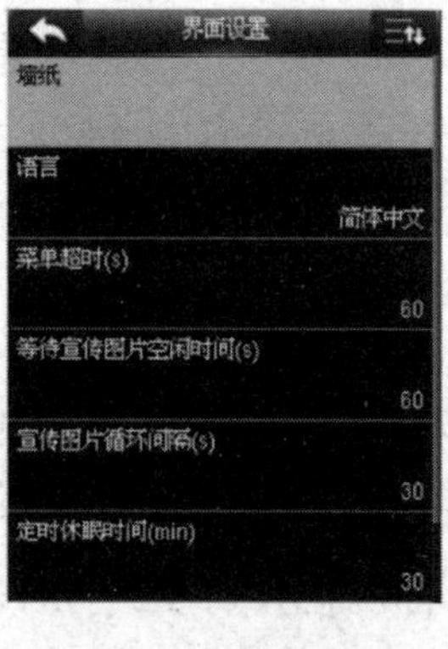

图 8-20　界面设置

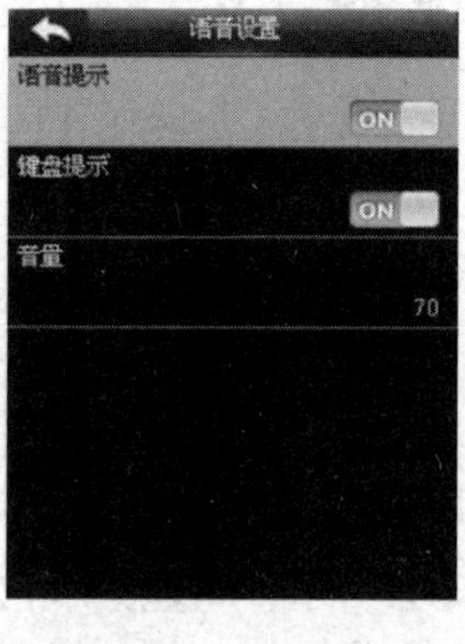

图 8-21　语音设置

知识支撑

8.2 考勤机

8.2.1 考勤机简介

考勤机是单位实施考勤管理的工具，能够准确地、严格地定位考勤情况，提供一种精准衡量被考勤人员的标准。考勤机可用来记录被考勤人员某个特定的场所及特定的时间段内的出勤情况，包括上下班、迟到、早退、病假、休息、工作时间、加班情况等。考勤可以维护企业的正常工作秩序，提高办事效率，严肃企业纪律，使员工自觉遵守工作时间和劳动纪律。

1. 考勤机的功能

（1）出勤查询。

考勤机能够对员工的出勤情况进行实时查询，也可以按照条件进行查询部分或全体人员的刷卡记录。同时能够查询基本出勤情况，根据原始考勤设置对各种出勤数据进行处理，自动判断迟到、早退、缺勤的人员及打卡的明细情况。

（2）自动统计。

考勤机能够实现多种考勤情况的自动统计，形成一张包含员工上下班、加班、迟到、早退、请假、缺勤等相关出勤信息的综合性汇总报表，也可按照单项进行统计工作；根据出勤情况及考勤设置，实现自动扣款统计；根据员工加班打卡时间及企业安排加班时间，实现加班自动统计。

（3）灵活设置。

考勤机可灵活设置上下班有效打卡时间，杜绝员工随意打卡，使管理者管理更方便、合理，增强员工的纪律意识，实现灵活的打卡设置；可灵活设置统计项目，根据实际情况任意设置考核的字段数。

（4）自动显示。

考勤机根据设置好的上下班时间，自动判断迟到、早退数据，并用不同颜色予以提示。

2. 考勤机的分类

按照打卡方式考勤机可分为两大类，第一类是简单打印类，考勤数据直接通过考勤机打印在卡片上，卡片上的记录时间即为原始的考勤信息，操作较为简单；第二类是存储类，考勤数据直接存储在考勤机内，然后通过多种方式进行采集，也可以对数据进行统计分析，最后形成所需的考勤信息汇总表，考勤信息灵活丰富，但是使用前需要进行信息录入等操作。

简单打印类包括电子式和机械式两种，例如纸卡卡钟，卡钟是最传统的打卡方式，单位的人事部门给被考勤人员发放卡纸，被考勤人员根据单位要求进行手工签卡，将数据直接记录在卡纸上，记录实际上班及下班时间，人事部门每月统计考勤情况，处理考勤数据，分析考勤结果，得出考勤报表。每个员工每月用一张纸卡，直观显示、应用方便，但是这种方式签到速度慢、功能单一，不能实现考勤数据的实时查看和自动统计功能，统计工作基本上是人工完成，工作量大，且速度慢，易出错，无法避免代打卡现象。耗材多，以及由于机械磨损容易出现故障，使用维护费用较高。

存储类考勤机主要包括感应卡、指纹、人脸等类别，感应考勤机包括各种卡的考勤机，主要以 ID 卡和 IC 卡为主，采用软件导出报表，但是容易有代打卡的问题，磁卡与磁头易损，多用于门禁等；生物识别考勤机主要指指纹识别和人脸识别，管理方便，而且不容易作弊，价格稍高。后者价格相对高，不容易作弊，管理也比较方便，适合安全性要求较高的行业。这种类型的考勤机速度快、功能强大，又能记录原始考勤数据，并对数据进行考勤分析、自动统计、实时查询等多功能，操作灵活，避免了人工计算的误差。耗材少、故障率低，使用维护费用低。

3．考勤机的选购

现在各单位在选购考勤机时多以感应考勤机为主，因此以指纹考勤机为例，介绍一下考勤机的选购。

（1）指纹容量。

可以简单地将指纹容量理解为指纹考勤机可以容纳的指纹数量，即这台指纹机可以供多少人使用。例如，现在市面上的指纹考勤机的指纹容量一般为 3000 枚，如果一个人只录入一枚指纹的话，可以供 3000 人使用。

（2）记录容量。

指纹考勤机的每条记录都保存在考勤机内，因此员工在上下班考勤过程中的记录，每成功一次，指纹机都会保存一条记录，因此考勤机要有一定的记录容量。例如，某指纹机的记录容量为 10 万条，假设某单位有 500 名员工，每人每天考勤两次（上下班各一次），则该单位每天产生的记录数为 1000 条，一个月会产生 30000 条，因此如果记录容量为 10 万条，则足够该单位一个月使用。

（3）数据导出方式。

指纹考勤机是存储类考勤机，将数据导出到计算机上，能够方便进行统计、汇总。数据导出方式主要有四种，第一种方式是直接将考勤机搬到计算机旁边，通过数据线与计算机连接，数据导出后，再把考勤机放回考勤地点；第二种方式是从考勤机连线到计算机，直接将数据导出到计算机上，这种方式布线较麻烦；第三种方式是使用 U 盘从考勤机上采集数据，再传输到计算机上；第四种方式是通过局域网通信，考勤机的数据通过网络直接传输到计算机上，这种方式非常方便管理。

（4）异地打卡。

异地打卡是指异地多家门店可以统一考勤，实现统一的考勤管理，这种打卡方式灵活多样，不拘泥于考勤地点的限制。

8.2.2　考勤机数据处理

以中控面部指纹考勤机为例，介绍考勤数据处理。

1. 查看考勤报表

（1）通过设置快捷键，在考勤机上直接查看员工的考勤记录。

- 设置快速查询快捷键。

在考勤机上按“M/OK”键进入主菜单界面，如图 8-22 所示，单击“个性设置”，按“M/OK”键，单击“快捷键定义”，选择需要定义的快捷键。例如，单击“向上键”选项，按“M/OK”键打开向上键栏目列表，在功能栏重新选择功能为“考勤记录”，再次按“M/OK”键，保存设置，如图 8-23 所示。

图 8-22　主菜单界面

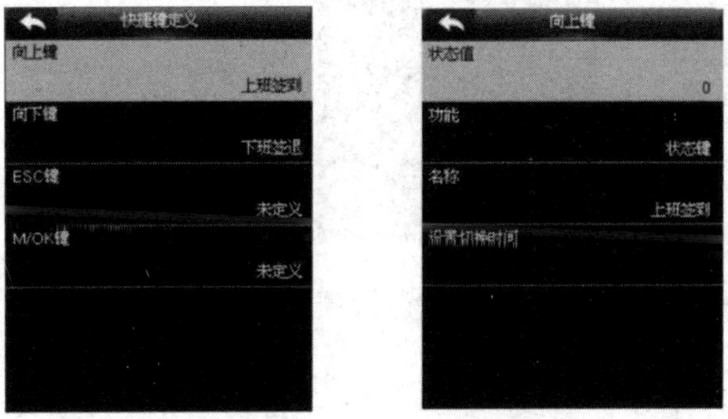

图 8-23　快捷键定义

用户考勤完成后，在初始界面按设置的键，可按“向上键”，在弹出窗口中输入要查询员工的工号，如图 8-24 所示，单击“查询时段”选项，如图 8-25 所示，确认时段后，考勤机上出现此员工的考勤记录，需要明细查询，再次按确认键即可。

- 按“M/OK”键进入主菜单单击“记录查询”→“考勤记录”选项可以进入考勤数据查询界面。

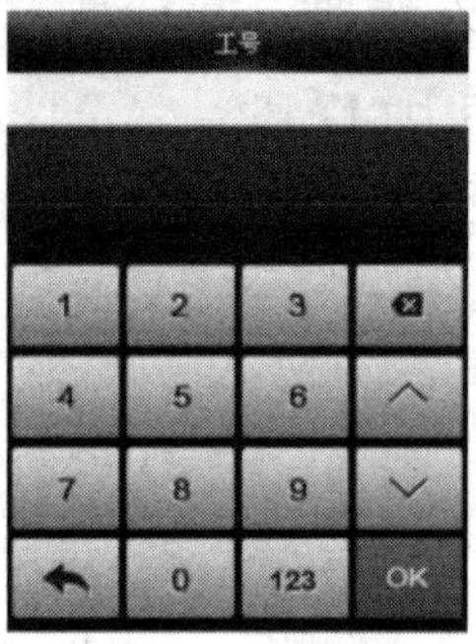

图 8-24　输入工号

图 8-25　查询时段

（2）利用 U 盘查看考勤记录。

将 U 盘插入设备的 USB 接口，在主菜单界面单击“U 盘管理”选项，打开 U 盘管理界面，如图 8-26 所示。

单击“U 盘下载”→“下载考勤记录”选项，将设备中指定日期范围内的考勤数据保存到 U 盘中。

2．考勤机数据的备份

考勤机可以将业务数据或配置数据备份到本机或者 U 盘上。

（1）在“数据管理”界面中，单击“备份数据”→“本地备份”选项，如图 8-27 所示。

图 8-26　U 盘管理

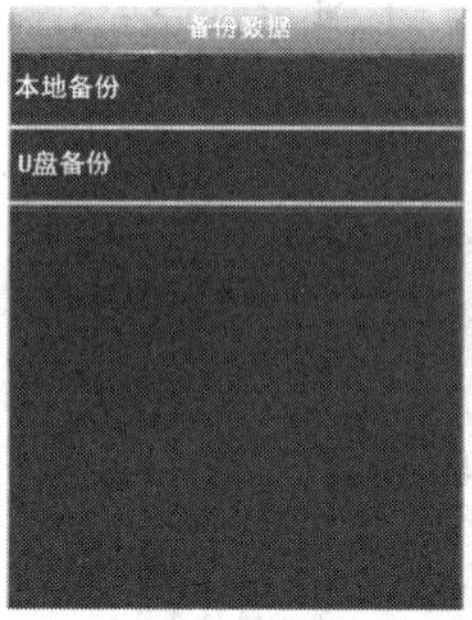

图 8-27　备份数据

（2）单击“本地备份”→“备份内容”选项，如图 8-28 所示，选择要备份的数据内容，可以选择“业务数据”或者“配置数据”，如图 8-29 所示。

（3）弹出“备份备注”界面，编辑备份备注，也可以选择跳过此步骤。

（4）单击“开始备份”选项，弹出备份进度条，进度条显示“备份完成”时表明备份成功，如图 8-30 所示。

注：U 盘备份与本地备份操作相同，选择将数据保存到 U 盘中时，请确保 U 盘已经正确插入设备。

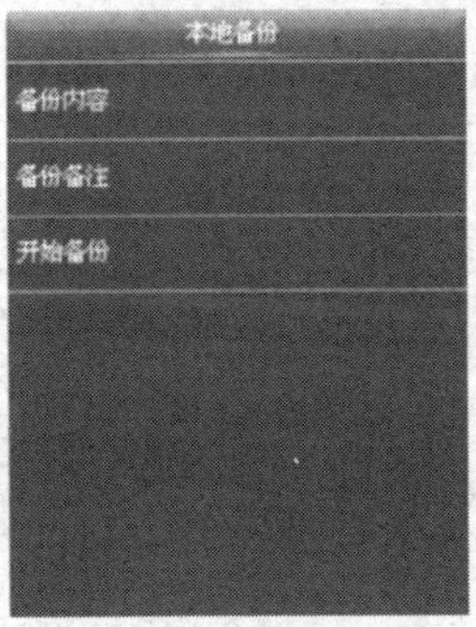

图 8-28　本地备份

图 8-29　备份内容

3．考勤机数据的还原

（1）在“数据管理”界面中单击“还原数据”选项，打开“还原数据”界面，单击“本地还原”选项，如图 8-31 所示。

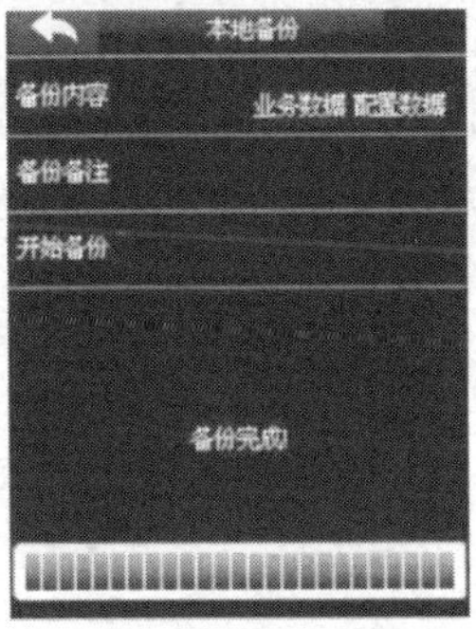

图 8-30　备份完成

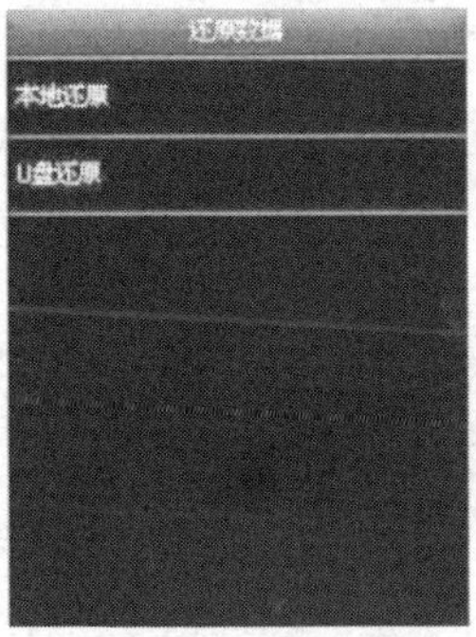

图 8-31　还原数据

（2）打开“本地还原”界面，有“内容”、“备注”和“开始还原”三项，单击“内容”选项，如图 8-32 所示。

（3）选择要还原的数据内容，有“业务数据”和“配置数据”两项可选择，如图 8-33 所示。

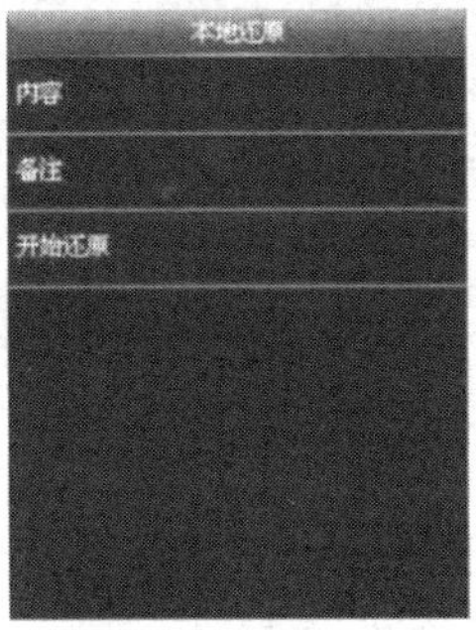

图 8-32　本地还原

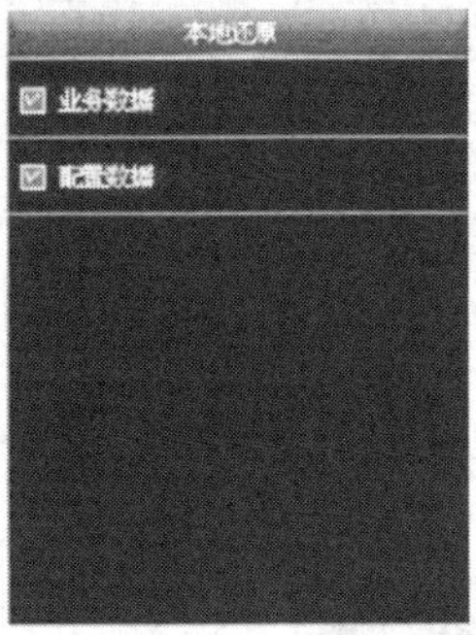

图 8-33　选择还原的数据内容

（4）选择还原数据后，选择“开始还原”栏，选择“是”，确定还原，完成还原过程。

注：U 盘还原与本地还原操作相同，选择将数据保存到 U 盘时，请确保 U 盘已经正确插入设备。

4．使用考勤软件查看考勤记录

（1）在计算机中安装“考勤管理程序”软件，如图 8-34 所示，并将存有考勤用户信息和考勤记录的 U 盘插入计算机。

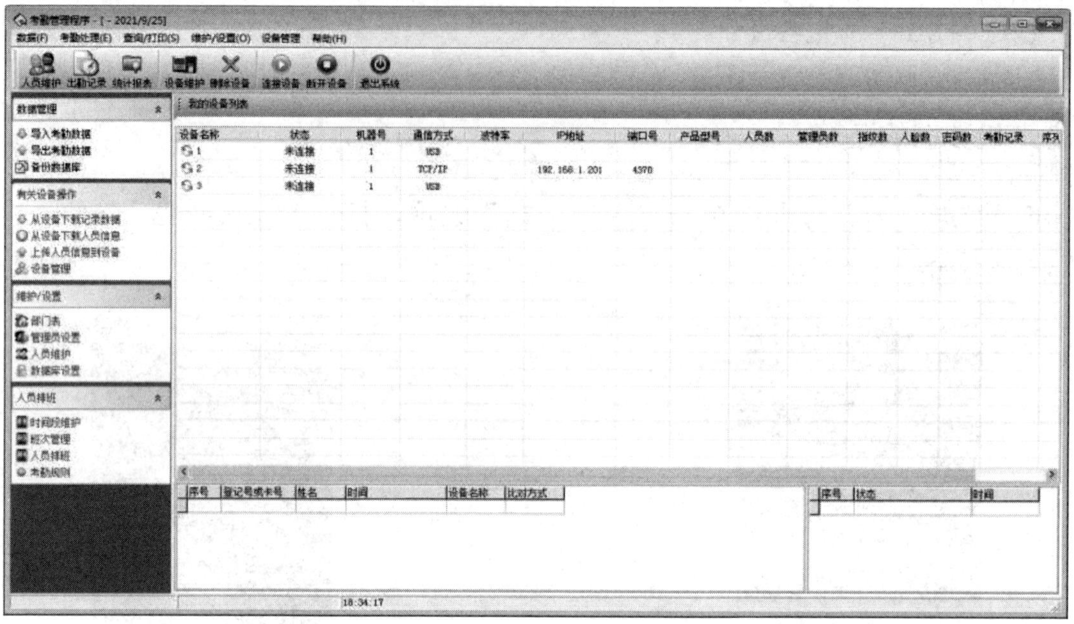

图 8-34　考勤管理程序

（2）打开“数据”菜单，单击“USB 闪盘管理”选项，如图 8-35 所示。

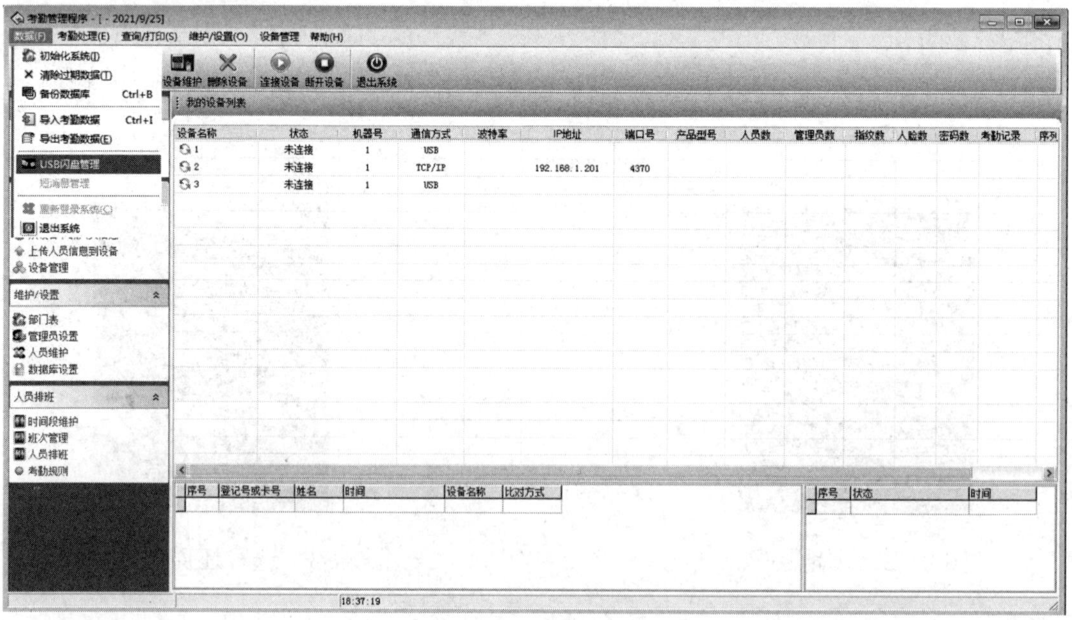

图 8-35　USB 闪盘管理

（3）在弹出如图 8-36 所示的对话框中，选择对应的考勤机型号，默认是第 1 项，这里选择第 3 项“彩屏机或 OP1000 自助式指纹机”，单击“确认”按钮。

（4）在“USB 闪盘管理”窗口中，单击“导入用户数据至电脑”选项卡，单击“从本地磁盘导入”按钮，可以将考勤机上的用户数据导入计算机中，如图 8-37 所示。

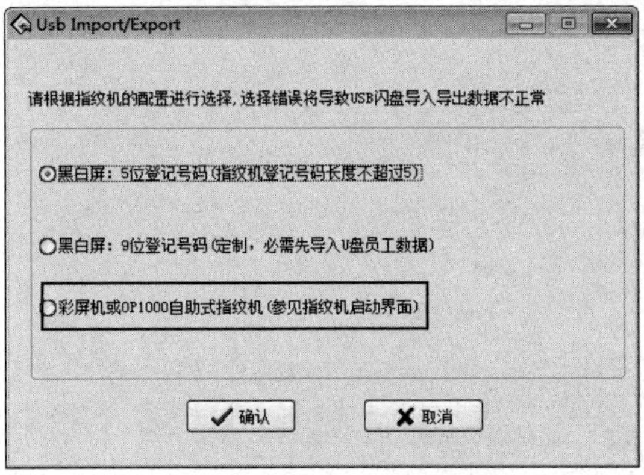

图 8-36　考勤机型号选择

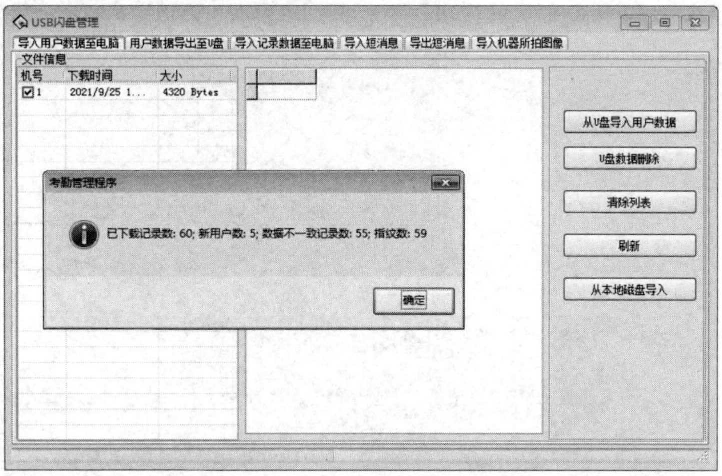

图 8-37　导入用户数据

（5）单击“导入记录数据至电脑”选项卡，单击“从 U 盘导入记录”按钮，弹出导入进度条，此时等待 U 盘中的考勤数据导入完成即可，如图 8-38 所示。

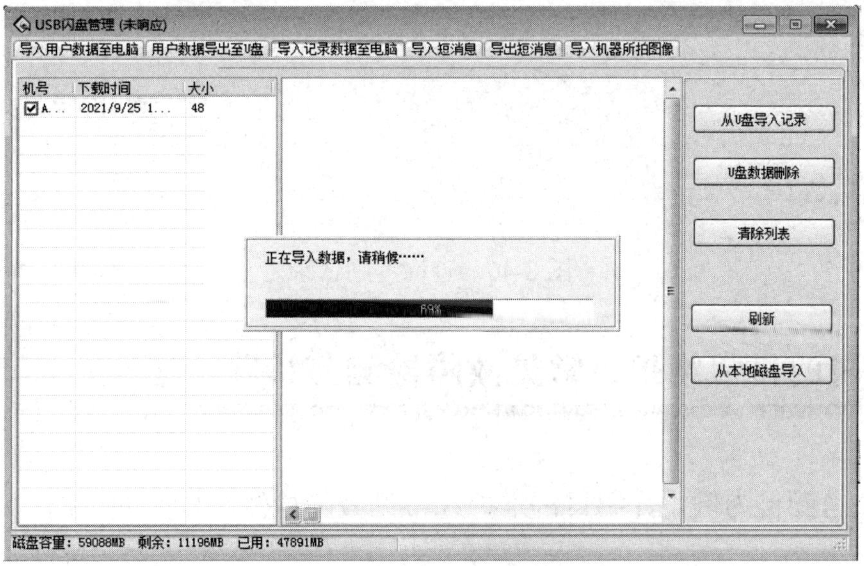

图 8-38　导入记录数据

（6）导入完成后可以看到导入的记录条数，如图 8-39 所示，单击“确定”按钮，完成数据导入。

（7）返回“考勤管理程序”主界面，单击“出勤记录”按钮，“记录查询”窗口如图 8-40 所示，选择要查询的日期，单击“查询”按钮，即可查询考勤记录。

图 8-39　导入完成

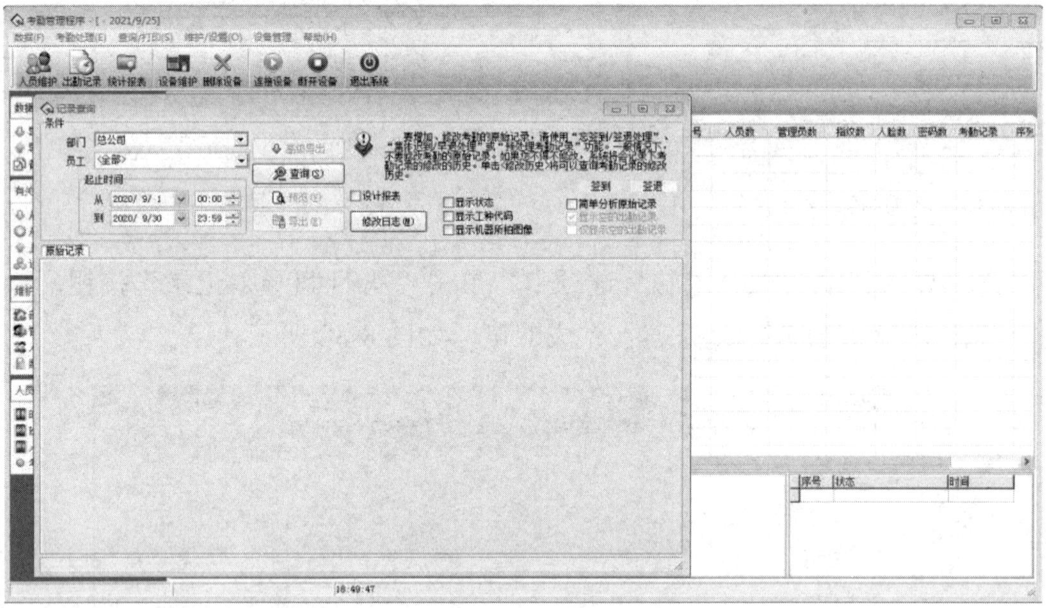

图 8-40　查询考勤记录

8.2.3　考勤机的日常维护、常见故障检测与排除

下面以指纹考勤机为例，介绍日常维护、常见故障检测与排除的办法。

1．考勤机的日常维护

（1）使用前请保证手指的清洁，不要沾油污、沾水。

（2）不要用力按压指纹采集窗，不要用指甲或其他硬物划伤指纹采集窗。

（3）不要将考勤机放置在阴冷、潮湿、高温环境。

（4）指纹采集窗口用了一段时间后，需要清洁在使用过程中残留的污迹。使用单面不干胶带粘贴在扫描器窗口上，然后再撕掉，即可清洁扫描器窗口，也可以用软布片蘸一点玻璃清洁剂轻轻擦拭窗口。

2．考勤机常见故障检测与排除

（1）考勤机打开后一直反复显示“请重试”。

一种情况可能使用时间过长，采集头表面变得不清洁或有划痕，会使采集头误认为表面正在按手指，而造成不能通过，使用正确的方法清洁采集头即可。另一种情况，可能指纹采集头的连线脱松或主板芯片有损坏，需要进行维修或更换。

（2）用户指纹考勤经常无法验证通过。

出现此问题有几种情况：手指上指纹被磨平；手指上褶皱太多；手指上脱皮严重等。指纹无法被识别的用户，可将该指纹删除再重新登记，或登记另一枚手指。

（3）用户的手指按上去出现他人的工号信息。

指纹识别的认假率小于 0.0001%，因此出现这种现象的概率极小，若出现这种情况可能是由于出现错误工号的员工所注册的指纹特征过少，或指纹注册质量较差，应该删掉经常出现错误工号的指纹，更换手指重新注册。

（4）考勤机接上电源，无法开机。

一种情况是电源线损坏，需要更换新电源线。另一种情况是电源接头松脱，将电源线插紧，再进行开机，还有可能电源板损坏或主板损坏，需要更换新的电源板或主板。

8.3　碎纸机

8.3.1　碎纸机简介

在当今生活中，有很多废弃的隐私文件，如快递单、银行卡、公司的各种文件等，如果这些文件被不法分子利用，将会给公司或个人造成很大的损失，碎纸机的出现很好地解决了这个问题，碎纸机是通过切碎纸张、照片、信用卡、光盘等方式，达到信息保密的目的。碎纸机如图 8-41 所示。

图 8-41　碎纸机

1．碎纸机的发展

随着碎纸机的技术不断提高，到现在发展出自动化程度高、运行时间长、保密级别高、碎纸速度快、可碎介质多的产品，碎纸机已经逐渐成为工作中不可或缺的办公用品。

（1）碎纸机出现前的时代。

在出现碎纸机之前，需要销毁一些保密的材料时最常用的办法就是用手撕碎，有时也可以选择用火点燃。虽然手撕的方法简单、方便，但是不够安全，容易造成信息泄露，虽然火烧可以彻底销毁，但是存在安全隐患，或者燃烧不彻底造成信息泄露。

（2）皮带传动时代。

初代碎纸机大多是皮带传动，噪声小，但产品体积大，而且长时间工作后皮带会出现变形拉伸甚至断裂现象，皮带表面齿易磨损，导致机器运转打滑，维护成本高。

（3）齿轮驱动时代。

皮带传动存在着不少的问题，随后出现了采用齿轮驱动的碎纸机，齿轮经历了从塑胶齿轮传动到金属链轮，再到金属齿轮传动的过程。在高速运行下，塑胶齿轮传动噪声大、韧性差、易出现断齿现象。金属链轮静音运行、低能损耗、高效切割、切割系统各部件可完美协调工作。金属齿轮传动，齿轮结构不但高效而且齿轮损耗低，但齿轮结构需要进行润滑处理，并且需要定期维护。

（4）精钢机芯时代。

随着制造技术的提升，精钢机芯的碎纸机出现了。采用合金钢材料的金属刀具经过淬火处理、数控机床的加工，工艺上保证传动部分安装精度，使磨损降低到最低限度，确保产品质量稳定性、降低噪声。

（5）高科技多媒体时代。

进入多媒体时代，不仅纸质材料需要进行粉碎，光盘、银行卡、软盘、磁带等也需要进行粉碎，因此碎纸机的功能也相应增多，通常这样的碎纸机拥有 2 个粉碎口，一个口是用来碎纸，另一个口是用来粉碎多媒体介质，采用了 2 条刀具，粉碎多媒体介质的刀口需要更大的粉碎力，技术含量高，但是因为机器需要长时间运转，发热严重。

（6）水冷风冷时代。

针对碎纸机发热的问题，为了实现电机过热保护功能，碎纸机加入了水冷系统，提高了散热效率，但水冷系统的加入使得机器过重。随后将水冷系统改成了风冷系统，风冷系统在保证高效散热的前提下，降低了碎纸机的重量，同时维护简单。

（7）自动化时代。

在满足多功能、高性能的基础上，碎纸机的碎纸能力、保密等级、使用寿命都实现了跨越性的增强。进纸方式由一次进一张纸到一次进多张纸，再到自动搓纸功能的开发，无须人工干预，自动碎纸，并拥有更长的连续碎纸时间、更大的垃圾桶容量，提升碎纸效率。

2. 碎纸机的工作原理

碎纸机主要由机械传动和电气控制两部分组成：机械传动部分主要由刀轴、传动减速齿轮、驱动马达等组成；电气控制部分由箱门开关、电源开关、光电感应器、按键板、主电路板等组成。碎纸机主要有两种工作模式，分别为手动碎纸和自动碎纸。手动碎纸是通过人工直接操作机器上的按键来采集信号，信号通过主电路板比较和分析处理，从而控制大电路正转与反转，带动各传动减速齿轮运转，齿轮最后带动刀轴组件运转，从而实现碎纸的目的。自动碎纸是通过光电感应器来采集信号，从而控制大电机正转与反转。

3．碎纸机的选购

根据使用对象、使用环境的不同，碎纸机可分为手摇碎纸机、桌面型碎纸机、小型个人/家用碎纸机、中型办公碎纸机、大型办公碎纸机等几种。在选购时除了要考虑使用环境外，还要考虑以下性能指标：

（1）保密等级。

碎纸机保密等级，是为了避免一些重要信息被泄露，而提出的规范化保护标准。根据国际通用安全保密等级标准，并结合我国文字特征，按照国家保密局对涉密（《中华人民共和国保守国家秘密法》将国家秘密的密级分为绝密、机密、秘密）文件处理的有关要求，同时符合机械行业执行标准 JB/T6165-92《文件粉碎机技术条件》的要求，我国碎纸机保密标准使用的是 OAS20368 保密等级标准，见表 8-4。

表 8-4　OAS20368 保密等级标准

保密等级	碎纸尺寸			碎纸效果
绝密	1mm×10mm	2mm×2mm	1mm×6mm	沫状 丝状
机密	2mm×6mm	2mm×12mm	2mm×16mm	粒状
秘密	3mm×25mm	3mm×30mm	4mm×(30～80)mm	段状
一般销毁处理	3～4mm			条状

市面上许多产品标注的为德国碎纸机标准，见表 8-5。

表 8-5　德国碎纸机标准

保密等级	碎纸尺寸	被复原概率	保密度
1 级	不超过 12mm×166mm	25%	75%
2 级	不超过 6mm×133mm	15%	85%
3 级	不超过 4mm×80mm	8%	92%
4 级	不超过 4mm×35mm	2%	98%
5 级	不超过 2mm×15mm	0.01%	99.99%

选择碎纸机时，要选择适合自己公司实际情况的碎纸机。

（2）碎纸方式。

碎纸方式是指当纸张经过碎纸机处理后被碎纸刀切碎后的形状。根据碎纸刀的组成方式，现有的碎纸方式有碎状、段状、沫状、条状、粒状、丝状等。如果是一般性的办公场合则选择粒状、丝状、段状、条状的就可以了。

（3）碎纸能力。

碎纸能力是指碎纸机一次能处理的纸张厚度及纸张最大数目，而碎纸量是机件本身的吞吐量。例如，某碎纸机的碎纸能力为A4、70g、5～6张，表明该碎纸机一次能处理切碎厚度为70g的A4幅面的纸5～6张。一般情况下，碎纸效果越好其碎纸能力则相对差些，普通办公室选用A4、70g、3～4张的碎纸机就可以满足日常工作需要。碎纸时一定要按照机器所能承受的碎纸能力来使用，以免导致机器非正常卡纸、电机负荷过大烧毁等情况发生。

（4）处理材质。

碎纸机通常用来粉碎纸质文件，但是想要粉碎其他材质，就要选择多功能的电动碎纸机，具有强力粉碎功能，能够粉碎光盘、电话卡、IC卡等硬度较高的材质。

（5）碎纸箱容积。

碎纸箱容积是指盛放切碎后废纸的箱体体积。现在的碎纸机一般都带有万向轮，能够方便地在办公室移动，因此就涉及碎纸箱容积的选择。较小容量的碎纸箱容积大小在10～15升，中型办公室以20～30升为最佳，大型办公室可选用30升以上的碎纸箱。碎纸机能够处理的纸张量是另外一个需要考虑的因素。选购时最好考虑容量比所需要的大25%左右的型号，这样可以避免机器的损坏。

8.3.2 碎纸机的使用技巧

对碎纸机操作不当会有一定的危险性，因此规范使用碎纸机很重要。

1. 接通电源

开机前请检查使用电压是否与碎纸机的额定电压一致。碎纸机长期处于插电状态，因此要选择质量较好的插座，避免存在安全隐患。当电源接通后，电源指示灯亮起，说明通电成功。

2. 打开开关

碎纸机开关默认在“关闭”状态，如图8-42所示，将开关调到“自动”即可开始粉碎文件。现在市面上为了实现简单易操作功能，不再有“自动”开关，采用了智能传感器设备，相当于开关时刻处于开启状态。

3. 放入粉碎物

将 A4 纸放入碎纸口，注意一次不要放置太多，放太厚的纸对机器的寿命影响很大。如果粉碎的介质为光盘、手机卡、银行卡等，将其投入碎碟口（如图8-43所示）后碎纸机自动进行粉碎。

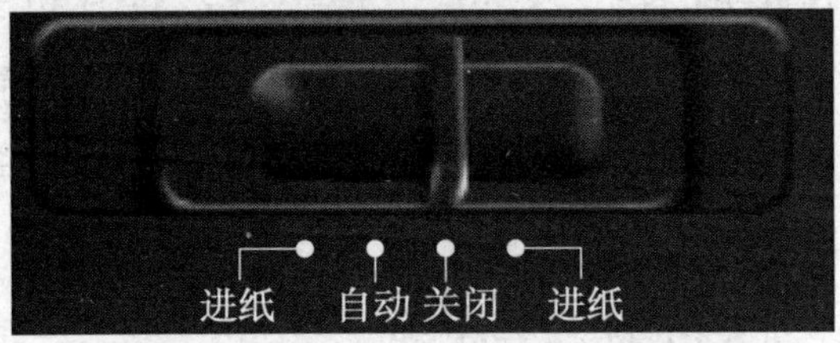

图 8-42　碎纸机开关

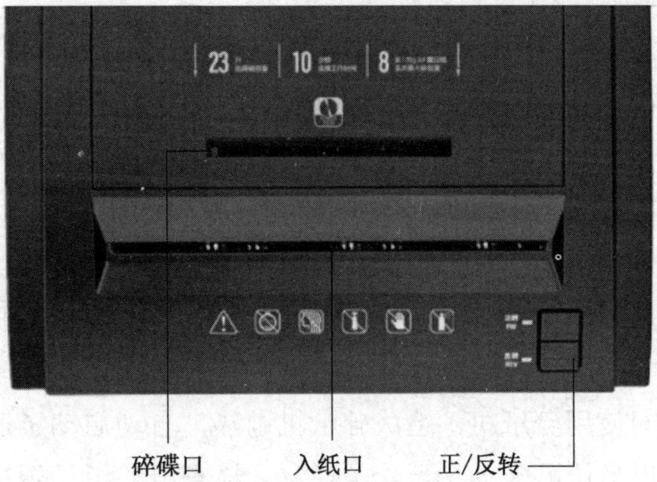

图 8-43　碎纸机外部结构

4. 反转功能

如果在碎纸的过程中突然发现放错了有用的纸张，应该立刻按下“反转”按键，纸张退回，避免造成更大的损失。有些碎纸机具备抽桶即停功能，也能暂停粉碎工作。

5. 过热报警

使用过程中，随时关注电源指示灯旁边的红色警报灯，红色灯亮起，暂停工作，让机器休息几分钟再继续。

注意： 碎纸机下面是碎屑盒，注意要定时清理里面的纸屑，以免影响使用！

8.3.3　碎纸机的常见故障与排除

1. 电源灯不亮

如果电源灯不亮，但是碎纸机还可以正常运行，说明电源灯损坏；如果电源灯不亮，碎纸机也不能正常运行，就需要检查电源线路是否存在虚接断路的地方，电源开关是否损坏。

2. 不停机

常见的情况是碎纸时有残留纸屑或者灰尘遮挡传感器，导致自转不停机，清理干净即可。另一类情况是继电器触头处于闭合状态，不能弹开，或是控制继电器时长的电路不正常，或是继电器本身有故障，找同参数的继电器换上即可。

3．反转

这种故障可能大多是由于继电器发生故障，极少情况为驱动马达出现问题，更换马达即可。

4．不碎纸

如果马达运转但是不碎纸，可能是因为不正当操作造成卡纸。首先拔掉电源，打开机头清理纸屑及杂物，然后通电，使之多次空转清理干净纸屑；如果马达转动，但有异样的声音，可能是配件、齿轮或皮带损坏，拆开机头，更换配件；如果马达不转动，机器发热，说明长时间使用碎纸机，造成碎纸机过热，自动启动了过热保护功能，暂停使用 30 分钟以上即可。如果马达不转动又无异常现象，检查电路板是否损坏，如有损坏需要更换。

5．大量塞纸

碎纸时应平整地把纸放入碎纸口，并及时清理箱内的纸屑，否则纸屑太满会堵住机头，使用时操作不当如大量塞纸，会造成工作异常。由于机芯移位或刀具安装不当造成塞纸，可联系产品售后进行维修。

注意： 出于安全考虑，故障排除过程中，当用手指或者工具放在机器碎纸口时，为了避免碎纸机突然启动，应先拔掉碎纸机的电源。

小技巧

碎纸机使用注意事项：

（1）长期不使用时，请拔除电源插头。

（2）无论机器是否在工作，都不能将手或衣物伸进碎纸口和碎碟口。

（3）碎纸时先移除订书钉等金属物品，可减轻刀刃损耗，并延长机器的使用寿命。

（4）当电源电压较低时，适当减少碎纸张数。

（5）为延长机器的使用寿命，碎纸时尽量不要超过最大碎纸极限。

（6）进纸过量，当废纸屑较满时，应及时清理，以免堵塞。

实训 17　合理有效整理资料

任务引领

公司已经成立 20 年了，档案室里保存了大量的见证公司发展历程的照片和珍贵的档案资料，为了使这些资料能够长期保存下来，公司决定对这些档案资料进行整理，对老照片进行塑封，并将相关的资料装订成册。

任务分析

- 学会对照片进行冷裱
- 学会根据使用要求选择相应类型的装订机
- 学会使用装订机将资料装订成册

任务操练

1．对照片进行冷裱

（1）准备好照片和冷裱膜，冷裱膜是一种自粘胶膜，优点是无须加热即可以给照片贴膜，冷裱膜的尺寸要稍大于要进行冷裱的照片，这里选择单膜的冷裱膜进行塑封。

（2）准备带有冷裱功能的塑封机，调成冷裱功能，按如图 8-44 所示的“启动”开关将冷裱膜正面向上，从入纸口送入，当膜进去 2～5mm 时，按下“停止”开关，暂时关停塑封机。

（3）将冷裱膜与其表面的保护纸分开，并将透明的冷裱膜覆在塑封机机身上。

（4）将需要冷裱的照片置于膜与底纸中间。

（5）重新按下“启动”开关，进行冷裱即可。

（6）冷裱完成后，使用切纸刀将多余的冷裱膜进行切除。

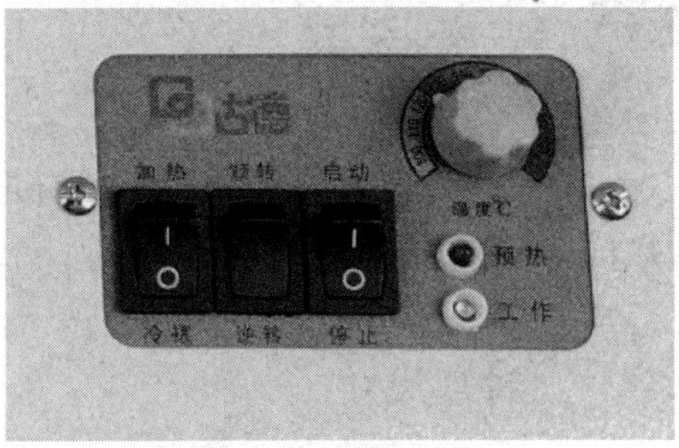

图 8-44　塑封机开关

2．将档案材料装订成册

本案例我们使用热熔机进行装订。

（1）将文件对齐，整理好放入封套中，如图 8-45 所示。

（2）将封套底部一侧朝下，放入装订机的加热槽中，使热熔封套融化，黏合纸张，如图 8-46 所示。

（3）推动装订机的手柄，压紧装订材料，如图 8-47 所示。

图 8-45　放入文件

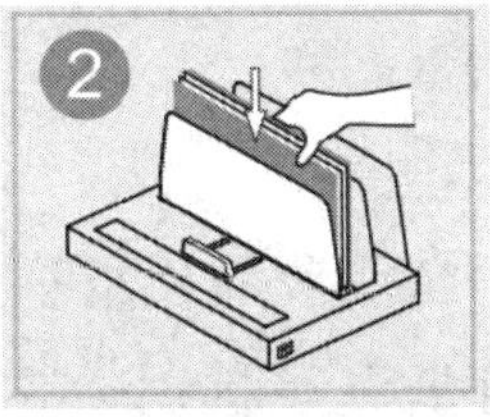

图 8-46　黏合纸张

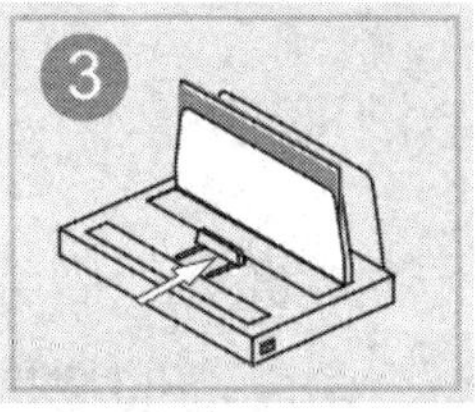

图 8-47　压紧装订材料

（4）完成后取出装订材料，如图 8-48 所示。

（5）用手按压装订部位，使树脂胶贴合文件，如图 8-49 所示。

（6）随后将装订材料放入冷却槽进行冷却，冷却结束后完成装订过程，如图 8-50 所示。

图 8-48　取出材料

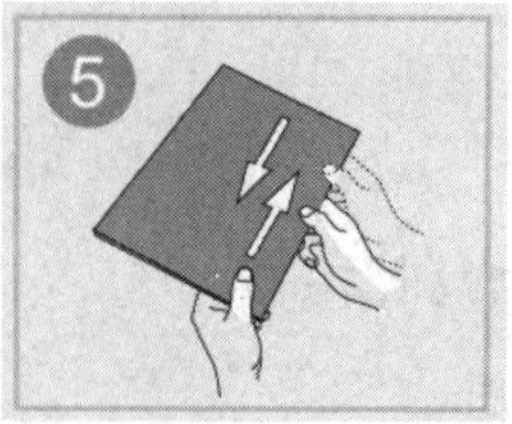

图 8-49　按压装订部位

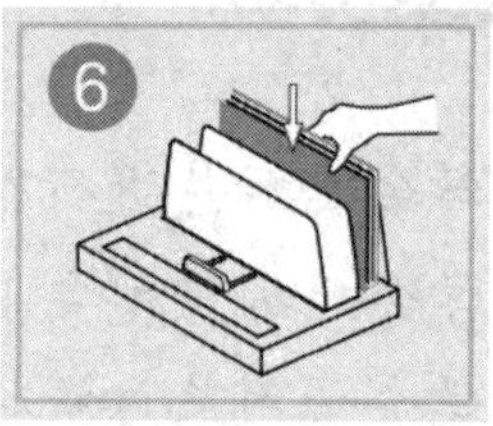

图 8-50　冷却

执行任务后思考

使用热熔胶装订机装订时，一定要将文件整齐地放入封套内，否则装订的文件会参差不齐。封套加热完毕后，需用手稍微整理固定一下热胶，这样装订的文本整齐有形；刚加热完毕切忌立即翻动文本，易造成散页，待胶条冷却凝固后方能翻动。

任务拓展

使用热熔胶装订机进行装订时，必须使用热熔胶封套，热熔胶封套是一种加热就会熔化的树脂胶，热熔胶封套在选择时要从以下几个方面考虑。

1．封套尺寸

因为装订材料以 A4 纸张居多，因此市面上出售的封套尺寸大多为 A4 大小，也有一些封套尺寸为 A3 大小，在购买时要选择合适的尺寸。

2．脊背厚度

脊背厚度是指纸张装订成册后书籍的厚度，脊背厚度参数直接影响能够装订纸张的页数，单位通常用 mm 来表示，例如脊背厚度 2mm，能装订 A4 纸约 25 张；脊背厚度 8mm 能够装订 A4 纸约 100 张。

3．树脂胶质量

利用热熔机进行装订的效果好坏与树脂胶的质量有直接的关系，选购热熔胶封套时要选择熔点低、黏度高的树脂胶，能够保证低温不断裂，常温不自粘，并且一定要无毒环保的树脂胶。

4. 封面封底材质

封面的材质通常以透明 PET 居多，具有透明度高、美观、防水耐磨的特点，封底的材质由白卡板、布纹纸或者厚彩纸制成。

知识支撑

8.4 塑封机

8.4.1 塑封机简介

塑封机又称为过塑机或者过胶机，使用塑封机可以将塑封膜压制在塑封物表面，起到防水、防破坏的作用，使文件长期保存。也可以把特殊的塑封膜压制在书本封面或证件表面起到防伪的作用。它的原理很简单，塑封膜是上面涂有热熔胶的聚酯膜，塑封机在电机的作用下实现匀速转动，通过发热装置将塑封膜加热，然后使用一定的压力对塑封膜进行压制，因此，经塑封物体黏合在塑封膜之内。由于处理过程是在一定的高温和压力作用下完成，而且采用高质量的聚酯膜和透视度很好的热熔胶，所以不但可以保证常温下被塑封物体不被破坏，起到防水、防潮、防刮花的作用，而且物品的直观效果良好。

1. 塑封机的发展

塑封机的使用和普及是随着国家身份证使用塑封机技术开始的。采用塑封技术对身份证进行处理，对国家推行身份证制度起到了关键性作用，同时也为塑封机产品的推广和应用，打下了广泛的社会基础。第一代居民身份证是中国自 1984 年为中华人民共和国公民颁发的身份证明性证件，第一阶段采用印刷和照相翻拍技术塑封而成，采用聚酯薄膜密封。1995 年 7 月 1 日起启用新的防伪居民身份证，采用全息透视塑封套防伪。随着塑封技术的不断发展，特别是塑封机技术的不断提高，塑封机的应用逐渐扩展到图像和其他制证行业。后来一些证件为了达到防涂改、防伪造和长期保存的目的也纷纷采取了塑封这种最有效的方法，由于塑封成本不断下降和通过塑封所达到的良好直观效果，出现了对彩色照片进行塑封的技术。塑封技术的应用已扩展到用于证件、专利证书、相片、名片、剪报、标本册、目录单、餐厅菜单、办公文件等保密图文资料的防护与保护。

2. 塑封机的分类

目前，在我国市场上的塑封机，按调节方式可分为调温型和调速型两种，按照加热方式分为内热式塑封机和外热式塑封机。

调温型塑封机的特点是压力和速度固定，但温度可调。使用该类型塑封机要设置合适的塑封温度，塑封温度过低，证件封合不牢固；塑封温度过高，容易出现变形、溢胶等问题。调速型塑封机的特点是压力和温度已经固定，但是速度可调。一般有两档速度可以选择，速度的调整实际也是对塑封温度的调整，速度过快、受热时间短，温度过低，也同样出现封合不牢问题；速度过慢，受热时间长，温度过高，容易变形，因此也同样需要设置好合适的速度。

内热式塑封机的加热管放置于胶辊内，加热温度比较均匀，温度的可调范围一般为100～200℃，价格较高，噪声小，耗电量少，使用寿命长；外热式塑封机是采用加热管烤胶辊，机体容易发热，噪声大，耗电量大，但是价格低廉。

3. 塑封机的选购

塑封机的选购要根据自己的实际需要从以下几个方面考虑。

（1）塑封方式。

一般塑封机都有热塑（又称过塑）和冷裱两种塑封方式。热塑是利用多段式温控，滚动加热方式产生高温对塑封膜和资料页进行定型处理。冷裱是采用带有黏性或磁性的塑封膜在不需要加热的情况下，对塑封膜和资料页进行定型处理。热塑是最常见的一种方式。

（2）过塑宽度。

塑封机的过塑宽度一般选择230mm（A4幅面），也是现在家用塑封机比较普及的一个最大宽度，可以塑封A4、8寸（1寸=0.0333m）、7寸、6寸、5寸、3寸的塑封物，如果需要塑封A3等大宽度的塑封物，就要选择过塑宽度为320mm的塑封机。

（3）一键退膜功能。

使用塑封机塑封时，有时会出现褶皱等现象，严重时还会对塑封物产生破坏，塑封机最常见的问题就是过胶时，由于照片不平整或者空胶太多发生卡纸现象，如果塑封机具有一键退膜功能，发生卡纸时可立刻按下退膜键，同时将塑封物拔出，就可以避免损失的出现。

（4）最大塑封厚度。

最大塑封厚度是指能通过塑封机且能完美塑封被塑封物和塑封膜的厚度总和。最大塑封厚度越大，其使用范围越广，可以塑封各种证卡及加厚封面纸等。塑封厚度一般用毫米来衡量，一般小于等于2mm。

（5）预热时间。

预热时间是指塑封机从接通电源到达到正常热塑封温度所需的时间。预热时间越短，工作效率越高，预热时间一般为3～5min。

8.4.2 塑封机使用技巧

塑封机有热塑和冷裱两种方式，上面已经介绍了冷裱，这里介绍热塑的方法。

（1）塑封机在使用之前都需要预热，一般为 3～5min，因此先将塑封机插上电源，打开塑封机电源开关，如图 8-51 所示，将塑封机打开。

（2）在塑封机预热的同时，将要塑封的塑封物用塑封膜包好，等待塑封，等塑封机工作指示灯变为绿色，如图 8-52 所示，就可以进行塑封了。

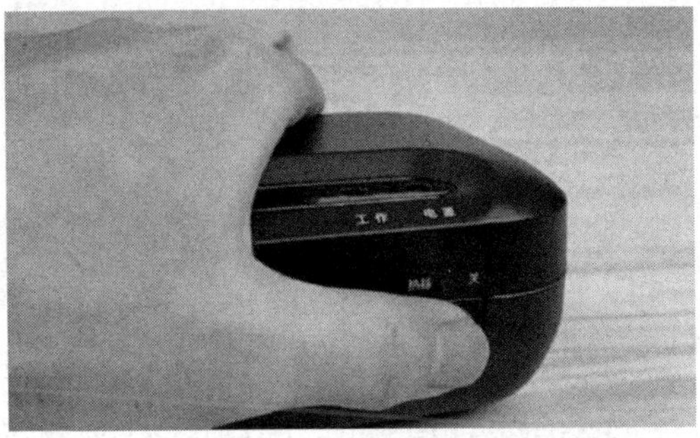

图 8-51　打开塑封机电源开关

图 8-52　塑封机工作指示灯变为绿色

（3）将塑封物平整地放入塑封机进膜口，进膜时与进膜口保持水平，等膜慢慢进入塑封机后等待片刻，然后塑封好的膜就会从后面慢慢出来，塑封机将自动对塑封物进行塑封，如图 8-53 所示。

（4）在塑封的过程中，将塑封膜送入塑封机封口稍有偏差，可立即按“退膜”键，如图 8-54 所示，实现退膜，抢救文件资料。当受热溢胶时，也可按“退档”键，进行安全防护。

图 8-53　进行塑封

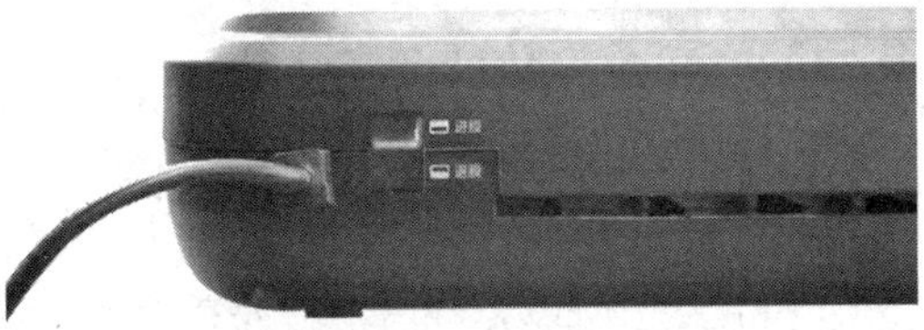

图 8-54　“退膜”键

（5）取出塑封好的塑封物，使用切纸刀将多余的塑封膜裁剪掉，如图 8-55 所示，用圆角器切出圆角，如图 8-56 所示，塑封工作完成。

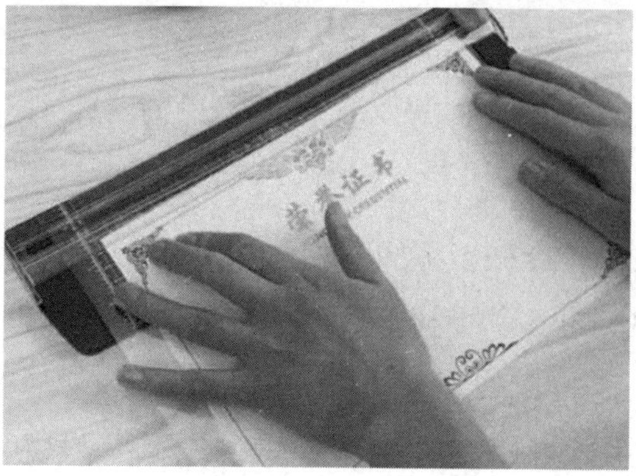

图 8-55　裁剪

图 8-56　用圆角器切出圆角

8.4.3　塑封机常见故障与排除

1．塑封后有气泡或者有褶皱

首先，塑封机温度过高，塑封膜容易产生变形，出现褶皱，要选择合适的塑封温度；其次，如果塑封膜质量较差，也会出现气泡或者褶皱，需要更换质量更好的塑封膜。

2．塑封膜黏合不佳

一般出现此情况是由塑封温度偏低造成的，机器温度的设定要与所使用的塑封膜温度要求一致。

3．工作噪声大

由于塑封机长期在高温状态下工作，各个部位传动齿轮容易干涸，导致噪声大，重新注入润滑油后，即可排除故障。另外，电机在快速运行中也会出现减速传动声音，属于正常现象，在低速运行中会有所缓解。

4．机器有通电但无法过胶膜

一种情况可能是机器内部有异物卡住，将异物清除即可；另一种情况可能是传动齿轮损坏或者电机出现故障，需要送到指定地点进行维修。

5．电机转动，但不能加热

可以测量继电器两端电压，如无电压或者电压太低，说明继电器未吸合或吸合不良，应更换继电器或拆下砂亮触点。

小技巧

在日常使用塑封机时，要注意以下几点：

（1）封塑机应放置在干燥、清洁的地方，远离易燃易爆物品。

（2）为了避免触电事故的发生，要确保塑封机安全接地。

（3）过塑前，先过塑一张白纸，塑封效果会更理想。

（4）过塑机工作时，不要用手去摸散热窗外的散热孔，以免烫伤手，同时不要在上面覆盖任何物体。

（5）禁止将水泼洒在机器上。

（6）停机时，先关加热开关，待散热后（温度低于 80℃）再关掉电源开关。

8.5 装订机

8.5.1 装订机简介

装订机是常用的办公设备，它通过手动、自动或者全自动的方式，将纸张、塑料、皮革等用装订钉、热熔胶、尼龙管等材料固定起来。广泛应用于银行、证券、保险、电信、学校、机关、企事业单位等财务凭证、票据、账页、报表、档案、期刊、文件、图纸、试卷、书籍纸张的装订工作。

1. 装订机的分类

装订机的种类很多，按照所采用的装订方式不同，装订机一般可分为热熔式装订机、梳式胶圈装订机、铁圈装订机、订条装订机、财务装订机等。

（1）热熔式装订机。

热熔式装订机如图 8-57 所示，不需要打孔、书钉或者胶圈，它是将热熔封套加热熔化成树脂，再使纸张黏合在一起，等树脂冷却后就实现了将书内页装订在一起。热熔式装订机操作简单、速度快、耗材成本低、装订厚度大。适用于普通文件、合同书、财务凭证、标书、清单、报价单、快递单、报告书、保险单及其他重要文件的装订。

（2）梳式胶圈装订机。

梳式胶圈装订机如图 8-58 所示，装订原理是先将装订材料打孔，然后将胶圈套在孔位上，实现活页式装订，可多次重复装订使用，增删页方便，可实现内页 360° 翻转。胶圈直径的大小，决定了内页装订厚度，打孔数量可以选择，边距调节按钮可以调节装订位置，可以装订不同大小的纸质材料。由于胶圈的尺寸、颜色及封皮的颜色选择余地较大，可以实现个性化装订。梳式胶圈装订机是所有装订机中使用成本最低的一种，简单、易拆卸，适用于各类档案、资料文档、标书、合同等的装订。

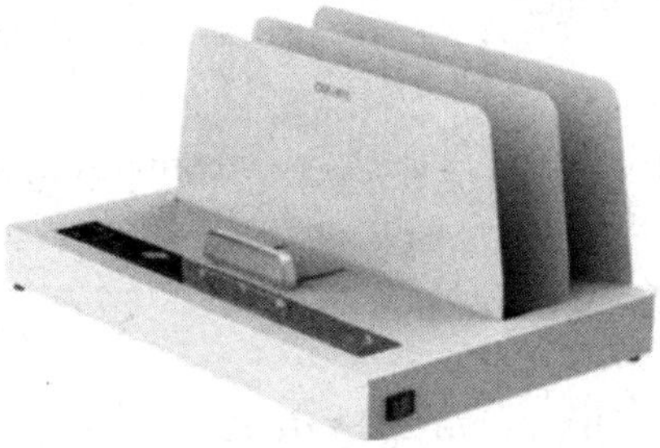

图 8-57　热熔式装订机

图 8-58　梳式胶圈装订机

（3）铁圈装订机。

铁圈装订机如图 8-59 所示，与梳式胶圈装订机原理类似，首先都需要打孔，打孔后梳式胶圈装订机使用胶圈进行固定，而铁圈装订机使用单线圈或者蛇形线圈装订。一般分为 2∶1（21 孔）和 3∶1（34 孔）两种。其中以 3∶1 铁圈装订机装订效果较为精致，适合装订较薄的文本，一般适用于高档图册、地图册或者台历等不希望损坏书脊就能实现 360° 翻动的印刷品，通过螺旋单线圈为书脊提供高弹性的合页，书页翻动方便快捷。

（4）订条装订机。

订条装订机如图 8-60 所示，又称十孔夹条装订机，但现在市面上夹条多为 12 孔，先打孔后把塑料压条装上，通过机器自动切除多余部分，再加热铆管。这种装订方式操作简单、装订整齐、美观大方，适合各种场合使用，是图文店常见的装订方式之一。

（5）财务装订机。

财务装订机如图 8-61 所示，也是采用打孔式，通过压入铆管的形式进行装订，是一类广

图 8-59　铁圈装订机

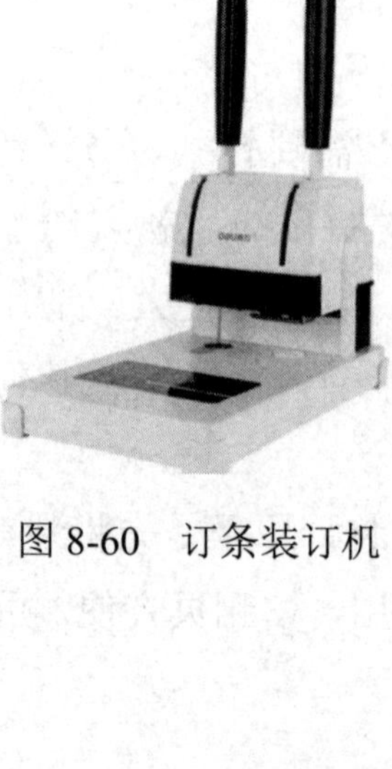

图 8-60　订条装订机

图 8-61　财务装订机

泛应用于企事业单位的财务凭证、票据等装订的装订设备，财务装订机经过多年技术升级和结构优化，发展出了半自动财务装订机，全自动财务装订机，高智能财务装订机等类型，使财务票据的装订工作实现了自动化、智能化，大大减轻了财务人员装订工作的工作量。

2．装订机的选购

（1）确定类型。

装订机的种类较多，适用的场合也不同。例如，财务装订机是专为财务凭证而设计的；梳式胶圈装订机采用活页式装订，增删页面较方便；铁圈装订机书页可 360° 翻动，方便快捷；订条装订机装订效果美观，坚固耐用；热熔式装订机操作简单，装订厚度大。除此之外，装订机还分为手动和电动两种类型。手动装订机价格便宜，耗材成本低，适用于装订量需求小的场所使用。电动装订机装订速度快，操作简单，但价格较高，装订的厚度大多在 20～50mm，适用于装订量需求大的场所使用。

（2）装订规格。

装订规格是指最大打孔宽度和打孔面积，也就是一个装订过程中所用的装订针孔之间的最大宽度和一个针孔的面积。衡量这个指标通常用 mm 作单位，例如产品标注孔形 3mm×8mm，就是装订规格。

（3）装订厚度。

装订厚度是装订机所能装订的文件的厚度，一般的装订机所能装订的厚度为 20～50mm，有些产品用装订页数来描述装订厚度，如最大装订能力为 350 页，大多数产品能够满足一般需求，有特殊需求的可选择装订厚度更大的装订机。

（4）刀片选择。

装订机的刀片为易损件，使用过程中出现问题就要更换，增加了装订成本，因此在产品选择时要选择结实耐用的刀片。由于纸张本身具有一定韧性，多张纸一起打孔比较费力，有些胶圈装订机设计成渐进式合金刀组采用渐进式设计，在下压过程中同一时间只有部分纸张被钢刀穿透，打孔省力、干脆。

（5）产品的稳定性。

目前市场上装订机种类和厂家都较多，有些同种类型的产品价格差距较大，在选择时要衡量产品之间的性价比，尽量选择稳定性较强的产品，产品稳定性主要是考察产品的质量及售后服务，它是机器使用寿命及机器在使用过程中，出现任何故障的有力保障。装订机要选择国家检验合格的并有良好售后服务的产品。

8.5.2　装订机使用技巧

按使用方法装订机可分为无孔装订与有孔装订两种形式。例如，热熔式装订机为无孔装订，梳式胶圈装订机、铁圈装订机、订条装订机、财务装订机为有孔装订机，有孔装订可大致分为两个步骤。

1．打孔

将机器安装好放置在可靠的工作平台上，根据纸张的大小，设置好边距，将适量的纸张放入入纸口，压下手柄打孔完成。铁圈装订机的打孔示意图，如图 8-62 所示。

2．装订

用不同的方法，通过打好的孔将装订材料装订成册。

（1）梳式胶圈装订机。

将胶圈放入梳齿上，往后推拉环手柄使胶圈打开，将打好孔的文件放入圈上，向前复位拉环手柄，装环完成，如图 8-63 所示。

（2）铁圈装订机。

将打好孔的文件套入铁圈孔内，拧动压圈旋钮到合适的刻度位置，将铁圈和文件放入压环口内，压下压环手柄，装订完成，如图 8-64 所示。

图 8-62　打孔

图 8-63　梳式胶圈装订机装环

图 8-64　铁圈装订机装订

（3）订条装订机。

将订条穿过订条孔，将另一根订条穿上，然后对准装订机的孔位放入订条并左右移动使之对齐，放下压纸杆，压下手柄装订完成，装订过程如图 8-65 所示。

（4）财务装订机。

在打完孔后一般铆管会自动切好，掉落在接管槽内。只需把切好的铆管放入孔内，再平移到左边铆头上，将定心轴插入铆管然后压下手柄，压紧并停留 2～3 秒钟即可，如图 8-66 所示。

注意： 在装订过程中，需要将凭证资料中的胶水，以及订书钉、大头针、曲别针等非纸张硬物去除，避免钻孔过程中钻刀因堵纸断裂或者受损有豁口。

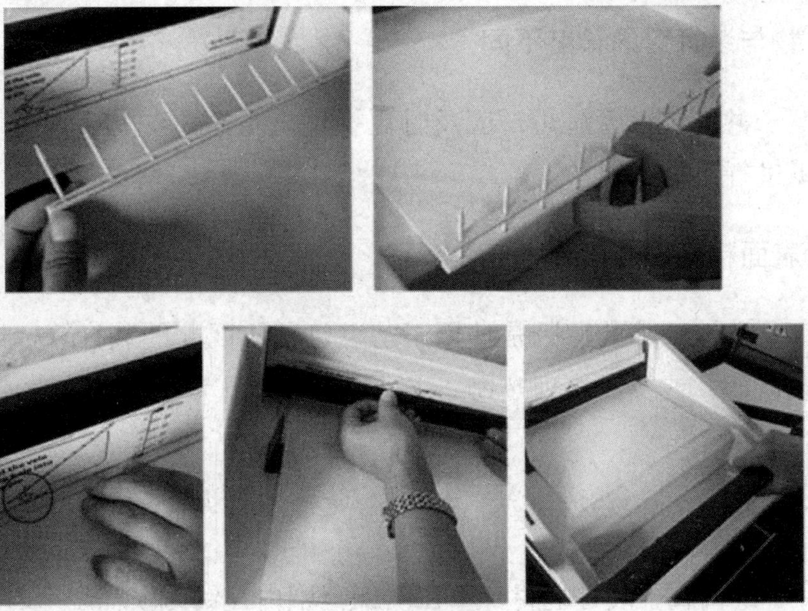

图 8-65　订条装订机装订过程

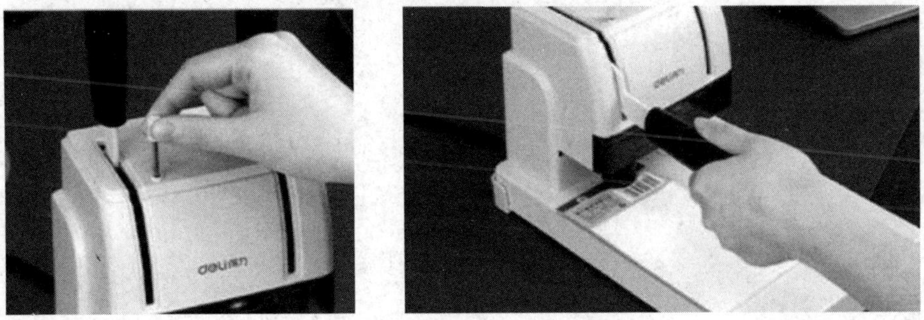

图 8-66　财务装订机装订过程

8.5.3　装订机常见故障与排除

1．钻刀故障

如果旋转钻刀存在摆动，原因可能是钻刀变形弯曲或者没有安装好，应重新安装或者更换钻刀；如果钻刀未钻透纸张，原因可能是钻刀被纸屑堵住，或者钻刀刀刃不够锋利，应及时清理钻刀内的纸屑，磨削钻刀。

2．压铆费力

装订管与机器的温度不符合，应更换适宜装订管；若是热铆温度过低，应及时修理热铆。

3．取管口无截下的装订管

解决办法：原因可能是未将装订管插入导管底部，或者装订管发生弯曲，需要重新更换。

4．被装订物与装订管的长度不同

解决办法：一种是装订管过短，应及时更换，重新操作，另一种是切管测量系统出现问题，应对装订机进行维修。

5．装订管表面粗糙

解决办法：导致该故障的原因是使用了与装订机不匹配的装订管，或者热铆温度过高。应更换匹配的装订管，或及时修理热铆。

小技巧

钻刀、垫片、铆管属于装订耗材，不在质保范围内，钻刀损耗严重时需要及时更换。定期对钻刀刀刃进行磨刀，可以延长钻刀使用寿命；垫片可以转圈使用，一圈都打满孔后再更换。

思考与实训 8

一、填空题

1．传真是利用有线电路或无线电路对各种图文原稿进行远距离________的通信技术。

2．传真机主要由________、________、________、调制解调电路、操作面板及电源组成。

3．按照用途划分，传真机可以分为________、________、报纸传真机________和________。

4．传真机使用的纸张可以分为________和________两种类型。

5．考勤机按照打卡方式可分为两大类：第一类是________，第二类是________。

6．存储类考勤机主要包括________、________、________等类别。

7．考勤机的选购参数有________、________、________、________。

8．碎纸机主要由________和________两部分组成。

9．根据碎纸刀的组成方式，现有的碎纸方式有________、________、________、________、________、________等。

10．碎纸能力是指碎纸机一次能处理的________及________。

11．塑封机按调节方式可分为________和________两种。

12．塑封机的塑封方式有________和________两种。

13．热熔式装订机是将________加热熔化成________，再使纸张黏合在一起。

14．梳式胶圈装订机采用________式装订。

15．财务装订机采用打孔式，然后压入________的形式进行装订。

二、分析如下故障情况，说出故障处理的方法

1．传真或者复印时一侧字迹不规则。

2．考勤机打开后一直反复显示“请重试”。

3．碎纸机不碎纸。

4．塑封机工作噪声大。

5．装订机压铆费力。

三、实训操作

分别发送和接收一封传真。

反侵权盗版声明